U0856862

Competition and Cooperation of multiple rules

Dispute Settlement and Legal Practice of Rural Society in Transition

规则竞争

乡土社会转型中的纠纷解决与法律实践

张　浩◎著

中国社会科学出版社

图书在版编目（CIP）数据

规则竞争：乡土社会转型中的纠纷解决与法律实践／张浩著．北京：中国社会科学出版社，2014.4

ISBN 978-7-5161-4107-6

Ⅰ.①规… Ⅱ.①张… Ⅲ.①民事纠纷—研究—中国 Ⅳ.①D925.114.4

中国版本图书馆CIP数据核字（2014）第062014号

出 版 人 赵剑英
责任编辑 凌金良
责任校对 胡新芳
责任印制 王炳图

出　　版 中国社会科学出版社
社　　址 北京鼓楼西大街甲158号（邮编100720）
网　　址 http://www.csspw.cn
中文域名：中国社科网 010-64070619
发 行 部 010-84083685
门 市 部 010-84029450
经　　销 新华书店及其他书店

印　　刷 北京君升印刷有限公司
装　　订 廊坊市广阳区广增装订厂
版　　次 2014年4月第1版
印　　次 2014年4月第1次印刷

开　　本 710×1000 1/16
印　　张 16.5
插　　页 2
字　　数 262千字
定　　价 49.00元

凡购买中国社会科学出版社图书，如有质量问题请与本社联系调换
电话：010-64009791

目　录

第一章

导　论

一个社会，有其协调配合的一面，也有其矛盾冲突的一面。如何有效处理纠纷，化解矛盾，维系秩序，是每一个社会都要面对和解决的问题，处于变迁中的社会尤其如此。在社会变迁中，旧的规则不再，新的规则却又无法一蹴而就，新旧纠葛，青黄不接，纠纷的处理、冲突的化解、秩序的维系就成了问题。这正是中国乡村社会自近代以来所面临的一个基本困境。

在完成于1948年的著作《乡土中国》中，费孝通先生指出，传统乡土社会是一种礼治秩序，现代社会是一种法治秩序，中国正处于从礼治秩序向法治秩序蜕变的过程中。他说：

> 中国正处在从乡土社会蜕变的过程中，原有对诉讼的观念还是很坚固的存留在广大的民间，也因之使现代的司法不能彻底推行。……在乡间普通人还是怕打官司的，但是新的司法制度却已推行下乡了。……现行的司法制度在乡间发生了很特殊的副作用，它破坏了原有的礼治秩序，但并不能有效的建立起法治秩序。法治秩序的建立不能单靠制定若干法律条文和设立若干法庭，重要的还得看人民怎样去应用这些设备。更进一步，在社会结构和思想观念上还得先有一番改革。如果在这些方面不加以改革，单把法律和法庭推行下乡，结果法治秩序的好处未得，而破坏礼治秩序的弊病却已先发生了。

一甲子的时光过去了，沧海桑田，整个中国社会经历了剧烈而深刻的转型与变迁。即便是在费先生写下上述文字的年代，传统乡土社会就已经渐行渐远了。那么，在60多年后的今天，原来的乡土社会蜕变成什么样子了呢？当下乡村社会的纠纷是如何解决的呢？人民得着法治秩序的好处了吗？

在其更早的一部著作《江村经济》中，费先生指出，社会变迁策略的制定，需要基于“坚实的知识基础”，“正确地了解当前存在的以实事为依据的情况，将有助于引导这种变迁趋向于我们所期望的结果。……中国越来越迫切地需要这种知识，因为这个国家再也承担不起因失误而损耗任何财富和能量”（费孝通，1999a：2—4）。本书通过发生在华北乡村社会中的一起民事土地纠纷案例，来呈现乡土社会转型中的纠纷解决过程与秩序达成模式，并尝试对其中的复杂面向进行初步讨论，以期能够为认识当下中国乡村社会转型的“实事”提供些微帮助。

一 问题的提出

在经济人类学家卡尔·博兰尼（1989）看来，整个西方近现代文明的历史就是一部“自我调节市场”不断扩展的历史。作为人类基本经济整合原则之一种，市场机制脱颖而出，取代了互惠、再分配等其他方式，成为经济生活的支配性原则。而且，在国家有意识的、关键性的引导干预之下，统一市场逐步形成，土地、劳动力和货币渐次商品化，市场原则突破经济领域，渗透于包括政治、社会、文化在内的整个社会生活，形成所谓的“市场社会”。原本是社会涵摄了市场，现在是市场脱离了社会而且覆盖了社会，从而构成了博兰尼所谓的“大转变”（“巨变”）。与自我调节市场的扩展相伴随的，是社会的自我保护运动的兴起，社会力图将市场重置于自身掌控之下。自我调节市场的扩展和社会自我保护运动的共存构成了一种“双向运动”。

布洛维接续了博兰尼的观点，将这段历史称作“第一次大转变”，并针对20世纪80年代末期苏东和东亚各社会主义国家的市场转型，提出“第二次大转变”的论断。他指出：如果说马克思、涂尔干和韦伯的古典社会学致力于解释朝向市场经济的“第一次大转变”的话，那么“第二次大转变”就构成了对当下社会学的智识挑战（Burawoy，2000；沈原，2006；郭于华，2006；毕向阳，2006）。

中国社会正处于规模与深度皆前所未有的转型之中。中国社会转型在时空背景与制度环境上的独特之处，正如沈原（2006）正确地指出的，在于它正处于两次“大转变”的交会点上。中国的社会转型包括了两层意涵：一方面，中国正处于社会主义体制转型之中，这一层次涉及共产党新型国家建立以来的历史；另一方面，中国同时也处于由传统农业社会向现代工商社会的转变之中，这一层次则包括了自进入近代以来的整个历史时期。事实上，前一个层次涵摄在后一个层次之中，构成了后一个层次的一个组成部分。[①] 因此，中国的社会转型是一个“传统—社会主义—现代”或者“传统、社会主义—现代”的过程（孙立平，2005a）。黄宗智（2005a，2005b）特别指出，中国自近代以来就是一个长时间混合了不同类型的社会，从当下看更是混合了资本主义与前资本主义、工业社会与前工业社会以及后工业社会等不同类型。因此“转型”一词用于中国，不应理解为目的先导的从一种类型转成为另一种类型，从封建主义转到资本主义，从社会主义转到资本主义，而应认作是一种持久的并存以及产生新颖现象的混合。

两次“大转变”的观点，为观察和研究当今中国社会提供了基本视角。本书正是在社会转型的基本视角和大背景下，来考察基层乡村社会的纠纷解决和秩序模式。

社会转型涉及面广，过程复杂，从个体行为到国家治理，从心理动机到社会认同，无所不及。而其中的一个基本方面和关键问题，在于社会秩序维持模式的变革。如前所引，在费孝通先生看来，传统乡土社会是一种礼治秩序，礼是“合式的路子，是经教化过程而成为主动性的服膺于传统的习惯”。但是，礼治秩序只能适合于传统可以保持不变的

---

① 如何看待和评价共产党国家的建立及其之后的转型在整个近代以来社会转型中的位置，是一个耐人寻味的问题。历史学家唐德刚先生（1999）提出“历史三峡”说，认为中国社会在春秋战国时期经历了第一次历史大转折，之后基本格局就逐渐定型，一直延续到清末。随着西方的侵入，中国开始进入第二次历史大转折时期，所谓“历史三峡”。既然是过“三峡”，自然免不得暗礁险阻，中国这艘古老的船只，至今都没有能够驶出三峡险区，而共产党国家的建立及其转型正是其中的一段。

社会，一旦社会发生变迁，传统的效力丧失，礼治的维持也就变得困难了。旧的礼治秩序不再，新的法治秩序的建立与实现却又不能一蹴而就，秩序的维持就成了问题，这正是中国进入近代以来所面临的基本困境。

与乡土社会的蜕变和礼治秩序的破坏相伴随的，是一个自20世纪初开始一直延续至今的重要社会政治现象：国家政权建设，即国家权力的扩张和政权机构在乡村的下沉。事实上，前者在很大程度上正是后者的一个结果。从社会结构看，在传统社会中，中国一直维持着国家、士绅（宋以前是贵族）、农民的三层结构。其中的士绅阶层，作为国家与社会的中介和基层社会的基本整合力量，扮演着关键性角色（费孝通，1999d，2006；张仲礼，1991；孙立平，2005）。随着国家权力的有意识扩展，加上现代工商业的发展、西方近代文明的传播、科举制的废除等因素所导致的士绅阶层的衰败，稳定的三层结构开始解体（孙立平，2005：123—125）。但是，正如杜赞奇所指出的，国家统治在乡村社会中的实现，有赖于“权力的文化网络”（culture nexus of power），文化网络包括了乡村社会中在市场、宗教、宗族、水利控制等方面形成的相互交错影响的等级组织和由诸如庇护人与被庇护者、传教者与信徒等组成的非正式人际关系网络，以及塑造权力运作的各种规范和象征，所有这些构成了权力与权威施展的基础。在现代化意识形态的影响下，国家政权力图斩断其同传统的因而被认为是“落后的”文化网络的联系，而企图在文化网络之外建立新的政权体系，其结果，国家权力的扩张和下沉极大地侵蚀和破坏了权威基础，从而导致了“国家政权内卷化”（杜赞奇，1995：1—4，15，50—52）。费孝通所指出的20世纪40年代“基层行政的僵化”（费孝通，1999b：334），揭示的大致是同一种问题。共产党革命更彻底地摧毁了权力的文化网络基础，最终建立起一个以国家对社会资源的全面控制与垄断为特征的总体性社会体制（孙立平，2005b：126—127）。之后相继经历了土改、集体化、“大跃进”、人民公社，国家权力更是空前深入乡村社会。由于自身难以克服的缺陷和弊端，到“文革”结束的时候，总体性社会体制走到了尽头。改革开放之后，国家权力逐渐有意识、有选择、有限度地从乡村社会撤出。如何妥善处理国家撤出后所留下的权力真空，如何重新整合乡村社会并形成新的秩序模式，以及如何妥善应对新的市场经济体制引致的一系列重大改变与影响，构成了当下乡村社会所必须面对的问题。

当然，说传统社会是礼治秩序，并不是说它没有法律。事实上，中国制定成文法典的历史渊源，可以追溯至战国时代魏国人李悝所编纂的《法经》六篇以及经改编而成的大一统帝国的《秦律》。此后历经历史流变，形成了一套完备详尽、蔚为大观的“中华法系”，自成一格地延续了2000多年（陈弘毅，1998；张晋藩，2003）。但是，中国传统意义上的“法”“律”“刑”，与西方及当下意义上的法律与法治是截然不同的（瞿同祖，1981；梁治平，2002）。近代以来，大清皇朝统治下的中华文明遭受严峻挑战，内忧外患重重，局势每况愈下，为救亡图存，一系列新的尝试渐次出现。清末修律，打破了原有法律体系的自古相沿，开启了中国法制现代化的进程。民国编订《六法全书》，初步形成了近代国家法律体系。新中国建立之初，废除了民国时期移植自英美和欧陆的法律制度，转而效法苏联的法律制度，但是随后“反右”、“大跃进”、“文革”等一系列政治运动的相继出现，使得法制化进程出现逆转。改革开放，拨乱反正，中国法制建设终于进入“山花烂漫时期”（陈弘毅，1998：153—163）。

回顾近代以来的历史，尽管中国长期处于战争、革命、运动之中，但是对西方法律制度的学习却基本上延续始终。如果说晚清法律移植是西方世界殖民主义背景下“法律帝国主义”的产物（强世功，2003：4），以及是清政府为维持统治而不得不实行“变法图强”的一种被动努力，那么改革开放之后的法制建设则是积极主动、自觉自愿吸收借鉴西方法律制度的结果。一方面为了追求自身权力的合法性，另一方面为了消除建立市场经济制度过程中所出现的秩序混乱现象，国家力图通过建构一套完善的法律体系，来实现“依法治国”的目标（赵旭东，2003：3—4）。

实行依法治国，建设社会主义法治国家，成为基本治国方略。“中国应当实行法治，中国正在走向法治，无论当代中国人对中国社会的政治法律现状或走向如何评价、作什么样的预测，‘法治’已经变成了一种公众的信仰，就如同先前中国人对‘革命’、如今对‘改革’的信仰一样。”（苏力，2000：1—2）一方面，各种法律法规的数量开始以惊人的速度增长。1979—1997 年间，全国人大及其常委会通过、修订了 328 部法律及相关决定，国务院制订了大约 770 项行政法规，地方政府制订了超过 5200 项地方性法规（刘思达，2005）。2011 年 3 月，中国最高立法机构负责人宣布：到 2010 年底，中国已制定现行有效法律 236 件、行政法规 690 多件、地方性法规 8600 多件，并全面完成对现行法律和行政法规、地方性法规的集中清理工作；一个以宪法为统帅，以宪法相关法、民法商法等多个法律部门的法律为主干，由法律、行政法规、地方性法规等多个层次的法律规范构成的中国特色社会主义法律体系已经形成。① 另一方面，大量法律法规相继付诸实施，司法制度改革大张旗鼓。随着 1990 年《行政诉讼法》、1991 年《民事诉讼法》和 1996 年《刑事诉讼法》的实施，司法程序的正式化和可预期性变得越来越强，② 法袍和法槌等符号化的措施在司法审判中被推广使用并加以本土化，更多拥有法律教育背景的人员进入法院系统，法院的组织形式变得更加专业化和科层化（刘思达，2005）。然而，尽管中国的法治进程获得了一定推进，尽管一批批的法律法规“下乡了”“上门了”，现实中也不乏“迎法入乡”（应星，2007a；董磊明、陈柏峰、聂良波，2008）“依法抗争”（李连江、欧博文，1997；应星，2007b）乃至“以法抗争”（于建嵘，2004，2008）的例子，但是社会生活实践却表明，法治的理想图景并没有实现。很多法律法规被制定出来，却并没有得到切实有效的实施，③ 而只是停留在法条

① 参见 2011 年 3 月 10 日中新社报道（http：//www. chinanews. com/gn/2011/03 - 10/2895683. shtml）。

② 在 20 世纪 90 年代初，季卫东强调了法律程序在法制建设中的重要意义。尽管相对于实体规范，程序只是形式和手段，但是适当的实体规范往往是通过公正程序形成的。缺乏程序要件的法制难以协调运作，如若强行推行，则极易混同于古代法家的严刑峻法，不免招致“治法”存而法治亡的结果。如同威廉·道格拉斯所指出的：“正是程序决定了法治与恣意的人治之间的基本区别。”所以，法律程序实在是一个社会制度化的基石，程序的完备程度可以视为法制现代化和法治程度的一个根本性的指标。而中国法制建设中的一大问题，就在于法律程序制度化进程的进展缓慢。所以，推进法制程序化，突出程序合理性和秩序正义，就成为法制建设中的紧迫任务。（季卫东，1993）。

③ 2012 年 12 月 4 日，习近平在“纪念现行宪法公布施行 30 周年”大会上讲话指出：“宪法的生命在于实施，宪法的权威也在于实施，要坚持不懈抓好宪法实施工作，把全面贯彻实施宪法提到一个新水平。”这本身就表明了法律的有效实施尚待实现的社会现实状况。

层面，成为庞德所谓“书本上的法”①。“有法律不等于就有法治，法律越多也不等于法治越完善，就像我们认识到有宪法不等于有宪政那样。”（江平，2004）与此同时，部分法律的实施非但未能解决问题，反而引发更多的社会矛盾，可见法治固然意味着法律被实施，而单单法律的实施却并不就意味着法治。显见的事实是，乡村社会的法治进程依然任重而道远，费孝通先生当年提出的问题在今天依然需要解答。面对理想与现实的巨大差距，我们需要追问：为什么法治秩序迄今无法在乡村社会中实现？乡土社会转型中的纠纷究竟如何解决？

二　相关研究与本书思路

关于“法治为什么无法实现于中国（乡村）社会”的问题，在法学界，往往被置换为由法律移植所导致的“制度断裂”问题（强世功，2003）。

20 世纪 80 年代兴起的文化论大体上认为，中国与西方分别代表了两种截然不同的文化，自西方移植而来的法律作为西方文化的一部分，无法实现与中国文化传统的融合，故而所谓的“制度断裂”其实源于不同文化间的紧张关系。要消除这种紧张关系，就需要进一步引入西方文化并借以取代中国本土传统文化。

盛行于 20 世纪 80—90 年代的现代化论则认为，中国社会正处于从传统农业社会到现代工商社会的转变之中，根植于基层社会的一系列传统因素作为一种历史包袱，阻碍了社会的现代转变，因而需要利用自西方现代社会移植而来的法律对其实行改造。所谓的“制度断裂”问题，正在于法律移植的不够彻底和现代因素对传统因素的取代不够彻底。

文化论和现代化论尽管各有其偏重，但有一个共同点，就是主张和

① 美国法律社会学的创始人罗斯科·庞德（Roscoe Pound）区分了“书本上的法”（Law in book）与“行动中的法”（law in action）（转引自强世功，2003：5）。早期法律社会学家埃利希（Eugen Ehrlich）提出“活生生的法”（living law）概念，借以指代与由国家实施的法律相对的由社会进行实践的法。埃利希将活法视作支配社会生活的法律，即使它没有被列入法律命题之中。“现在以及任何别的时候，法律发展的重心既不在于立法，也不在于法律科学和司法判决，而在于社会本身。”与日常社会生活中所完成的无数的契约和交易相比，法院的判决只是一种例外的情况。（转引自博登海默，2004：148—149）。

坚持对西方法律全面移植。进入20世纪90年代以来，学界对此进行了反思。文化论的批评者认为，一方面要引进西方文化以改造不适合现代法律制度的本土文化，另一方面自身所坚持的文化相对主义却从根本上拒绝这一引进和改造，文化论因此陷入一种自相矛盾的境地（强世功，2003：6—7）。现代化论更是不断受到学界的批评（黄宗智，1992b；邓正来，2006）。邓正来一口气指出了现代化论所存在的五个问题：第一，把西方国家发展过程中的问题及西方理论旨在回答的问题虚构为中国自己发展进程中的问题；第二，把西方论者迈入现代社会以后所抽象概括出来的种种现代性因素倒果为因地视作中国推进和实现现代化的前提性条件；第三，把中国传统视为中国向现代社会转型的基本障碍而进行整体性的批判和否定；第四，忽略对西方因其发展的自生自发性而不构成问题但对示范压力下的中国发展却构成问题的问题进行认真且仔细的研究；第五，在西方的理论和观念未经分析和批判以及其理论预设未经中国经验验证的情况下就把它们视作当然，进而对中国的种种问题做非彼即此的判断（邓正来，2006：87—88）。①

20世纪90年代中后期，“国家—社会”分析框架流行于学界，部分研究者利用这一框架，对法律移植所致的“制度断裂”予以重新解释。强世功借用人类学家雷德菲尔德（Redfield）的“大传统”与“小传统”概念，指出所谓的“制度断裂”既不是中西文化的断裂，也不是传统与现代的断裂，而是西方移植而来的大传统与传统文化中的小传统的断裂，是国家推行的正式制度与社会中生成的非正式制度之间的断裂，这种制度断裂意味着国家在社会中陷入了合法性危机。弥合这种制度断裂的可能途径不仅是文化比较或者现代化推进，更主要的是重建国家与社会的关系，重建国家在社会中的合法性，由此沟通大传统与小传统，重建一种新的文化传统（强世功，2003）。

朱苏力对盲目的法律移植提出质疑，他认为，中国法治进程的推进，

① 邓正来进而反思了中国法学自身的发展对中国法治进程的影响。他认为，1978年至2004年间，中国法学在取得很大成就的同时也暴露出了它的问题，它的根本问题在于未能为评价、批判和指引中国法制发展提供作为理论判准和方向的“中国法律理想图景”。他警告说：“不知道目的地，选择走哪条路或确定如何走某条路都是无甚意义的；然而，不知道目的地的性质，无论选择哪条路还是确定如何走某条路，却都有可能把我们引向深渊。”（邓正来，2006：1）

需要回到中国社会自身，从中国传统社会的特性以及正在进行的社会制度变革中寻求一种“本土资源”（朱苏力，1996）。梁治平对中国传统社会中的民间习惯法进行了深入讨论，并借助于一些实际案例，研究了当下乡村社会中民间习惯法的持续存在及其与国家制定法的互动关系（梁治平，1996，1997）。朱苏力与梁治平的观点引起学界广泛的关注，他们观点的提出一方面打破了法学界长期以来只关注理论命题和法律法规的探讨和解释而缺乏实证研究的状况，一定程度上促成了90年代后期以来学界关于乡土社会中的法律的实证研究（强世功，1997，2003；赵晓力，1997，1999；郑戈，1997；赵旭东，2003；刘思达，2005；黄家亮，2006）；另一方面也引发了人们对法律多元的更多关注。

法律多元，通常是指两种或两种以上的法律秩序共存于同一个社会中的状况和现象，法律多元理论的主要关注点在于几种法律秩序之间，尤其是民间法与国家法之间的互动关系（千叶正士，1997）。“法律是广泛地界定为包括国家支持的规范性秩序，以及各种非国家形式的规范性秩序。因此，许多社会实际上都是法律多元的。”（朱苏力，1997）无疑，处于剧烈转型期的中国社会，法律多元的现象广泛存在，因而法律多元理论，尤其是关于国家法与民间法互动关系的研究，具有很强的解释力。

但是，法律多元理论运用于中国社会的局限也是明显的。正如有研究者已经指出的，要认识法律移植的后果和中国（乡村）社会法治进程，仅仅关注国家法与民间法的互动是不够的，因为在秩序的维持和纠纷的解决中，起作用的并不仅仅是国家的或非国家的法律，更牵涉政治、经济、社会、组织、意识形态等各领域各层面的因素。在传统社会秩序、社会主义秩序与市场经济秩序共存的情况下，被移植的法律制度的意涵所显现出的多元性已经不仅仅是一种“法律”多元，而更应当是一种更广泛的社会学意义上的制度合法性的多元（刘思达，2005）。这一状况促使研究者将目光投向法律之外，从一个更大的社会系统中来审视法律以及法律与政治、行政等的关联，由此引发对中国法律自主性缺失的问题的关注和讨论。

考察中国基层司法制度所由发生的政治历史性背景可以发现，基层司法制度及其“送法下乡”“巡回审判”的司法实践是作为现代民族国家政治建设的一个重要组成部分而被加以推行的，司法在中国从一开始就具有一种独立于常规司法所强调的解决纠纷和确认规则之外的政治性功能（朱苏力，2000）。这种“通过法律的治理”或者“法律的治理化”，也就是所谓的新中国“政法”传统（赵晓力，1999；强世功，2003）。由于被作为实现社会治理的有效管道与技术来使用，法律因此溢出自身的领域，以一种奇特形式被整合进政治权力系统。法律必须服从政治的需要，政治也要借助于法律的技术，这种政治与法律之间的有机结合产生了一个独特的概念：“政法。”它不仅是一个概念，更是一套学说，一套组织机构，一套权力技术，一套成熟的法律实践。这种“政法”传统源于陕甘宁边区政府时期（其突出体现就是著名的“马锡五审判方式”），并从那时起一直延续至今。尽管改革以来依法治国的逐渐确立暗示了法律自主性的不断成长，但是法律依然没有能够从政治权力的母体中摆脱出来，反而成为“社会治安综合治理”的一部分并进一步加强了治理的效果（强世功，2003：78—134）。应当说，国家政权建设和国家治理模式的解释非常有力地揭示了中国现今法律制度的本质特征。事实上，这样一种工具主义法律观在中国长时期占据着主导地位，并鲜明地体现于不同时期的一些宣传口号之中：“为阶级斗争服务”，“为改革开放保驾护航”，“为当地政府排忧解难”，“为市场经济提供保障”，等等[①]（黄家亮，2006）。伯尔曼在总结西方法律传统的特征时指出，西方自12世纪就形成了法律本身的自治，法律与政治、道德等的分离。他说：“法律的历史性与法律具有高于政治权威的至高性这一概念相联系。……自12世纪起，所有西方国家，甚至在君主专制制度下，在某些重要的方面，法律高于政治这种思想一直被广泛讲述和经常得到承认。”（伯尔曼，1993：11）昂格尔同样认为，现代法治秩序的实现，不仅有赖于法律的公共性、实在性和普遍性，更有赖于法律的自治性和自主性，这种自治性和自主性具体表现在实体内容、机构、方法和职业等四个方面（昂格尔，2001：49—51）。而中国工具主义法律观甚嚣尘上以及法律

① 工具主义在中国长期占主导地位，有人认为这要归咎于马克思主义的法律理论，这一理论包括了如下三个基本假设：法律是不断发展的经济力量的产物；法律是统治阶级用以维护其阶级统治的权力工具；作为社会控制工具的法律将在未来的共产主义社会中消亡。实际上，以上这些假设并非马克思的原意，而只是苏联的曲解（参见博登海默，1999：103—108）。

同构并依附于政治权力的状况的一个致命后果，就在于法律自治性和自主性的缺失。贺卫方呼吁“通过司法实现社会正义”，正是基于和针对这一现实状况。因为他对中国法院和法官的实证调查结果表明，司法“遭受干扰”的状况非常严重（贺卫方，1998：1—84，103—128）。无疑，法律自主性的缺失，法律与政治权力的纠缠，已经导致很多负面后果，甚至严重影响到当下社会秩序的维持。张静注意到了乡村社会中土地使用规则不能确定的现象，她认为，根本原因就在于法律与政治未经分化。在政治和法律各自活动领域及活动原则未经区分的情况下，不存在包含确定性原则和限定性合法性声称的法律系统，多种土地规则并存，在实践中通过力量竞争被选择使用，这一选择过程使法律事件政治化：根据利益竞争对规则做出取舍，而不是根据确定的法律规则辨认正当利益，因此，土地使用规则随着利益、力量的变动而不确定（张静，2003）。

因此，当我们考虑转型社会中冲突的解决和秩序的维持的时候，就不能仅仅着眼于法律自身和法律内部，而应当对法律外部因素及其与法律的关系予以充分注意。既然诸多方面的因素都影响到法治进程的推进，我们就需要知道，在实际的社会生活中，在一个个具体的案件纠纷及其解决过程中，各种影响因素是如何各自产生其作用和影响的，彼此又是如何相互纠合、缠绕、牵连、强化以共同发挥作用并进而对整个法治进程产生影响的。

就此而言，韦伯对法学和社会学两种法律观念的区分可以给我们提供启示：“当我们提到‘法律’‘法秩序’与‘法规’时，必须特别注意到法学观点与社会学观点的差异。从法学观点而言，问题在于，何者真正具有法概念的妥当性？换言之，如何以逻辑严谨并兼具规范意味的语言，来陈述一个法规？然而，从社会学观点而言，则问题毋宁是：在一个团体里，真正具有决定性的因素乃是，那些介入共同体行动的人，尤其是那些拥有相当重要的社会权力的人，不仅主观上认为某种规范具有妥当性，并且实际依此而行——换言之，他们自己的行为即以这些规范为准则——的可能性究竟有多大？”（韦伯，2005b：195）法学的法律观念关注法律的内在效力，社会学的法律观念则更关注于社会成员承认并履行法律规则的现实。法治秩序不仅关涉规则的制定与实施，更关涉人们对规则制定与实施的观念与想象，以及对规则本身的认知与接受程度。[①] 一种法律，只有当它在一定程度上反映了社会的共同意志和普遍利益从而能够得到人们发自内心的认同乃至信仰的时候，才能具备充分的实效。当伯尔曼提出他的箴言——“法律必须被信仰，否则它将形同虚设。它不仅包含有人的理性和意志，而且还包含了他的情感，他的直觉和献身，以及他的信仰”（伯尔曼，2003：3）——的时候，我们有理由相信，人们所信仰的法律，应当本身是值得被信仰的，“应该本身是制订得良好的法律”[②]。

有鉴于此，我们可以更进一步地提出问题：为什么法律缺少实际效力？乡村社会的人们如何看待这种法律以及它的制定与实施？在当下乡村社会生活实践中，纠纷如何解决？遵循何种规则？[③]

要回答这样的问题，就必须深入到乡村社会基层去，深入到实际的社会生活过程中。事实上，转型期社会生活的无限丰富性、极端复杂性和高度不确定性也要求我们这样做。

布迪厄指出，以往社会科学研究中之所以存在着诸如客观主义与主观主义、机械论与目的论、结构必然性与个人能动性等形形色色的二元对立，主要问题在于它们都是纯粹理论理性的产物，布迪厄称之为“唯智主义”。各种唯智主义二元论的最大缺陷，在于对社会世界的实践特性的无知和漠视，借用马克思的一句名言，就是“用逻辑的事物代替了事物的逻辑”。为克服这一缺陷，布迪厄发展出一种“实践理论”，力图“回归那个我们凭借生存这一简单事实而与之发生接触的社会，那个在任何客观化活动之前就不可分割地被我们负载于身的社会”（布迪厄、华康德，1998：21）。实践活动本身的紧迫性、模糊性、总体性以及受到经济

① 这里其实涉及规则、秩序的正当性与合法性的问题。韦伯认为，这种正当性和合法性可以经由传统、基于情感的信仰、基于价值理性的信仰以及基于被认可的法律（制定法或习惯法）而获得（韦伯，2005a：48—50）。

② “法治应包含两重意义：已成立的法律获得普遍的服从，而大家所服从的法律又应该本身是制订得良好的法律。”（参见亚里士多德，1965：199）

③ 需要说明，在强调法律与规则的社会认知的时候，并不是暗示说国家法就是错的和不好的，社会认知与习惯法就是对的和好的。一方面，有国家法不见得就有法治；另一方面，社会认知却也并非一贯的温情脉脉，而同样可以是残酷而无人道的（比如殉葬习俗）。这里的关键在于，在现实乡村社会中，适合的规则是什么。

必需条件约束等重要特性，使得“实践即便或许具有某种逻辑，但那也并非是逻辑学家的逻辑”（转引自李猛，1999b）。“实践逻辑是自在逻辑，既无有意识的反思又无逻辑的控制。实践逻辑概念是一种逻辑项矛盾，它无视逻辑的逻辑。这种自相矛盾的逻辑是任何实践的逻辑，更确切地说，是任何实践感的逻辑。”（布迪厄，2003：143）布迪厄提出惯习和场域等分析性概念，以准确捕捉这样一种“实践感”。

承接和借鉴布迪厄对实践特征的分析，孙立平进一步提出“实践社会学”，借以深入认识中国社会转型的复杂过程。实践社会学强调，要面对实践状态的社会现象。所谓实践状态，就是社会因素的实际运作过程，实践社会学所要研究的就是处于实际运作过程中的社会现象。人们以往主要从静态角度关注社会事实和社会现象，视其为固态的、静止的和结构性的。而面向实践的社会学，则将社会事实看作是动态的、流动的。也就是说，社会事实是处于实践状态中的。只有再现实践鲜活、热闹的本性，才能真正地面对实践，才可以看到实践的独特性之所在。孙立平提出“实践的增量”概念：社会事实的逻辑，时常只有在实践状态或过程中才能呈现出来。也就是说，这些事实或逻辑具有一种“结构上的不可见性”，或者说，结构具有某种遮蔽性，只有通过对实践状态和过程的分析才能把握上述事实或逻辑，就此而言，实践超越了结构，实践比静态的结构多出一块东西。在一系列经验研究的基础上，孙立平进一步将对实践状态社会现象的研究概括为四个重要环节，即过程、机制、技术和逻辑。过程是进入实践状态社会现象的切入点，是接近实践状态社会现象的一种途径，其中尤其值得关注的是事件性的过程，因为实践的逻辑，往往在事件性的过程中才能更充分地展示出来；机制是逻辑发挥作用的方式；而技术是指实践中的行动者在行动中所使用的策略，可以由以凸现实践活动中的主体性因素；逻辑则是实践社会学研究所欲发现和揭示的目标（孙立平，2002a，2002b，2005a）。

黄宗智也指出，中国自近代以来就是一个长时期混合了不同类型的社会，这样一个多种类型并存的社会迫使我们着眼于混合体中的历史演变过程本身。单纯拿已有的资本主义理论或者传统社会理论来关照，这一混合社会充满了悖论的矛盾现象。从这个意义上讲，中国是一个“悖论社会”。要解开这一“悖论”，就需要一种“从实践出发的社会科学”

研究，从实践的认识出发，进而提高到理论概念，然后再验之于实践。[①] 他说："我们要到最基本的事实中去寻找最强有力的分析概念。一个做法是从悖论现象出发，对其中的实践做深入的质性调查，了解其逻辑，同时通过与现存理论的对话和相互作用，来推进自己的理论概念建构。"（黄宗智，2005a，2005b）

在这方面，已有研究者做出有益的尝试。

黄宗智在对大量诉讼案件档案进行经验梳理后发现，清代的法律制度是由矛盾的表达与实践组成的，法律的实际运作与政府的官方表述之间存在很大的差距：一方面具有高度道德化的理想和话语，另一方面在具体运作中又很实际，能够适应社会状况与民间习俗，相互矛盾的双方构成了一个不可分割的整体。所以，既不能只凭它自己的表达和意识形态来理解它，也不能只凭它的实际行为来理解它，而是要看到它表达和实践双方面的相互依赖和相互矛盾，黄教授称之为"实用道德主义"（黄宗智，2001，2003a）。在另一篇关于农村阶级斗争的著名论文中，他分析了表达性现实与客观性现实之间的背离关系（黄宗智，2003b）。事实上，这种表达与实践相背离的现象广泛存在于当下的中国社会中，构成了亟待给予解释的问题（黄宗智，2005b）。

受到黄宗智相关研究的启发，张静对一起财产纠纷案例进行了分析，社会转型的复杂面向，人们关于财产权利的认知上的不一致，导致了纠纷解决采取一种双重承认的办法，将权利声称与利益分配分开处理，各自根据不同乃至相悖的原则进行，张静称之为"二元整合秩序"。对于社会整合而言，权利声称具有象征性和强制性，它合法化一些制度认可的身份和权利；利益分配则具有修复性和整合性，它缩小权利声称与社会公正观念之间的差异。相形之下，利益分配更具实质性的社会整合意义，因为它根本上服务于各方达成"同意"形成的秩序（张静，2005）。

郑永流、陈小君等人（郑永流等，2004；陈小君等，2004）专门对

---

① 需要注意的是，正如黄宗智所指出的，他对"实践"概念的使用与孙立平（乃至和布迪厄）是不同的。他的"实践"概念主要是相对于理论和表述而言的，而且主要是指长时段的历史实践与变迁；而孙立平的"实践"概念则主要相对于制度而言，主要是指"过程—事件分析"。黄宗智同时认为，尽管存在这些区别，他们在基本指向上是一致的，或者至少是相辅相成的（参见黄宗智，2005b）。

农村法律发展状况、农村法律制度和农民的法律意识进行了实证研究。郑永流等人以问卷和访谈的方式，对湖北部分农村的村干部和村民进行了调查，他们的结论是，在经历了几次普法活动之后，农民法律意识有所提高，但是总体而言，农民法律意识依然薄弱，普法工作任重道远（郑永流等，2004）。在当下的大多数政府官员和学界研究者眼中，农村就是落后和法盲的代名词，农民只是一个被动等待法律的阳光来普照的群体。在这种背景下，这项研究则直接面向农民，了解农民对国家法律的知晓程度和认知态度，应当说是有其价值的。这项研究的缺陷在于，仍然缺乏一种对国家法及其在乡村社会适用性的反思，即基本上只局限于关注农民对国家法律是否知道或者知道多少，若农民对国家法了解得多，则说明其法律意识就强，若了解得少，就薄弱，就需要进一步普法，进一步送法下乡。陈小君等人依靠得自湖北等地的实证材料，对农村土地法律制度进行了分析（陈小君等，2004）。这项研究较多关注于土地法律制度在乡村现实中的适用性，一定程度上克服了前一项研究的不足。

有部分研究者集中关注了中国社会中的司法运作。朱苏力及其弟子对陕北一起"依法收贷"案进行了精细入微的剖析（朱苏力，2000；强世功，1997，2003；赵晓力，1997；郑戈，1997）。但是鉴于所选取的只是一个"炕上开庭"的甚至算不得案子的微小案例，所以无法展现常规的司法运作。赵晓力、刘思达的研究集中于基层法院（庭）的基本状况（赵晓力，1999；刘思达，2005）。黄家亮分析了一起抢劫案的司法运作过程，尤其是法律与情、理以及权力的纠葛，不过其所研究的案例发生在城镇社区中，而且其研究仅限于司法场域的运作（黄家亮，2006）。赵旭东以民族志的形式讨论了华北乡村社会中的法律运作，其论题很大程度上限于国家法与民间法的遭遇与互动（赵旭东，2003）。

本书承接了以上相关研究，通过一起发生在华北乡村社会的民事土地纠纷案例，来呈现乡村社会转型中的纠纷解决与法律实践，并尝试对其中所牵涉的复杂面向进行初步讨论。社会转型研究的基本问题，"在于新因素与旧因素之间的组合关系和模式，具体而言就是转型前旧体制因素与要达到的转型目标的新体制因素在转型过程中的关系及其组合模式。这种关系与模式决定了社会的性质"（郭于华，2006）。如前所述，中国社会转型包含了两层意涵，混合了传统社会、共产主义体制以及后共产主义体制三种复杂形态，本书力图通过对一起案例纠纷的尽量完整、尽量原汁原味地呈现，来观察其中所涉及的各种新旧因素的相互影响、纠缠与组合，以期对认识当下乡村社会的纠纷解决与法律实践有所助益。

另外，需要特意指出并加以强调的是，历史遗留是转型社会中的普遍现象，对历史遗留问题的判断与处理，对于社会转型的走向、路径和进程有着重要影响。制度规范处于不断变化之中，而人们的认知与接受则存在一定程度的偏差，而且变化往往因打破了原有的共识而导致人们认识上的分歧，加上转型期各方面的衔接与协调易出现问题，所有这些以及其他一些因素，导致很多事情无法得到及时、妥善的解决，拖延下来而成为历史遗留问题。而长时间的拖延不决更增大了问题的解决难度，新的历史情势的出现使得遗留问题不断地被再生产出来，因而致使历史遗留问题不断地累积下来。中国社会转型的一个重要特征，在于“改革的渐进性和意识形态的延续”，这样，国家意识形态的宣称与利益导向就与变化了的社会情势、人们的观念认知之间出现偏离，这就更增加了历史遗留问题的数量积累和解决难度。这样的历史遗留往往构成当下社会中现实的或潜在的纠纷与冲突的源泉。能否妥善处理广泛存在的历史遗留问题，关系到法治进程的推进和社会秩序的维持。历史遗留问题及其解决，作为转型社会的一个组成部分，构成了认识转型社会性质和秩序模式的重要视角和切入点。①

本书所选取的分析案例，正是这样一种历史遗留问题。当然，由于历史遗留问题的特殊性质，与普通日常纠纷相较，所关涉的法律实践过程无疑会更复杂一些，解决难度会更大一些，相关各方面因素的介入、互动、作用、影响正可得以最充分最具体的呈现。但正如下文将会显示的，在面对这样的历史遗留问题时，为了设法降低相关问题的复杂程度，控制处理过程中的成本付出，避免因问题牵涉面太大、溢出相关方面的处置权限和掌控范围而可能出现的尴尬局面，国家相

---

① 季卫东区分了日常普通纠纷与客观性纠纷的不同。社会变动所引起的结构上的对立、价值上的矛盾反映到个人行为上，就构成所谓客观性纠纷，这是一种如果社会结构上的对立不消解就无法彻底解决的纠纷。解决这类纠纷，必须注意纠纷产生的社会背景和历史根源。（季卫东，1993）上述历史遗留问题类似于这种客观性纠纷，但是二者又稍有区别，客观性纠纷往往与国家相关法律的暂时缺失或不明确相联系，而历史遗留问题未必存在这种关联。

关机构会有意地淡化问题的历史遗留面向而视之为普通的日常问题，力图以当下的新的现代的常规办法和手段予以处理和解决，所以，选取这样的特殊案例，并不会减弱和影响它所揭示的法律实践和秩序维持过程的一般性意义。

研究者不仅需要从实践出发，深入社会基层，触摸生活实践，在这样做的时候，还面临着一个观察的视角的选择问题。事实上，正是立场和视角选择的不同，在很大程度上导致了研究者理论识见的不同和论争。社会转型牵涉各个群体阶层，利弊得失，或张或抑，各有喜忧。作为观察者和研究者，我们应当选择什么立场？对此，已有相关学者提出了很好的见解与主张。他们“将目光从精英身上转移，投向那些普通社会成员，开辟了从底层群体透视社会转型的视角”（毕向阳，2006：11）。

正如博兰尼在其《巨变》中所指出的，社会转型包括了自我调节市场的扩展和社会自我保护运动的“双向运动”，因而应当对后者予以充分关注（博兰尼，1989）。布洛维领受了博兰尼的重要洞见和提醒，特别强调工人阶级和底层民众在社会转型中的历史命运和历史作用（Burawoy，2000）。诚如沈原所言，布洛维等人的工作“至少向我们提示：面对‘第二次大转变’或社会主义国家的经济体制改革，社会学不仅要研究知识分子、企业家、中央和地方的政府官员的角色和作用，而且更要目光下移，移向社会底层，移向承担主要改革成本的普通工人、农民和其他劳动人民，研究他们的生存状况和历史命运”（沈原，2006）。

通过比较研究，孙立平注意到，中国与苏东有着不同的社会转型过程。苏东转型的基本特点在于市场转型伴随着政治体制和意识形态的断裂，这样就为政治因素、正式制度、上层精英发挥作用提供了广阔的空间。中国的社会转型则是在基本社会体制框架（特别是政治制度）和主导意识形态没有发生变化的前提下进行的，转型具体过程往往首先发生在社会基层，而且往往以“变通”的方式进行，这就给下层官员甚至普通人提供了更多的空间和机会，使得他们可以在实践的过程中进行新的创造。所以，如果说苏东转型研究需要集中强调上层精英的作用的话，对中国市场转型过程的研究，固然同样需要关注上层精英，但同时却不能不对普通民众在其中的行为和作用予以更多的关注。他因此提出“日常生活的视角”，将普通人的日常生活看作普通人与国家相遇和互动的舞台，借以对以往自上而下和自下而上两种对立的视角进行均衡和整合。同时，从日常生活的视角面对市场转型的实践过程，也意味着对正在形成的底层社会的关注。他认为：“如果将目前正在发生的这样一种社会变革看作是与波拉尼所说的‘大转变’具有同样意义的社会变迁的话，不涉及普通人在这个过程中的状态和作用，对这个过程的理解就不会是很全面的。”（孙立平，2002b）

基于对中国社会转型状况和当前学界研究取向的基本判断，以及多年的乡村田野调查经验，杨善华明确地主张一种“农民的视角”：“对于什么是‘农村实际’，其实还是有两种不同的视角：学者或官员眼中的‘农村实际’与实际生活于其中并对此有切身感受的农民眼中的‘农村实际’。显然，要真正了解农村中发生的事情，我们就必须知道农民眼中的‘农村实际’，而不是用学者或官员眼中的‘农村实际’来代替农民眼中的‘农村实际’，这样才能对在农村中实行的新制度或新政策给出切合实际的评价和看法，才能对当前农民所面对的一系列的实际问题的解决给予真切有效的帮助。……要做到这一点，就必须真正‘进入’农村，和农民交朋友，拉近研究者与农民的距离，以求对农民的生活有真切的了解，对农民的态度和行动能‘感同身受’。这就必须对农民的行动做到‘投入理解’和‘同感解释’（即将自己置身于农民身处的社会环境以‘换位思考’的方式来理解农民，同时按农民自己赋予他们行动的意义来解释农民的行动和农民的态度）。”（杨善华，2003）

本书认同以上相关学者的立场和选择。在下文即将展示的案例中，本书力图站在所关注的社会基层民众的立场和角度，悉心体察其所身处的环境和场景、所面临的机运和约束、所做出的判断与选择。

当然，就本书所关注的乡村社会而言，底层视角并非完全等同于农民视角，尽管后者无疑构成了前者的主要部分。相对于国家和上层，县乡公共机构及其人员身处基层社会，与广大村民共同构成了底层乡村社会场域。主张一种底层视角，不能不顾及基层公共机构及其人员所面临的一系列约束以及他们的认知与应对。这些基层公共机构（县乡政府、基层司法机关等）的公职人员，不仅是国家机构的代理人与执行者，同时也是嵌入于乡村社会之中的，因此他们对于法律和法治、对于乡村社会秩序的维持的认知值得关注。事实上，他们的认知与国家（法）以及普通农民相比较是有所偏离的。比如他们会认为有些国家法尽管本身没有问题，但是不能完全适用于乡村，另有很多国家的法律法条是本身就有问题的，根本无法也不应该在乡村社会中推行，所有这些都需要他们在执行和运用法律的时候予以某种程度和形式的变通处理。同时，由于他们所处的特殊位置（连接国家和乡村民众），他们与国家、与更高层级的公共机构的互动，以及（尤其）他们与普通村民的互动，值得予以非常的关注。

而且，具体到本书的关注，在强调底层视角的时候，我们也会注意到，中国乡村的村落社会并非铁板一块。正如黄宗智（1986，1992a）所指出的，中国农民明显地同时具有农民学三大传统所分别指出的那些不同特征，既是追求利润的“农场主”，也是维持生计的耕作者，同时又处于国家政权体系之中。农民的这样“三副面孔”，因历史时期、历史环境、空间区域而异，也因所处的不同阶层而异。比如，面对一些村庄内部或者超出村庄层面的事情，村干部与普通村民的看法是不同的（当然因为都是村民，其共识相对更多）；又比如，一个游离于村庄边缘的人物，与村庄事务的主持者、村庄利益的维护者对于村庄有着不同的认知。在当下的乡村社会中，我们可以明显观察到这一点。事实上，如果我们的观察与研究是从实际和实践出发的，是基于鲜活的社会现象的，我们就不应也不会忽视这一点。而且正如本书后面将要显示的，认识到这一点不是没有意义的。

三　研究方法：案例与叙述

本书采用个案研究方法。

考察乡村社会中的纠纷处理与法律实践，在分析单位上，可以有不同选择。一种选择是以地域为依据，对一个村、一个乡镇或者一个县进行考察。这一做法的问题在于，三者中的任何一个都不是独立的（当然，一种可行的应对办法是立足于其中一个而兼顾其他）。本书采用另外一种选择，即选取一个事件作为研究案例。为了充分呈现乡村社会中的相关复杂层面，这一理想的事件，当能将村民、村干部、县乡干部以及乡村调解机构、县乡司法机构拉进来。选择案例研究，还有如下两点考虑：

其一，案例（事件）可以最集中地反映乡土社会中的独特之处，且能显示出一些在日常生活中难以看到的东西；其二，以事件发生的过程为线索，便于组织材料、展开论述。当然，很多东西，唯有通过长期沉潜于乡土社会日常生活实践之中细细捕捉与品味，始能有得，好在案例研究并不拒斥而可足资利用这一点。其实，某种程度上可以说，事件也只是日常生活的一部分，对事件的研究也正是对日常生活的关照。

很多人使用个案研究方法，但是很少人只将眼光局限于个案本身。这就需要回答一个问题，即个案研究的意义或者代表性问题。当今社会，多元分化，异质性高，日益复杂，为了从整体上认识和把握这一复杂多元社会，一套严密的以抽样分布和统计推论为核心的定量分析方法被发展出来。而案例研究方法只是选取某个或若干个案进行剖析，其超越于研究案例的意义何在呢？罗伯特·K. 殷（Robert K. Yin）认为，与定量研究方法不同，案例研究方法有着自己的特性和逻辑。案例研究的目的在于分析性概括，而不是像定量研究那样进行统计概括。统计概括是从样本推论到总体，而案例不是抽样单位，不是遵照概率抽样原则选取，因而不能进行统计概括。在分析性概括中，理论扮演着重要角色（罗伯特·K. 殷，2004）。事实上，案例只是研究者理论关怀的一个投射和载体，是研究者借以证实、修正原有理论或者建构新理论的工具，换言之，研究者只是拿案例来体现和表达自己的问题、困惑、关怀。正是在这个意义上，格尔兹指出，理论建设的基本工作，“不是超越个案进行概括，而是在个案中进行概括”①（格尔兹，1999：29）。承接前人的工作，布洛维发展出一种扩展案例方法（Burawoy，1998）。卢晖临和李雪认为，这一方法实现了立足点的转换，从宏观立场看微观，通过微观反思宏观，从而成功地走出案例的狭小天地，从独特性走向概括（卢晖临、李雪，2007）。

① 格尔兹敏锐地意识到，研究地点并不等于研究对象。他指出，典型的人类学方法，是通过极其细致深入地了解鸡毛蒜皮的小事情，来着手进行广泛的阐释和抽象的分析。人类学家往往需要到乡村或者部落中去，但是，他们是带着自己的问题和关注去的，他们的问题和关注、他们所面对的宏大现实是与其他的历史学家、经济学家等研究者相同的，他们只是在乡村或者部落中做研究，这并不意味着他们研究乡村或者部落，因为研究地点并不等于研究对象。（格尔兹，1999：24—25）格尔兹的观点在这里的意义是，研究者选取某个或者某些案例，与人类学家选取某个乡村或部落，在性质上是一样的。

伊莎白和麦港介绍了法国当代部分社会学家为面对社会规范形成和变迁的问题而开创的一种"分歧—协议"研究方法。这种方法以分歧—协议作为分析单元，分歧是指在同质性结构限制中社会成员的不同选择，协议是指众多选择被综合成可操作的临时性行动方案。在相同的结构限制中，不同的行动主体各自具有相应的选择空间，分歧各方竭力证明自己的选择和行为具有更大的合理性，各方持续不断的互动过程构成了社会变迁的轨迹。由于任何一个回合的互动性选择的变异都会导致不同的结果，也就是说，任何互动性选择都具有关键性作用，所以应当尽量挖掘出完整的事件过程。同时任何行动者都对自己的选择有所考虑，由于其对自身行为的解释是将自身行为合理化、社会化的重要途径，其主动性选择也在解释中得到呈现，而且解释与再解释在达成协议时扮演重要角色，所以应对行动者的解释予以充分注意和尊重。因此，一个成熟的、有实用价值的"分歧案件"应具有以下部件：事件的完整过程，分歧各方的背景及利益取向，社会行动者对各方的客观行动及主观行动的描述和解释（伊莎白、麦港，2000）。比照上述要件，本书选取的案例可堪被视为一个合格的分歧案件。事实上，正如后面将显示的，本书从这一研究方法中受益颇多。

接下来需要交代的一个问题是如何获取案例资料。

地方志、当地政府或司法部门文件，以及从当事人和相关者那里获取到的部分协议、诉状、判决书、上访信件等，所有这些构成了所需的书面材料。而鉴于乡村社会的特性、案例本身的历史性、复杂性和敏感性，相当一部分材料来自于对当事者、相关者、政府官员、法院法官以及旁观者的深度访谈。①

由于案例涉及多个机构和个人，不同的机构和人们对于是否接受访谈的态度是不同的。调查是借助于私人关系进入的，并附以必不可少的诸如"调查仅作研究之用，不会带来任何负面影响"的保证，所以，在对地方政府和司法机构及其人员的访谈过程中，作为外来人的笔者基本上受到了有礼貌的和热情的接待，但是，笔者还是时时能够感受到他

① 关于深度访谈的实质、意义、原则与具体操作技术，参见杨善华、孙飞宇《作为意义探究的深度访谈》，《社会科学研究》2005 年第 5 期。

们的警惕、犹疑、保留、拒斥乃至某种不安。而某些相关个人干脆直接拒绝了访谈要求。相形而言，进入村庄，对作为案例当事人一方的村干部和村民进行访谈，则要简便得多，也容易得多。[①] 正如李培林的体会，从研究对象的角度看，相对于其他社区和人群，村落的进入并不困难。首先，村落是中国社会最基层的末梢，外来的调查者通常被视为从社会的上层来的，至少是从制度架构的上层来的，所以一般都能够受到尊敬和认真的接待；其次，村落是一个熟人社会，农民朴实好客，通过私人关系，很容易融入；再次，村落中的生活和生产经营、家庭和工作场所、私人领域和公共领域，都没有非常清晰和严格的划分，调查者比较容易从一个日常的领域进入，然后转到所专注的领域；最后，村落中很少有秘密可言，每一个村落大婶都是破解村落秘密能力很强的乡土“福尔摩斯”，即便是文字档案资料，借出来复印也并不是很困难的事（李培林，2004：5—6）。

但是，村民基本上“知无不言，言无不尽”的访谈却令笔者一度感到困惑。所关注的案例，自其缘起的20世纪70年代，迄今已过30多年时间，其间几经人事，一波三折，牵涉众多；而且至今仍在进行之中，尚未能有一个了结。当下和今后的进展，可以依靠即时跟进的调查和相关人员的新鲜记忆来获取，而过去曾经发生的事情（包括各方的应对行为、各自的考虑和解释、事情的具体经过等等），除了极为少量的书面记录（在乡村社会中，这样的事情很少留下书面的记录），只有依靠和通过当事人的回忆与叙述来获得。所以访谈的第一要务（当然不是全部，相关讨论参见杨善华、孙飞宇，2005），乃在于弄清楚事实的真相，也就是曾经真实地发生了什么事情，借用一句现象学的术语，就是要“朝向事实本身”。然而，访谈中的村民似乎总是假设坐在对面的人知道所有的基

① 朱苏力在一篇文章中分析了社会学调查中调查者与调查对象的关系以及权力资源在调查中的运用和功用（参见朱苏力，2000：425—444）。方慧蓉定义并讨论了一种形成于特殊历史时期的有别于普通调查研究的权力式调查研究（或者称调查研究权力），例如，工作组到一个封闭的农村社区，发动各种政治运动，如土改、整风、四清等（参见方慧蓉，2001）。需要指出的是，这种权力式调查研究留存于村民的记忆中，对于今天在农村所从事的普通调查研究仍在产生影响，例如纯粹的学术调查研究通常被村民视为体察民情而寄予期望，普通的调查者往往被视为从“上头”下来的肩负某种官方使命的人。

本事实和事情经过，他们的言说，往往不是对事实真相和过程的叙述，而是急切地表明自己当下的立场、态度和观点。笔者试图将话题引导到事实本身的无数次努力，总是被他们轻易地打发过去，三言两语岔开话题之后，紧接着的又是一通通断续的表白和评论。而且，村民往往不太有所谓现代“时间”概念，纵然述说到具体的事情和经过，所提供的往往也只是凌乱的难以搞清前因后果和事件间关系的一个个片断。[①] 常常碰到的情况是：同一件事情，不同的访谈对象说法不同，同一个访谈对象在不同时间不同场合的表述也不同。

随着调查的深入和不断的自我反思（为什么村民视作正常和自然而然的行为会令笔者困惑），随着对村民心理认知的认识上的加深，困惑感渐渐淡了，渐渐开始习惯于乃至着迷于村民的表达和叙述方式，表面上的断续、支离破碎和杂乱无章渐渐呈现出某种一致性。无疑，访谈对象的身份、地位、当下的处境、面临的场合以及当时的心境与目的，都会影响到对相关事务的认知、感受和表述。尽管会有差异，但是一般情况下不同人的叙述大同小异，而且其实都是在说“实话”，不同的只是各自的观点与态度。差异的存在反而有助于了解事件内部的矛盾冲突以及人们在这一事件当中所处的位置与所抱持的态度。现实生活的丰富性、复杂性与不确定性透过这种差异而得以显露和呈现。[②]

在获取了相关资料之后，如何对其加以组织呢？换句话说，如何

---

① 方慧蓉由此提出了颇具启发性的“无事件境”概念，用以描述一种村民的特殊的事件记忆心理。它的基本含义是，重复事件序列中的各种事件，由于高重复率和精确时间的缺乏而导致事件记忆上难免的事件间各种细节的互涵和交迭，并且生活于这种状况中的村民在心理上也“无意”将这些众多的重复性事件理解为分立有界的事件。对于村民来说，事件在记忆上的互涵和交迭，本身就是一种“真实”存在，而不是像具有现代“事件感”的人那样认为是“搞混了”“弄错了”（参见方慧蓉，2001）。

② 当然，困惑的消退源于对村民处境、习性、行为、思维逐渐深入的了解与理解，但是这依然无法完全消除“事情真相到底如何”的问题。比如，在所研究的案例中，村干部表示曾找过乡供销社主任，要求购买分站土地；而乡供销社主任则声称找是找过，但并没有要求购买。在没有确凿证据的情况下，笔者只能尽量全面地和不偏不倚地呈现和反映对立双方的立场，并在综合各种状况和因素之后做出审慎的判断。至于“事情真相到底如何”，那就只好交由读者去各自判断了。也许，李猛的提醒不无裨益：“日常生活本质是不透明的，我们又怎么可能有完全清澈透明的分析呢？”（李猛，1998a）

呈现与表述案例呢？

如前所述，转型社会中的现象具有无限的丰富性与复杂性以及高度的不确定性，欲对其做出恰切的解释，需要从社会事实出发，弄清楚到底发生了什么，事件是如何发生的，因此，首先需要的是将其准确呈现出来。这就需要叙事和描述。关于叙述方法，自从年鉴学派出现以后，就成为历史学界聚讼纷纭的话题。本书无意涉入这种叙述主义与结构主义/实证主义的纷争，[①] 而只是在这里试图表明，本书认同提倡叙述方法的学者的某些主张（叙述是一种分析性的建构；社会现象本质上是由经过行动者阐释的故事组成的，而所谓的社会学研究，其实不过是对行动者故事的再诠释；事件为什么发生，实质上可以从事件如何发生那里寻找答案，对于事件的“适当的”叙述即是对事件的解释，等等），认同叙述方法的某些功用和价值，因而在本书中采用这种方法。

四　田野调研与资料收集

自2005年10月至今，笔者先后12次进入田野调查点进行调研。

调查点位于华北地区东市南县西乡河村。之所以选择该地作为田野调查地点，主要考虑是可以借助私人关系，便于进入，同时也在一定程度上顾及其在华北平原所处的位置和所具有的一定代表性。南县地处华北平原，当地百姓大多数务农为生，种植小麦、玉米、花生等农作物，同时兼营养猪或养牛。河村是西乡最大的村庄，也是南县有名的大村，村里拥有人口3700多人，耕地4500亩，河滩地1000多亩。

2005年10月7—9日，在北京大学社会学系杨善华教授的带领下，我们研究团队第一次进入南县。此次调查主要访谈了两个乡党委书记，目的是了解乡镇基层政权基本状况。

第二次调查（2006年6月30日—7月2日）延续了第一次的主题，

---

① 详细的讨论参见应星《大河移民上访的故事》，生活·读书·新知三联书店2001年版；卢晖临：《迈向叙述的社会学》，《开放时代》2004年第1期。

访谈了更多的乡党委书记（五个），以及西乡七所八站的所（站）长，力图进一步考察乡镇政权所面临的困境及其应对方法。就是在这次调查中，第一次听西乡前党委书记（访谈的当时刚刚调到县里某部门）讲到本书所关注的案例。为了了解到更多相关内容，笔者利用有限的时间和难得的机会，初次接触了河村的村干部邹堂等人，并就下一步进入村庄征得了他们的同意。

之后的三次南县之行为笔者一人前往。第三次调查时间为 2006 年 7 月 13—22 日，集中访谈了与所关注案例有关或者知道情况较多的村干部与村民，并有机会与村委会为案子所聘请的辩护律师李律师进行交谈（非常可惜的是，访谈录音未能存留）。十天时间，大体上弄清了案例的来龙去脉，并幸运地获得部分相关书面材料（主要为协议、诉状、判决书以及一些上访信件）；同时对村庄状况和村内权力结构有了初步认识。

第四次南县之行是在 2006 年 8 月 12—20 日。其时适值河村村委会换届选举，村里暗潮涌动。为避免不适当地引起村民误解和过多注意，也为了避免无意中影响村庄事务，笔者将主要访谈目标转移到河村所在的西乡乡镇机构，先后访谈了常务副乡长（现为河村包村干部）、乡政法委书记、乡党政办公室主任、土地所长、司法所长等人；同时也见缝插针地访谈了河村部分村干部和村民。此次调查了解到部分乡镇机构公职人员对于案例的态度和看法，同时经由对村委会选举的亲历和现场观察，对村里权力结构和各种势力有了更进一步的了解。需要说明的是，在这次调查以及后面一次调查期间，笔者注意力曾经一度离开先前所关注的案例，试图从更大范围内对村庄内部各种事务进行详尽研究（仅将原先关注的案例视作其中一个部分）。故而，在相应地获取到其他一些资料的同时，一定程度上影响到对原先案例的更深入了解。值得一提的是，在村会计的热心支持和善意配合下，笔者得以翻看村庄近年来的会议记录，包括村庄自新中国成立以来尤其改革开放以来的部分档案材料。档案资料中包括了村庄领导人沿革名录、一篇写于 1971 年的村史、一份 1971 年的村民成分划分登记表、关于村里地主的部分批判资料、“文革”中的各种作物的任务指标与社员工分登记、数次土地调整中的土地承包合同以及改革开放以来的大量合同与协议。令笔者非常惊奇的是，这批档案材料竟然得到如此妥善的按年份和按类别的整理和保管（尽管不太全）。

第五次南县调查选择在2006年11月10—26日。此次南县行，除了继续对河村村民进行范围和内容广泛的访谈之外，最大的收获是得以先后进入县法院和县土地局进行访谈（在先前的调查中曾经尝试进入，但是未获成功）。去县土地局，初衷有二，一是看能否寻得一份河村的村庄坐落图，二是了解基层土地征用的手续审批情况。规划地籍科的股长先后取来西乡的遥感图和规划图，却皆非所需；股长又拿出了西乡与河村的土地利用情况的更新数据（截至2004年10月），遂抄录下来（《南县志》与《南县土地志》皆包括有相关数据，不过是几年前的数据）。负责土地审批的科室则一直不见人。去县法院的目的自然主要是为了获取所关注案例的更多更详尽的材料，同时也尽可能地了解基层法院的机构设置、人员情况、调审情况以及法院日常工作状况，尽管暂时未能接触到相关卷宗，但还是分别从院长、副院长、政治处主任、研究室主任、民一庭庭长、民一庭副庭长、民一庭审判员等人那里获取到内容丰富的访谈资料。而且，征得民一庭庭长的同意，作为一名旁观者现场观察了民一庭对一个财产纠纷的开庭审理过程，以及对另外一个案子的宣判过程。这一经历给笔者留下了深刻的印象。尽管作为一名观察者和研究者，笔者不断地提醒自己要尽量客观，但是理想与现实之间甚至显得夸张的偏离还是令笔者慨叹不已。在本书的后面，笔者将试图对所观察到的场景进行描述。

2007年4月20—22日，与研究团队一起，笔者第六次进入南县。当把研究的问题重新集中到先前所关注的案例的时候，才发现仍有相当一部分内容欠缺，有待获取。因而此次对该研究案例进行了追踪访谈，以了解和把握其最新进展。

2008年3月10—13日、4月7—11日的第七、第八次南县之行，主要收获是翻阅了村庄户口册，对村庄的人口构成和家族状况有了深入了解。

2011年4月27日—5月3日进行的第九次村庄调研，了解到研究案例的最新进展，并查看了村庄自20世纪90年代中期以来的账目。

第十次南县河村调查于2012年4月30日—5月10日进行，此次调查得以翻阅最近几年的村庄会议记录，尤其是找到2005年7—8月的会议记录，这对了解研究案例在当时的关键而极具戏剧性的进展帮助极大。另外，通过访谈，笔者较为详尽地了解到村庄决策机制，并对自推行村民民主自治以来的历次村民选举的情况和村庄政治的展开、村干部的代际更替等有了更深入全面的认识和理解。

第十一次进入河村是在2012年10月20日，此次停留三天，继续了解河村村庄决策机制。

第十二次河村调研安排在2013年6月6—14日。访谈内容主要涉及村里自集体化以来的农地分配与宅基地分配、村里最近一年的新变化以及两委班子自2012年年初成立以来所做的事情。其中对宅基地分配的了解和对年轻有为的新任村主任的访谈是最大收获。

在调研期间，鉴于研究案例在当地的特殊性与敏感性，或者出于个人的原因或考虑，部分相关人员婉拒了笔者的访谈请求。河村的前村主任、曾经家中被砸的盛章表示：现在脑子出了毛病了，以前的事情全部记不起来了。西乡供销社的前主任则始终拒绝碰面。未能见到的还有案例中最为关键的人物董发。笔者曾尝试与他联络，却终未能联系上。联络未果的原因之一，在于大约在2006年年中，董发因为其他事情触犯刑法，被关押起来了，具体刑期不明。现在看来，研究案例中的部分资料和细节恐怕是始终都无法获取的了，这实在是件憾事；而且迄今为止，整个事件还在继续，没有最终完结，因而有待更多的观察。笔者期望在今后的调查和研究工作中，能够有机会对此做出补救。

五　篇章结构安排

本书共分八章。

第一章提出问题。

第二章回溯案例纠纷的缘起。

第三章讨论案例纠纷中当事双方的分歧关键所在，指出农民对农村集体土地产权的认知迥异于国家现行政策法规。

第四至第七章，沿循案例纠纷的展开过程，分述纠纷解决所经历的私下协商、武力强制、司法审判、行政信访、党政涉入等不同途径的尝试，并分别检讨其后果。

第八章是简短的结论和讨论。

第二章

研究案例:源起与争端

一 源起

河村属于当地的人口大村，人多势众，影响大。新中国成立初期，西乡供销社甫一成立，就在河村办了一个代销店，代销店位于村子中间，用的是原来村里一户地主的房子，由乡供销社向村里支付少量的租金。代销店属于股份性质，村民们每户出一点儿股金，有钱的出钱，没钱的拿些粮食代替。由于规模很小，只经营油盐酱醋和其他一些日常零用物品，仅相当于现在一个乡村小卖部。后来随着生活与生产的发展，村里先后用起了农药化肥等生产资料，代销店逐渐不再能够满足当地需要（村民 SC 访谈，2006 年 7 月 22 日）。

1976 年，西乡供销社通过公社与村里接洽，有意将代销店扩建成一个分站，并选中了村南马路北临路的一处地块，这片地方部分属于十一生产队的自留地，部分是八生产队的饲养院大场和一间油房。村里召集村干部开会讨论，考虑到在村里建个分站可以方便村民的生产和生活，还可以为村里节省劳动力，就答应了下来。

同年 3 月，西乡社与河村革委会签订了用地协议：

协议书

兹有西乡服务处，需要在河村大队盖分站，经公社介绍，西乡服务处与河村大队协商，河村大队愿将村南耕地让西乡服务（处）占用。

占用面积，南至 × × 公路，东西北至界石，长 52.4 米，东宽

57.1 米，西宽 36.6 米，共计叁亩柒分，由西乡处给河村大队产量赔款每亩 150 元，共伍佰伍拾伍元整。双方特定协议。

当事人：河村大队：邹东、盛章等三人手印

（加盖“西乡人民公社河村生产大队革命委员会”印章）

西乡服务处：三人手印

（加盖“南县商业站西乡购销服务处”印章）

代笔人：邹东

公元一九七六年三月十五号

当年 10 月，县革委会下发（76）南革字第 31 号《关于国家建设征用土地的批复》，表示“经地、县同意征用”。

毛主席语录

抓革命·促生产·促工作·促战备

……………………………………………………………………

南县革命委员会

关于国家建设征用土地的批复

（76）南革字第 31 号

西村区西乡公社河村大队革委会：

西乡购销服务处建设施工征用河村大队耕地叁亩柒分，经地、县同意征用。

在征用工作中，要高举毛泽东思想伟大旗帜，坚持无产阶级政治挂帅，认真做好思想工作，根据国家建设征用土地办法经双方协议具体办理征用手续，及早移交征地单位使用。

南县革命委员会民政局（印章）

一九七六年十月一日

这是一份令河村的干部与村民感到困惑和奇怪的批复。尽管从抬头称谓看，它是批复给河村革委会的，但是所有被访谈到的村干部与村民都表示从来没有见过，也从来不知道有这样一份东西，自然也不知道这样一份文件对于他们来说意味着什么。相关问题，将在第三章中予以详细讨论。

由于实际占地面积和补偿额度均有变化，加之又经历了一段时间，这使得双方认为有必要重新订立协议：

协 议

西乡供销社与河村大队，经上级批准，双方签订在河村南、××公路北占地4.04亩（西边由南至北36米，东边由南至北58.5米，北边由西至东57米）。围墙：东边墙外留壹市尺，北边墙外留贰市尺，西边墙外留叁市尺。以上地4.04亩为我大队一级地。

按国家规定每亩价格120.00元，共484.80元。

农业税和产量，均按国家规定减免。以上协议自签订之日生效。

西乡供销社（盖章） 河村大队（盖章）

1978年3月10日

84岁的村民、老地下党、老干部邹增元提到了这件事：

供销社这个摊儿呀，它这个摊儿先前是在村里头，现在办公室那片地儿原先是生产队的地。乡供销社通过西乡公社，死乞白赖地要在这儿建门市部。建就建呗，就那么着，大队跟生产队就应下来了，说给你点儿地吧。应下来给地也不是卖地呀，你生产队，也不允许你卖地呀，他供销社也不敢说他买呀。那个地块有十一队的自留地，有八队的饲养院大场和一处油房。供销社相中那片地儿了，相中那儿就要那儿吧。生产队得搬家不是，生产队一搬家，他供销社就拿出一点儿补贴。地都是国家的，谁敢卖呀？生产队也不敢说地是它的呀。供销社就在那儿建了。（村民邹增元访谈，2006年1月17日）

1979年，乡供销社与村委会另行签订承建协议，乡供销社出钱出物，河村出工出力，建起拥有门店及库房38间的供销社分站（参见1979年协议，存于村委会1979年档案箱）。一位当时还是小学生的村民回忆了当时的情形，他对分站归属的认知颇为有趣：

> 供销社是村里建的。建供销社那会儿，我还正上小学哩。用学生脱土坯，一个班的学生脱多少，都有任务。那时候我还去了呢，我亲身体验过。建房子是我们村里建的，还让学校学生去干活儿，脱土坯。都是无偿的，他让脱就脱呗，只知道村里要建供销社。根本不知道啥时候成国有的了。……那个时候，咱们村轰轰烈烈地，真是了不起，在这一片儿，在乡里，建起了供销社！都是我们自个儿弄的。我们有股份。就是没有股份，冲着村里拿出的四亩地，也算有股份。要说起来，都是国家的。……按照现在的制度，以前做的就不对。就冲着出了那四亩地，就算有股份了。（村干部李英邻居访谈，2006年8月12日）

分站建成后，进入正常运营。1983年，根据中央一号文件精神，供销社恢复了合作商业性质，在自愿原则下吸收生产队和社员入股，河村大队于当年3月28日缴纳股金1000元，成为供销社分站社员，之后分别于1984年6月3日、1987年7月19日、1990年11月2日、1992年12月31日领取股金红利70元、91元、300元、180元（供销合作社联合社社员证）。

进入20世纪90年代，随着农村私营商业的兴起，当地供销社系统渐趋于萎缩，尽管在政府部门的主导下，供销社推行了一系列改制措施，但是效果有限。

> 到了九几年的时候，分站就不景气了，就不行了，就淘汰了，就承包给个人了。个人弄着也不行了，个人也干不了了。后来那地方儿就给了原来分站的几个人用，后来是一个人住着，也空着一些房子。（村民盛堂访谈，2006年7月22日）

不过，虽然经营状况不佳，分站所占土地的经济价值却日益凸显。随着河村人口的增加和居住条件的改善，村庄渐渐南扩至公路边沿，公路两边陆续出现一些商铺，1992 年，村两委在这里规划建起一条长约 1500 米的商业街，分站正处在商业街核心地段。

二 争端

1996 年年底，河村村民听到风声，西乡供销社要将设在河村的供销社分站转让出去。

61 岁的村民邹明成自称是最先得知消息的人（括号内为访谈人问话，下同）：

> 供销社的事儿，村里第一个知道的就是我。卖供销社的时候，乡供销社先前的主任给我打了个电话。（为什么？您那时候是村干部吗？）不是。我们两个关系不错。我在供销社待过两年，在那儿当售货员，我不读书就去了。因为我父亲在供销社，一直干到退休。西乡当时属西村区管，后来把区划掉了。他打来电话说，供销社要卖，你赶紧来。我就去了，跟村里供销社（分站）的谢文一起去的。去之后才知道，实际上他们早就已经商量好了，要卖给南县一个叫董发的。我去的时候，钱已经摞好了摆在那儿了，8 万块钱，董发就在边上坐着，还有他弟弟，他们哥俩儿都在。我们俩就跟乡供销社主任翻了（脸了）。谢文说他是村供销社的职工，卖的话也应该先卖给他。我说我不是供销社职工，我是河村人，地方是河村的，即便不卖给内部职工，也应该卖给村里。我们就吵起来了。当时乡供销社主任是吴才，他当时没敢收钱，供销社没有卖。（乡供销社以前的主任打电话给您，您就去了，您去的本意是什么？）去的本意是，供销社要卖，应该公开招标，内部职工应该优先。供销社在河村，供销社是股份制，我们村里都入过股，这是股份供销社，你卖，你得通过河村大队。再一个，这地皮是河村的地，你得在河村招标。是这个理儿吧？这是供销社第一次要卖，没卖成。下来我找了村里干部，找了当时的村干部黄庆，说这供销社要卖。就一起又去找乡供销社主任吴才，说地儿是河村的地儿，卖给董发不行，要卖该由我们买。吴才当时说，你们村里买吧，8 万块钱。等我们把钱带了去，他又说

不卖了。他还请我们吃了顿饭。但是，之后，他偷偷地，没通过任何人，私下卖给了董发。（关于这一段，您后来写书面证明材料了吗?）没写。原来是西村区法庭开始解决的，西村区法庭来取证，我跟他们说了（村民邹明成访谈，2006 年 7 月 18、19 日，8 月 13 日）。

邹明成所提到的原西乡供销社职工谢文（非本村人），提供了如下证言材料：

我叫谢文，男，37 岁，西乡供销社职工。1990 年在西乡供销社河村分站生产门市上班。

1996 年 11 月 2 日上午，我正上班，突然有人给我捎信说，（乡）供销社正在卖河村分站，地点在西乡。我听说就急忙骑车赶到供销社，一到会计室，正碰上出纳在收款。我非常气愤，就问吴才（当时供销社主任），他在一边坐着，我问他收钱是怎么一回事。他说把河村分站卖出去了，我问他卖给谁了，他说董发（生产公司职工）。我就问他，你卖地方事先为什么没有通知我们，你作为一名主任为什么没有召开职工代表大会。甚至连当时书记和一名副主任也不知道，在场的只有一名副主任和一名出纳。我问他河村分站卖多少钱，他说 8 万，一次性出租（原证言如此——笔者注）。我说 8 万元我买，有优先权的是本单位职工。他说，你要买，8 万元钱就卖给你，三天之内把款交清。我说行。11 月 5 日上午，我带着 8 万元钱到供销社交款，我找到他叫他收款，他当下就说，8 万不卖了，卖就得 10 万，三天后交钱，三天交不上就外卖，我就应了下来。正在这时，原河村副支书黄庆、村民邹明成也来到供销社找吴才。黄庆代表河村大队，邹明成代表村民，要求买河村分站。黄庆跟吴才说，听说卖河村分站，出租也好，卖也好，多少钱，河村大队要。吴才当下说，（要）卖，先优先河村大队，什么时候卖再通知你们，你们大队就做好准备吧。可是直到 1997 年春天，他把河村分站卖出了，也没有通知河村大队、邹明成和我。

但是，以上两种内容稍有出入的说法，遭到时任西乡社主任吴才的一口否认。在为后来的官司提供的证言中，吴才声称，当时河村确实去找他了，但并没有提出购买提议。吴才并提到，在 1997 年 8 月初，由县供销联社与乡政府协调，乡政府委托乡司法所所长杨某、乡土地所所长赵某、县联社副主任王某及他本人，一道找到河村村委会，声明可将河村分站转让给河村，当时的村主任盛章明确表示河村不买，但也不准乡供销社卖给他人。

几种表述都同意：村委会曾前往乡供销社交涉，村里对分站享有优先购买权；所不同的是，前两种表述都强调村委会提出了购买要求，而吴才否认村委会曾提出这一要求。①

无论如何，接下来发生的事实是，1997 年 2 月 17 日，在县城一个小饭店里，县生产资料公司经理董发，以私人名义，用 8 万块钱的价格，自西乡供销社购得河村分站。

这里的问题是，为什么西乡社不卖给出价高的河村而要卖给一个出价低的外人董发呢？按村干部的说法，村委会是代表村民的，签协议时无法做小动作，而卖给私人的话，董发就方便签成 8 万块钱的协议，但私底下可以给社主任一笔钱。

> 当时我们要出 10 万买，他们不卖给我们，他们卖给了那个 8 万的。它肯定是，比如说这供销社值 10 万块钱，它私人交易跟公家交易不一样。它应该值 10 万，但是不写 10 万，只给 8 万，另外 2 万私下给了供销社主任个人。要是卖给我们村儿，是集体对集体，我们该多少就做多少账（村民盛才访谈，2006 年 7 月 22 日）。

---

① 读者可能一开始就因这几种似是而非的说法而心生困惑乃至不耐了：事实的真相到底是什么？我们当然需要竭力弄清楚，曾经真实发生了什么事情。借用一句现象学的术语，我们需要“朝向事实本身”。但是鉴于所发生的是已经过去很久的事情，而在一个乡土社会中，这样的事情很少留下什么记录，所以只有通过当事人的回忆与叙述来呈现和复原。而各人由于立场、处境乃至个人情况的种种差异，在回忆和叙述中自然会出现偏差。事情后来的发展演变将显示，各人的不同叙述都有其意义。相关讨论，请参见第一章方法讨论部分，又参见杨善华、孙飞宇《作为意义探究的深度访谈》，《社会科学研究》2005 年第 5 期。

可是，如果说卖给私人方便自己捞钱，为什么不卖给内部职工谢文呢？依据河村村民说法，董发是县生产资料公司的经理，县生产资料公司是县供销社的直属企业，而西乡供销社则是县供销社下属的一个基层社，二人因此相熟，而且，董发是一个痞子，“道儿上的人”。所以，这与董发有权有势有关系的身份直接相关。“他肯定是得了董发好处了，董发是县里生产资料公司经理，有钱，又是个痞子，坑人坑多了。”（村民邹明成访谈，2006 年 7 月 19 日）

交易达成后，董发来到西乡河村，声称自己已经买下分站，要求当时的占用者、原来的分站内部职工谢文腾清移出，以便于自己开店卖化肥。谢文拒绝搬离，要他拿出购买分站的证据与协议来。一番对峙之后，董发意识到手续和证据的重要性。

董发后来又找到乡供销社，要求签署一份正式协议。对此，当时的乡供销社副主任颇有顾虑，表示“文字好写，但是否会出现麻烦?”主任吴才则认为这是多虑，因为卖分站的事儿已经县联社批示（乡社副主任笔录，参见 2000 年 3 月 14 日县法院判决书）。3 月 8 日，董发与西乡供销社补签了买卖协议。

契约

因西乡供销社河村分站门店及库房年久失修，即将坍塌，且供销社无力修复，恐后变成废墟，根据上级关于甩一块、保一块、开拓一块的指示精神，特经请示县社党委批准，西乡供销社将河村分站门店壹拾贰间，西库捌间，北库拾间，及其他建筑捌间，作价捌万元人民币，将所有权转让给董发所有，转让费一次交清。该分站使用面积附有原协议书一份，长宽以此协议为依据。恐后无凭，立此字据为证。其他字据一律无效，均以此字据为准。

当事人手印、印章

转让批准机关：南县供销合作社联合社印章

一九九七年三月八日

“恐后无凭，立此字据为证。其他字据一律无效，均以此字据为准”的表述耐人寻味，既然买卖协议是后来补签的，这两句话显然是特意加上并予以强调的。

董发紧接着向县土地局申请并于3月21日办下编号为“南国用97字第03—3918号”、批准使用期限为50年的国有土地使用证。

手持买卖协议与土地证书的董发第二次来到村里，结果再次与谢文发生争执。二人的冲突惊动了村干部。董发声言自己办理了有效合法手续，村干部与谢文则认为分站所占土地属于村里，而且村民拥有供销社股份，对于分站的购买有优先权，西乡社私自出卖分站，不合法不合理。村里表示，房子是乡供销社的，可以购买，地皮是河村的，不许占用。

> 他从乡供销社手里买下来，咱们不知道啊。他要来启动这儿、使用这儿，咱们才知道，启动当中咱们才知道。知道以后咱们不干了呗，村民意见极大，村干部也不干。（村干部邹堂访谈，2006年7月16日）

再次碰壁的董发悻悻而返。

第三章

集体土地产权:农民的认知

一 农民如何认识集体土地产权

在双方的争端中，在董发（及背后的乡供销社）一方看来，董发与乡供销社签订分站转让协议，又已经办下国有土地使用权证，合乎法规，因而占有和使用分站没有问题；在河村村干部和村民一方，则根本不承认董发与乡供销社的转让协议，并对政府土地部门为其办理国有土地使用权证感到困惑和不平，因为河村是供销合作社的股民，河村享有分站的购买优先权，更根本的，分站土地属于河村，河村理所当然有索回的权利。而在董发和乡供销社看来，当初乡供销社与河村签订用地协议，支付款项做出补偿，并经县里下发土地征用批复，分站土地已经从河村集体土地转为国有土地，与河村脱离关系；河村干部和村民则坚持认为，当初河村与乡供销社签订的只是占地协议，并没有将土地卖给对方，对方所支付的也只是青苗费，现在对方不再使用了，理所当然应将土地归还河村。

双方分歧的焦点，集中在对分站土地性质和归属的认识上。我们首先回顾一下与本案例有关的国家相关法律法规的规定。

国家法规对于农村土地的权属，在不同的时期和不同的情势下，有着不同的界定。新中国成立初期，推行土地改革，实行土地的农民私有并发放《土地房产所有证》。1954 年制定的共和国第一部《宪法》第八条规定："国家依照法律保护农民的土地所有权和其他生产资料所有权。"集体化之后，土地随人入社，从私有改造成为农业合作集体所有。随后经过人民公社，又将农业合作集体所有扩大到人民公社集体所有。至 1962 年“六十条”公布后，对土地、耕畜、农具、劳动力进行了“四固定”，按属地原则对土地进行统一调整，归就近的生产队集体所有。1975年《宪法》第七条做出相应规定：“农村人民公社是政社合一的组织。现阶段农村人民公社的集体所有制经济，一般实行三级所有、队为基础，即以生产队为基本核算单位的公社、生产大队和生产队三级所有。”1982年《宪法》第十条规定：“城市的土地属于国家所有。农村和城市郊区的土地，除由法律规定属于国家所有的以外，属于集体所有；宅基地和自留地、自留山，也属于集体所有。”1986年出台、之后分别于1998年和2004年修订的《中华人民共和国土地管理法》进一步规定：“农民集体所有的土地依法属于村农民集体所有的，由村集体经济组织或者村民委员会经营、管理；已经分别属于村内两个以上农村集体经济组织的农民集体所有的，由村内各该农村集体经济组织或者村民小组经营、管理；已经属于乡（镇）农民集体所有的，由乡（镇）农村集体经济组织经营、管理。”（第十条）“文革”之后的农村改革，逐渐形成农民家庭土地承包经营权，这一权利在2002年全国人大常委会通过的《农村土地承包法》中获得法律表达。

但是，这里的关键之处在于，农民对土地的使用权利只限于农业用途[①]，农地要转用于非农建设，除了例外的情况[②]，必须先经由政府征地，由集体所有转归国有。[③]

---

① 《土地管理法》第六十三条规定：农民集体所有的土地使用权不得出让、转让或者出租用于非农业建设。《农村土地承包法》在总则中规定，未经批准不得将承包地用于非农建设（第八条）；在承包方的义务中规定，维持土地的农业用途，不得用于非农建设（第十七条）；在土地承包经营权的流转原则中规定，不得改变……土地的农业用途（第三十三条）。

② 例外的情况包括兴办乡镇企业和村民建设住宅以及乡村公共设施和公益事业建设。参见《土地管理法》第四十三条。

③ 经济学家周其仁对土地征用的“从农用转为非农用、同时又从民土转为国土”的“三连环”过程进行了描述：第一环，农地征用。政府根据发展规划，按照一定的行政审批程序，将农地征用为工业或城市用地。这里最画龙点睛的，是“征用”两个字。你道何谓“征用”？就是政府占民间财产为己用，“剥夺、充公、没收”的同义词也。试想，农地不是敌产，工业化城市化也不是战争或救灾，为什么非征用不可？这一问，就问到了问题的老根上。我以为，要害就是土地不能交易和“土地涨价要归公”。在征用制之下，土地并没有被买卖，当然更无涨价之虑。第二环，向集体支付补偿。政府征用了农民的土地，一点补偿也不付，总是交代不过去。但是，在计划经济时代，国家征地1亩的补偿金，也就等于种植1亩土地十几年所得的净收益！这分明是斯大林式的国家工业化剥夺农民的一个侧面了。不过，那时的人民公社可以“集体地”分摊土地被征的后果，犹如乡下人家添丁加口，“桌上加双筷，锅里添瓢水”就对付过去了。现在，农户算是（转下页）

1954 年《宪法》第十三条规定："国家为了公共利益的需要，可以依照法律规定的条件，对城乡土地和其他生产资料实行征购、征用或者收归国有。"这就赋予了国家土地征用权，确立了土地征用制度。1953 年 12 月，《国家建设征用土地办法》公布实施。那时候尽管已经宣布了向社会主义过渡的总路线，但是城乡土地的大部分还是属于私有，并得到宪法的承认与保护。因此，国家征用农地，仅是农地转为建设用地的一种形式，征地的范围包括了私人所有和集体所有。当然，与私人转让土地不同，宪法对国家征地附加了一个重要的限制条件：为了公共利益的需要。推行社会主义过渡之后，乡村大部分土地从私人手中收归集体所有，征地的范围也就只剩下集体土地，征地就是将集体土地收归国家所有。继《国家建设征用土地办法》之后于 1982 年出台的《国家建设征用土地条例》（于 1987 年 1 月 1 日失效），针对改革开放和经济建设的新形势，规定"禁止任何单位直接向农村社队购地、租地或变相购地、租地。农村社队不得以土地入股的形式参与任何企业、事业的经营"（第二条）。取代《国家建设征用土地条例》而于 1986 年颁布并经数次修正或修订的《土地管理法》第四十三条规定："任何单位和个人进行建设，需要使用土地的，必须依法申请使用国有土地；依法申请使用的国有土地包括国家所有的土地和国家征收的原属于农民集体所有的土地。"《土地管理法》第四十三条至第五十一条对征地批准权限、方案实施、征地补偿、补偿安置公告、补偿费的使用、被征地农民的安置等征地相关事宜做出了具体规定。

在国家政策法规中，尽管不同历史时期的土地权属界定不同，而且无疑在某些内容上存在着繁复芜杂或者模糊不清之处（例如，何谓公共利益的需要、农民集体究竟何指等等），但是，国有与集体所有之间的权属界定是相对明确的，土地一旦被征收即由集体所有转归国有，这一点也是清楚的。

拥有了长期的土地承包经营权，但是只要涉及征地，农民还是只好"退下"，要由"集体"（也就是几位乡村权力人物）出面，协调政府征地、领取并分配征地补偿。第三环，土地批租。政府向集体支付了征地补偿金之后，就可以放手批租土地了。当然，这里批租的是土地在 50—70 年间的使用权，而不是土地所有权。这一点很要紧，不但维系了"土地不准买卖"理论的面子，也使得对农民的征地制，看起来不怎么像"只许州官放火、不许百姓点灯"（周其仁，2004b：73—74）。

现在回到研究案例。当初西乡公社供销社与河村签订用地协议，系外来单位用地，又改变了土地用途，遵照当时法规，理应办理征地手续。所以，在接到县革委会的那份印有毛主席语录的建设用地征用批复的时候，公社供销社知道，按照1953年12月5日制定通过、1957年10月18日修正、1958年1月6日公布实施的《国家建设征用土地办法》（已于1982年5月4日失效）相关规定①，建立分站所使用的那片土地，尽管依然在河村村里，没有也不可能移动位置，而且周围全是河村的土地，但是它已经属于国有土地，而与河村村民不再相关了。法律规定征用土地是需要补偿的，② 第二次占地协议中标明的484.80元，也就是所征用的4.04亩土地的补偿了。正是基于这一点，才有了后来乡供销社主任与县生产资料公司经理董发之间基于各自利益考虑而一拍即合的分站转让协议。

而且，他们拥有了新的法律武器。鉴于数十年来土地制度变更频繁，土地权属认识模糊，历史遗留问题众多，屡屡引发冲突和争议，国家土地管理部门特别出台《确定土地所有权和使用权的若干规定》（1995），对不同历史时期的不同情况予以澄清。其中第十六条明确规定：“（自一九六二年九月）《六十条》公布时起至一九八二年五月《国家建设征用土地条例》公布时止，全民所有制单位、城市集体所有制单位使用的原农民集体所有的土地，有下列情形之一的，属于国家所有：签订过土地转移等有关协议的；经县级以上人民政府批准使用的；进行过一定补偿或

---

① “公私合营企业、信用合作社、供销合作社、手工业生产合作社用地以及群众自办的公益事业用地，可以向当地县级以上人民委员会提出申请，或得批准后，援用本办法的规定办理。”（第二十条）

② 土地征用具有强制性和补偿性的特征，即被征地单位（集体土地所有权人）不得以其所有权从事对抗行为，不得阻挠；国家在一定的范围内依法对被征地单位予以适当补偿，而不是赔偿。（参见全国人民代表大会常务委员会法制工作委员会，1998：39）。当然，征地也并非一定予以补偿。1958年1月，当时的国务院副秘书长陶希晋在向全国人大常委会递交的《关于国家建设用地办法修正草案的说明》中指出：由于群众政治觉悟提高，有的被征用了少量土地的农业生产合作社认为不影响它们的生产和社员的生活，表示热情支援国家建设，不要补偿费。对于群众的这种精神，国家应予鼓励；但必须注意掌握，既要防止对群众的政治热情估计不足，又要防止不很好考虑群众在被征用土地后生产和生活是否会受到影响。所以修正草案第九条第一款规定：“征用农业生产合作社的土地，如果社员大会或者社员代表大会认为对社员生活没有影响，不需要补偿，并经当地县级人民委员会同意，可以不发给补偿费。”

安置劳动力的；接受农民集体馈赠的；已购买原集体所有的建筑物的；农民集体所有制企事业单位转为全民所有制或者城市集体所有制单位的。”① 在公社供销社与河村签订协议的70年代，供销社性质为全民所有制商业企业，基层社既是国营商业的基层单位，又是人民公社的一个组成部分，由公社党委实行一元化领导，② 正适用上述条款。

① 除了土地管理部门出台的规定，国家其他相关部门也曾先后针对一些典型案例给出指导意见或发布相关文件，例如中华全国供销合作总社、国土资源部2002年曾分别对河南一起供销合作社土地权属纠纷案例给予复函作答，参见中华全国供销合作总社《关于渑池县西村供销合作社土地权属纠纷问题的复函》、国土资源部《关于供销合作社使用土地权属问题的复函》，分别参见 http：//www. nxcoop. com/web/zc729. htm 及中国土地矿产法律事务中心、国土资源部土地争议调处事务中心编：《土地矿产争议典型案例与处理依据》第1辑（中国法制出版社2006年版，第364—365页）。但是由于相关文件和意见对民众认知和诉求重视不够，诸多冲突和争议并没有被圆满化解。

② 按照成立于1895年的合作社国际联盟的定义，合作社“是人们自愿联合，通过共同所有和民主管理的企业来满足共同的经济和社会需求的自治组织”，自助、民主、平等、公平和团结是其基本价值。但是中国供销合作社的创建与发展则经历了复杂而独特的历史进程。

早在成立之初，中国共产党即把合作社运动作为工农群众革命运动的重要组成部分与重要组织形式。1949年9月中国人民政治协商会议第一届全会通过的《共同纲领》明确规定，合作社为新民主主义社会五种经济成分之一，“为半社会主义性质的经济，为整个人民经济的一个重要组成部分”。1950年7月，中华全国合作社联合总社成立，统一领导全国的供销、消费、手工业等合作社。1953年，中共中央提出“一化三改造”的过渡时期总路线，指定农村私营商业的改造由供销合作社负责。1954年，中华全国合作社联合总社改名为中华全国供销合作总社，并制定通过了《中华全国供销合作总社章程》，进一步明确了供销社的集体经济性质。在之后的几年里，供销合作社采取合作小组、合作商店、合营商店等形式，完成了对农村私营商业的改造。

从1958年到1978年的20年间，供销社与国营商业两次合并与分建，在性质上经历了由集体所有制改为全民所有制，由全民所有制改为集体所有制的反复变化。1957年，国务院做出关于改进商业管理体制的规定，要求改变以往管理权限过于集中、统得过死过细的情况。在执行这一规定中，机构大量精简，人员下放，县、地区、省的供销合作社都与商业厅（局）合并。之后，全国供销合作总社同城市服务部合并为第二商业部，不久，第一商业部与第二商业部合并为商业部。在县以上各级供销社撤并的同时，农村基层供销社的人、财、物下放到人民公社，成为人民公社的供销部。供销社从上到下由集体所有制改为全民所有制。原归供销社管理的合作店、组，过渡升级为国营商业。农村集市贸易被关闭。全国农村商品流通只剩下国营商业一条渠道，削弱了农村商业，给农民生产、生活带来诸多不便，使供销社组织上、经济上受到很大损失。为了纠正“大跃进”中的错误，1960年冬，中共中央提出国民经济实行“调整、巩固、充实、提高”的方针。1961年5月，中共中央制定《农村人民公社工作条例（修正草案）》（即农业六十条）和《关于改进商业工作的若干问题（试行草案）》（即商业四十条），指出为了同农业生产的集体所有制相适应，使农村商业更好地为农业生产和农民生活服务，接受群众的监督，应该恢复农村供销合作社。至1961年年底，供销社系统基本得到恢复。在1966年之后的“文革”期间，县以上供销社再一（转下页）

但是我们看到，乡供销社将分站土地转让给一个外来人董发以及董发进村占地的举动，遭到了村民们的激烈反对和坚决阻止，村民们坚称："土地是我们的!"

> 供销社那片地方，原先是我们八队的地，被乡供销社占用做了分站。后来分站要卖，我们村里就说，你不用了，要卖，得先让我们村买，不能先卖给外边，因为是我们村的土地。结果乡供销社偷偷把地卖了，村里就不干了。(村里认为应将这片地方归还给河村的人多吗?) 咳，全村老百姓都是这样认为！老百姓就是这么认为！这个差（错）不了！当初只是签了占用协议，没卖给他们，只是让他们用，他们只是赔了480块钱的青苗费。当时签了协议的，上面没有一个字说卖给他们了。(村支书黄庆，2006年11月24日)

次与国营商业合并。1970年，随着各地各级革命委员会的建立，国家机关开始大精简、大合并，商业部、粮食部、全国供销合作总社、国家工商行政管理局正式合并，组成商业部。省供销社机构一部分与国营商业合并，一部分被省革命委员会生产指挥部取代，县级供销社也大都与国营商业合并。基层供销合作社的性质同时发生变化，既是国营商业的基层单位，又是人民公社的一个组成部分，由公社党委实行一元化领导，并实行贫下中农管理。1975年年初，周恩来总理建议恢复供销社系统。同年2月，国务院做出恢复全国供销合作总社的决定。之后，各地各级供销社相继恢复。但是，在组织机构恢复初期，所有制性质并没有恢复，仍为全民所有制，而且，全国机构由群众团体的名称改为政府机构的名称，由"中华全国供销合作总社"改为"中华人民共和国供销合作总社"，县以上供销社都成为政府的一个职能部门。

中共十一届三中全会之后，供销社系统开始实现体制改革。1982—1986年间的著名的五个"一号文件"，都把供销社体制改革列为重要内容。1995年2月，中共中央、国务院做出《关于深化供销合作社改革的决定》，要求将供销合作社真正办成农民群众的合作经济组织。之后，中华全国供销合作总社恢复成立，并通过了《中华全国供销合作总社章程》。以上供销合作社创建与发展的简单历程，主要参见朱中健、张西生《中国供销合作社的创建与发展》，载中华全国供销合作总社编《中国供销合作社年鉴》(1998)，中华全国供销合作总社1998年版；迟孝先：《中国供销合作社史》，中国商业出版社1988年版；沈以宏、廖丹清主编：《供销合作社所有制性质考察与研究》，中国商业出版社1988年版。

村支书的上述说法得到其他村干部和村民的一致证实。

> 最起码地皮是河村的。房产可以是董发的。既然走到这一步了，他没有通过河村大队，跟供销社私自立了份合同，我认为，房产是他买了，但地皮是河村的。地皮是河村的，任何人没有权利卖它，只有河村可以卖，还是有条件地卖，多少年得有合同，不能卖死。（村干部吴军访谈，2006 年 7 月 19 日）

> 乡供销社原先占着我们八队的地，按情理说，这片地方应该归河村。（按法律说呢？）我的看法，国家法律有伸缩性。它可以大，可以小，可以左，可以右。按哪儿说都应该归河村。要是真正按正常程序走，就应该归河村。（村民邹堂宾访谈，2006 年 7 月 18 日）

那么，县革委会的征地批复不是白纸黑字在那儿吗？村里对此又做何解释呢？

事实上，这是一份村民在当时没有见到、而即便见到也无法领会其含义的批复，在他们的理解中，有了上级批准和用地协议就足够了，这样一纸莫名其妙的东西又是从何而来呢？他们并不晓得有《国家建设征用土地办法》这样一部法规的存在，他们不知道原本在法律上属于他们的一块土地已经不再属于他们，而且是永远不再属于他们。即便他们了解这些，他们也不会认同。事实上，直到董发后来在法庭上出示了这份征地批复的时候，他们（包括参与当时协议签订的村干部们也都表示）根本不知道有这样一个东西的存在。而当他们颇费心思地终于弄明白了它的意思以及它对他们意味着什么的时候，他们甚至一度怀疑它是被人刻意伪造出来的。

> 那个东西，大队谁都不知道，谁都不知道！没有一个两委会干部知道！（上边有大队的章呀？）现在是有章都不成，有人就说，刻一个章才多少钱儿呀？人们都是不放心，把地变成国有土地了，这一点，是经谁盖的这个章，现在谁都不知道。没有一个人站出来说是他盖的。（会不会是因为那个盖了章的人现在不敢站出来？）问题

是征了以后，大队没有任何一种手续，只有跟西乡供销社的协议。如果光有章，没有签字，那就是假的。有章也是假的。（村干部李英访谈，2006 年 8 月 12 日）

村里后来专门派人前往县档案局查找，结果发现果真有那个东西。

我们在 2000 年派人去南县档案局一查，查到了这个征地批示，而且有当时的村支部书记的签名。既然有这个批示，就不好驳了。（谢庆访谈，2006 年 7 月 15 日）

签名的老支书已经过世了，没法当面证实了。但是，即便有老支书的签名，笼罩在村民心头的困惑和疑虑依然无法消除。可以想见，老支书签名的时候未必理解所签的东西对村里意味着什么，而且在当时特殊的“文革”背景下，老支书恐怕也没有什么选择余地。

四亩地，就给了 480 块钱的，一亩地 120 块钱，四亩地 480 块钱的青苗补损费，那时候是麦苗。……这地皮，哪里有一个字儿说卖给乡供销社了呢？没有一个字儿说把这地皮卖给乡供销社了……当时只是让他们用，现在怎么就卖了呢？我们不懂！（村干部李英访谈，2006 年 8 月 12 日）

（土地一征走不就属于国有了吗?）是啊，征走了，属于国家了，本来就属于国家嘛。（按照国家法规，农地被外来单位转用作其他用途，就得先把地征了，一征走就不再属于村里了。）就是这个，我们想不通，不能接受！你想啊，邻居来借东西，好心好意借给他用，结果借着借着就变成他的了，这道理讲得通啊？退一步说，就算地不属于河村了，那也是从我们这儿征走的吧，你现在不用了，要卖，也得优先卖给河村，河村也有优先购买权，就跟说继承权似的，河村是第一继承人。（村支书 WYQ，2006 年 11 月 24 日）

在村民的理解中，公家（政府以及作为政府一部分的乡供销社）要来用他们的一块地，既然国家需要，那就拿去用好了。但是，在土地被拿走的同时，他们也有一份期待，那就是土地是从他们那儿拿走的，公家在使用的时候有义务守护这片地，而且在用完之后应该归还给他们。他们当然记得曾经与公社供销社签订过协议，但是那只是“占地”协议，而不是“卖地”协议——土地都是国家的，哪里能买卖呢？谁又有权卖呢？（在不能卖地这一点上，他们倒是与国家法律有着相当的一致，尽管各自的依据并不相同。）起草协议的村里老会计甚至在协议中不大合乎规范地写着“以上地 4.04 亩为我大队一级地”。[①] 他们自然也记得那 484.80 块钱，但是这不过是一点儿“青苗补偿费”，或者几年的占地费，或者如协议里所写“产量赔款”。

到了后来，乡供销社竟然要把土地“转卖”给别人，这就令他们感到疑惑了：土地怎么能卖呢？我们当初就不是卖给你的！而且，土地是我们的，你用完了就该归还我们，又怎么能转给别人呢？退一步讲，即便土地不归村里了，因为当初是村里的，要转让的话，也应先征求村里意见，村民也拥有优先购买权，乡供销社主任竟然背地里私自转卖以图私利，这就更增添了村民的义愤。

访谈过程中，不少村民表示，如果当初不是董发而是河村村民或者村集体获得了这片地方，想必就不会有纠纷。村民们并以另一起土地转让事件为例，来与供销社分站土地事件做比较。在商业街的核心部位，与供销社分站的土地毗邻，有一块约 2 亩的土地，于 20 世纪 80 年代初被县电业局征收，建起乡电管所。1998 年，电管所搬离，经与村委会协商，空出的地方由村委会买回当村委办公室，电管所搬迁的时候，村干部还去帮忙拉桌椅。但是这块地方最终却被当时的村里电工占去，该电工因工作关系与电管所所长熟稔，通过私下活动以 4.5 万元价格得到那块地

① 村里老会计在一份写于 2000 年 7 月 30 日的证明中说：“我自 1977 年至 1995 年一直任本村村委委员兼村会计。1978 年西乡供销社需要在我村建综合门市，当时大队两委研究此事，我都参加了，会议内容主要是供销社占用部分土地建门市。我大队当时有 12 个生产队……考虑为节省劳动力，适合在我村建门市。由于按照当时政策，不允许买卖土地，最后双方于 1978 年 3 月 10 日达成协议（该协议书是我书写的），西乡供销社给我大队三年的土地占用费，土地的所有权仍为我村委会集体所有。”

方，随即盖起一栋四层楼房出租，赚了不少钱。

村民们强调，电管所的土地转让，虽然令部分村干部和村民颇有怨言，因为本来说好由村委会买回，结果却横生枝节归了个人，但是大伙儿最终还是忍了和认了，因为毕竟那个电工是本村人，土地终归没有落到外人手中。分站土地问题就完全不同，本是村里的土地，却被一个外人占了去，这是断断不能接受的。土地是老祖宗留下的基业，怎么能让外人占了去呢?

……这主要是个过程。要是当初一开始就卖给了河村里人，那就无所谓了，就没事儿了。问题是开始是卖给外人了，这就成问题了。(村副支书黄庆访谈，2006 年 11 月 24、25 日)

没有碰上这样儿的。别的村都是，村里哪个村民想要，给俩钱儿，就卖了。比方说，原来土地是河村的，他供销社就把土地卖给河村村委会或者河村村民，就没有现在这个事儿了。现在是卖给一个跟咱们毫不相干的外人儿了，确实咱们内心也不乐意，这就成了事儿了。(谢庆访谈，2006 年 7 月 15 日)

那么村里的声称和坚持是否只是基于一种利益上的算计和考虑，即意图通过宣称土地权利来获取供销社土地的利益呢? 村民对此给出了否定回答。事实上，大多村民对供销社的事情抱持一种矛盾心理，一方面希望村干部出头争一个说法，另一方面又怕他们借机挥霍贪污。

哎呀，那才值几个钱儿呀? 就是争个理儿，争口气儿，那时候那片地儿不值多少钱。我们的地，老祖宗留下的东西，被人不言一声儿就拿走了，换了你能咽下这口气呀? 砸锅卖铁也得打官司。现在无论是谁当干部，必须第一个解决这个事儿! (村委副主任吴军，2012 年 5 月 7 日)

在这个事儿上，糟的钱儿多了! 打官司十年，每年都要糟进去两三万块钱。谁接手了谁挥霍，打官司成了给个人捞钱制造条件了…… (村民邹明成，2006 年 7 月 19 日)

事实上，不仅河村村干部和村民认为供销社土地应当归属村里，接受访谈的当地县乡干部，也大多认同这一点。

这个事儿吧，从情节上考虑，还得尊重历史，这片地方应该归河村。即便不归河村，即便变成了国有土地，出让了也应该先给河村使用，毕竟这是人家的地块儿。这个事儿啊，合法不合理。（常务副乡长唐春，2006 年 11 月 19 日）

迄今为止的讨论似乎都显示了村民对村庄土地的强烈权利诉求。他们明确表示：土地是我们的。

不过，在访谈中，笔者注意到，村民们在强调分站土地“是我们的”的同时，却也不时提到：土地都是国家的。河村另一起征地案例更是提醒笔者留意这一点。

河村商业街往东的公路两边，都是村里耕地。20 世纪 90 年代初，市县政府致力于依托当地历史古迹发展旅游业，沿路两边征收了约 30 亩土地，以便将公路拓宽。地被征走后，村民并未获得补偿，但村民也并没有起来反对。据被访村民讲，按照当地政府说法，拓宽路面方便了村民行走，而旅游线路的开辟也将带动当地经济的繁荣，令村民从中受益。由于所征土地早已承包到户，损失不能单由这些户承担，村里从机动地中抽出一部分，给受损失户补足了土地，也就是说，全村共同承担了损失，而村民们对此并无不同意见。2000 年后，当地政府曾动议再次拓宽路面，以便在公路两边搞绿化，却被村干部和村民拦下了。村民质疑，毁了庄稼种花草，没见过这么糟蹋土地的，路两边的庄稼难道还不够“绿化”吗？

在这一案例中，土地无须补偿就被轻易征走了（或许补偿被截留了，待查），村民并未觉着有何不妥，也没有采取反对的行动。在他们的理解中，土地都是国家的。国家要修路，需要土地，自然得给，也不能不给。

（上面有补偿款下来吗？）没有……不知道，反正大家都没有发。（没给补偿怎么就同意征地了？）地是国家的嘛。修路是好事嘛，对村里也有利。国家出钱修路，也没问我们要钱。（你说地是国家的？不是村里的地吗？）对嘛，是村里的地，村里的地也属于国家的嘛。（村民盛明庆，2012 年 10 月 20 日）

不过，尽管“土地都是国家的”，要用就征走，事情却并不到此为止。在村民的预期中，待土地用完了，还要还给村里（因为土地也是村里的），一给一还都是自然而然的事。

（假如十年后公路不再使用了，公路所占土地应该如何处置？）不用了就还给我们呗。（如果不还呢？如果给了其他人呢？）那不能！不应该呀。你政府用的时候，痛痛快快就给你了，你用完不得痛快还回来呀，得讲道理嘛。（村民盛明庆，2012 年 10 月 20 日）

我们看到，土地被征走了，潜在的危机却也同时埋下了。可以想见，假如公路一直使用下去，自然不会出现什么问题；而一旦规划变更，公路废弃，所占土地如何处置便成为问题。倘若如电管所土地那样仍归村里使用，自然问题不大；倘若如供销社土地那样被转让他人，权属争议的出现恐怕在所难免。从政策法规讲，土地征走，村民接受，征地即告顺利结束，之后若再出现争议，则属国有土地转让问题，前后相区别，一码归一码。而从农民的角度看，前后相连，是一连串事件，或者说是同一事件中的不同阶段，后面发生的事会影响到他们对前面的事的判断和评价，以供销社土地争端来说，村民们就认为：早知道你政府和供销社做事不地道，当初就不该把地给你。

在田野调研中，笔者专门就农村土地所有权归属问题询问了 40 位河村村民（包括 10 位现任或以前的村干部），结果显示，除了一名前支书表示归集体所有（原话是“归村委会所有”），两名村民回答归个人所有，其余所有村干部和村民都认为，自己耕种的土地是国家的（关于宅基地，28 人回答归属个人，其余 12 人回答归属国家）。一位村民解释：国家就是所有中国人的地主（村民邹堂，2011 年 4 月 30 日）。更有一位村民表示：国家要征地，那是国家给你脸面，你就得给，不能给脸不要脸（村民吴军，2012 年 5 月 2 日）。

一方面强调土地是我们的，另一方面又宣称土地是国家的。这是怎么回事呢？应该如何理解村民这看似矛盾的表达呢？

问题在于，在村民认知和表述中的“属于国家”“征地”与国家法规中的“属于国家”“征地”之间，存在着一定偏差。基于河村案例，我们可以将村民对土地权属的认知概括如下。

首先，农村土地所有权属于国家。在农民的认识中，“要说起来，一切都是国家的”，无论集体还是个体，都是这个“国家”（尽管农民也许对于这个国家并没有多少认识）的一部分，归属集体或者个体的物，也就都归属这个“国家”。简言之，个人、家庭、家族、村庄，一切都是国家的，仿佛传统社会“普天之下，莫非王土；率土之滨，莫非王臣”。不过不能由此认为，土地的国家所有权只是一种名分，只具有象征意义。在通常情况下，国家是蓄而不发的，一旦需要，就会行使其实实在在的权力。在农民眼中，无论集体化、人民公社化还是家庭承包制都是由国家决定，先前种地交公粮都是交给国家，现在给粮食补贴的也是国家，是国家规定了土地不能买卖，近年有些地方出现的合村并居也是在政府主导下实施的，等等，都是土地属于国家的明证，也是国家行使土地所有权的具体体现。

其次，集体和个体享有充分的支配土地的权利；相应地，在横向的村庄村民之间，土地权利有着清晰的划分。这一权利是在国家所有权之下的，是第二位的，却是要超越于所谓承包经营权的（突出的表现是农民大多将宅基地和自留地视作个人私产）。在农民看来，尽管土地属于国家，但是终归要落实到谁去管理使用的问题，毕竟国家无法直接实现对土地的占有和使用，而农民就是种地的，就是要跟土地打交道，农民与土地本就是天然合一的。至于这一权利能在多大程度上实现，要取决于国家（代表国家的各级政府与官员）与农民之间的互动。可以认为，围绕土地权利，国家与农民之间存在着一条隐秘的话语和行动的边界，这一边界并非完全清晰，也并非一成不变，而是随着双方的互动及情势的变化而不断伸缩回旋。在通常情形下，农民固然处于弱势的地位，却也依然期许在承担了对国家的义务之外，自己能拥有支配土地的权利，事实上国家对此也是颇为微妙地予以小心翼翼地承认的。此外，前面提到，从农民与国家的纵向关系讲，难以将国家力量排除在外；而基于集体和个体的权利，在横向的农民个体、家庭、家族、村庄等之间，在对物的权属上，则存在着明晰的边界和确凿的排他性，相关各方的认知通常也是默契一致的。①

再次，在征地问题上，正因为土地属于国家，所以在有需要的时候，国家就可以把土地征走；正因为农民同时拥有横向排他的支配土地的权利，所以国家在征地后也负有对农民的义务：在使用中代为守护征走的土地，在使用后把土地归还给农民，或者至少在处置时先征求农民的意见。对征地的这一态度，最集中地反映了农民的土地认知。

这里需要留意两个不同的法律概念："征用"和"征收"。征收是指为了公共利益需要，国家将农民集体所有的土地强制征归国有；征用是指为了公共利益需要而强制性地使用农民集体所有的土地。二者的共同之处在于，都是为了公共利益需要，都要经过法定程序，都要依法给予补偿；不同之处在于，征收涉及所有权的改变，征收后土地由农民集体所有变为国家所有，而征用不涉及所有权的改变，征用后土地的所有权仍然属于农民集体，使用完毕后需要将土地交还给农民集体。需要指出的是，国家自 1953 年《国家建设征用土地办法》及 1954 年第一部《宪法》开始，就没有区分上述两种不同的情形，而统称为"征用"，这一状况一直持续到 2004 年《宪法》和《土地管理法》的修正。2004 年 3 月 14 日，十届人大二次会议审议通过《宪法修正案》，将宪法第十条第三款"国家为了公共利益的需要，可以依照法律规定对土地实行征用"修改为："国家为了公共利益的需要，可以依照法律规定对土地实行征收或征用并给予补偿。"同年 8 月 28 日，《土地管理法》做出相应修改，将第二条第四款修改为"国家为了公共利益的需要，可以依法对土地实行征收或者征用并给予补偿"，同时将其他条款中的"征用"修改为"征收"。一向为社会民众明了的两个意思，却被国家法律以同一概念长期混淆使用，直到近年才做出区分，这一事实耐人寻味。

---

① 在申静和王汉生所讨论的一起征地案例中，一旦有机会从中获益，村民对村社土地的支配权甚至能够顺延到被征后暂时处于无主状态的土地上去，研究者因此注意到乡村社会中一个具有普适性的原则：划地为界，尽管集体产权不时受到来自上边的权力的干扰，尽管集体内部存在着产权纠纷和争议，但是集体在横向上的排他性是很明确的（申静、王汉生，2005）。

通常所谓征地，主要是就征收而言，即征地涉及所有权的改变，由集体所有转归国家所有。农民理解的征地，则并不涉及所有权的改变，因为土地始终属于国家所有。就不涉及所有权的改变这一点而言，农民对征地的理解更接近于“征用”概念。目前的征地制度最令农民疑惑不解和无法认同的地方在于：第一，农地一旦转作非农用，必先经过征地程序（除了例外条款），在农民理解中，自己拥有支配土地的权利，适合农用则农用，适合非农用则转用；第二，一旦土地被征，即由集体所有转为国有，在农民理解中，土地本就属于国有嘛。

回顾河村供销社分站案例，以及电管所土地和村东公路案例，三宗土地的征收过程都很顺利，征地补偿并不多甚或没有，村民也并无反对意见或阻拦行动，这正与农民土地认知的一方面有关——纵向不排斥国家，“土地是国家的”；及至后来电管所土地的处置安然无事，供销社土地的处置出现争端，公路占地将来是否引发争议则要视土地归入谁手而定，这与农民土地认知的另一方面相关——横向排斥其他个体或群体，“土地是我们的”。当然，电管所土地和公路占地的未来权属仍然存在隐患，因为仍存在着被作为国有土地转让给外人的可能。

那么，上述对农民关于农村集体土地产权认知的概括具有多大程度上的普遍性和多大范围内的适用性呢？

一些研究者就农民土地权属意识问题在一些区域进行了问卷调查，结果均显示，大部分农民都认定农用地所有权属于国家（陈小君等，2004，2010；梅东海，2007；史清华、卓建伟，2009；肖乾等，2009），具体情况见表3—1。与此同时，有研究者也注意到，认同土地属于国家，并不妨碍被访农民认为自己享有支配和处理土地的权利（陈小君等，2004，2010；梅东海，2007）。一项专门针对农民宅基地权属认识的调查更表明，69%的农户认为自己享有宅基地所有权，74%的农户认为自己拥有包括将宅基地转卖村外人在内的处置权（彭长生，2012）。

表 3—1　　关于农民土地权属认知的相关调查　　单位：个、%

调查者	陈小君等（2010）	陈小君等（2004）	梅东海（2007）	史清华、卓建伟（2009）	肖乾等（2009）	彭长生（2012）
调查区域	10 省 30 县市	5 省 20 县	浙、鄂、渝 3 县	5 省市	南京、鹰潭	安徽 6 县
调查时间	2007	2003	2007	2003	2007	2010
有效问卷	1799	430	251	1694	401	1413
权属认知	农用地	农用地	农用地	农用地	农用地	宅基地
国有	41.91	60	56	51.1	35.6	17.2
集体（村、组）	39.36	34	19	48.9	25.65	14
个人	17.62	5	20	0	32.46	68.8

注：表中引用权属认知数字，不包括“不清楚”“说不好”等选项内容，故加总数字不是 100%。

一项对江西省鹰潭市的七个行政村的问卷调查表明，在现行条件下，绝大部分农民不愿意土地被征用，除了现行征地补偿费过低、征地补偿费分配操作缺乏规范等之外，现行的征地制度安排与农民的土地产权认知不相一致是重要原因。他们认为，要提高农民对现行征地制度的满意程度，就必须根据农民的土地产权认知改革现行的征地制度（钱忠好等，2007）。

梅东海（2007）以问卷调查和入户访谈的方式从浙江、湖北、重庆三省（市）的三县九村采集数据和资料，获取有效问卷 251 份。该研究表明，尽管中国法律已明确规定农村土地属于农民集体所有，但是，调查发现农民在意识上对于法律规定的土地所有权关系认识并不是很准确，对于土地所有权归属存在概念上的模糊，意识上没有土地私有化的倾向，大多数人（56%）认为土地是属于国家的，认为土地属于个人的占 20%，而认为土地属于集体的仅占 19%。不过，在农民的认识中，土地经营使用权一定程度上充当了类似于产权中所有权的角色，虽然多把土地当成国家的，但不妨碍他们认为自己有处理土地的权利。当他们不想使用承包的土地时，并不会主动退包交回集体，而是转包他人（76.8%），且转包时几乎从不通报村委会或村民小组。

史清华、卓建伟（2009）在数个省市区进行的一项抽样调查结果显示，面对问题“你对承包土地属于谁所有知道否”，86.28%的回答者给出了肯定答复；但是这些“知道”者对“农村土地属于谁所有？”的回答则是五花八门，回答属于“村民小组”“行政村”或“县乡两级政府”的分别占22.26%、20.89%和5.75%，回答属于“国家”的则高达51.10%。而且，随着受教育程度的提高，对农村土地属于“国家”的认同呈显著上升趋势，村干部对农村土地属于“国家”的认同显著高于普通农民。

另一项由法学家实施的覆盖了全国5省、近20个县、40多个乡镇500户农户的“农村法律制度调查”也证实了这一点。调查结果显示，针对农地权属意识状况所提的问题：你耕种的土地是谁的？在做出有效选择的430份问卷中，选择“国家的”占60%，“村集体的”占27%，“生产队（小组）的”占7%，“个人的”占5%，“其他的”占0.4%。其中有30多个受访者同时选择了“国家的”和“集体的”（这表明在村民的认知里，二者的边界是模糊不清的）。也就是说，绝大部分农民认为土地属于国家。而且这一结果均衡地分布于各个调查点。这一结果耐人寻味（陈小君等，2004：5）。

上述调查者由此判定，集体所有权在村民观念中是虚无的。并总结出了三个原因：第一，集体所有权所承载的公法义务淡化了其私权属性。从规范的法学分析出发，所有权是私权之一种，享有者是利益与义务的承受者，并且这种义务主要是社会化后的所有权不得不承受的某些限制。但是村集体所有权与这种私法意义上的所有权不同，村集体每年向村民收取费用，大部分上缴国家，留下一少部分承担集体公共开支。村集体与其说是权利享有者，不如说是义务担当者。第二，集体所有权本身不完整。集体所有权权能残缺，尤其不具备处置权。农用地与工商用地的价值差距巨大，但是这种转化的可能性被国家垄断。征地制度正是集体所有权丧失的表征。第三，集体所有权主体“缺位”。集体非严格法学用语，殊难界定（陈小君等，2004：8—10）。

2007年，陈小君等研究者再次组建“农村土地问题立法研究”课题组，对全国10个省份（江苏、山东、广东、湖北、湖南、河南、山西、四川、贵州、黑龙江）的30个县市进行了历时四个月的大规模田野调查，共回收有效问卷1799份、访谈记录200余份、土地纠纷判决书几十份、调解书以及其他相关材料近百份。该项调查统计结果显示，尽管我国现行法律对农地所有权的归属规定得非常明确，即除法律规定属于国家所有的以外，农地属于农村集体所有。但是农民对农地所有权归属状况的认识比较模糊甚至混乱，而且地区性差异较大。就全国范围整体情况而言，面对“您认为您的承包地（田）的所有权是谁的?”这一问题，受访农户中有41.91%选择“国家”，29.57%选择“村集体”，3.56%选择“乡（镇）集体”，有6.23%选择“村小组”，但也有17.62%选择“个人”。从各省的情况来看，不同的省份差异较大。例如，广东省和江苏省分别有76.24%和66.11%的受访农户选择“村集体”，而其他省份则有相当高比例的受访农户选择的是“国家”，在四川省，这个比例竟高达64.2%。不过，也有个别省份有相当高比例的受访农户选择“个人”，如在黑龙江省，这个比例就高达31.67%。从访谈中了解到，不少地方的农民对“农地所有权”这个概念相当陌生，认为土地承包经营权就是所有权，并且混淆了国家所有与集体所有的内涵。从上述调查统计结果可以看出，有相当一部分农民认为承包地所有权的主体是国家。之所以会出现这种状况主要是因为：(1) 农民普遍认为村集体代表国家，甚或将其等同于国家机关；(2) 国家公权力在农地权力运行过程中的强势介入使得村集体基本上沦为基层政府的附庸，在农业税减免之前更是如此。各省农民对承包地所有权“集体所有”存在认知上差异的原因也有两个：(1) 各地经济、政治、文化等发展水平的不均衡，导致农民对法律的需求存在差异，从而影响了其对法律规定的了解程度；(2) 村集体在不同地区所起的作用及行使的职能不一，导致农民对村集体的认知程度存在差异。关于对承包地所有权归属的未来期望，46.41%的受访农户期望归个人所有，21.23%的受访农户期望归国家所有，其余受访农户期望归集体所有。接近半数的受访农户倾向于未来承包土地所有权归属农民个人所有，这是否意味着农民较强烈的土地“私有”情结呢?进一步的深度访谈结果显示，被访农民往往将完整的土地承包经营权等同于土地所有权，在表述上倾向于承包地私人所有，不过是反映了农民对土地承包经营权的物权性和稳定性的期望与需求。农民关于农地所有权归属的未来期望对于在农地法律制度中合理确定国家、集体与农民三者的法律地位以及平衡与协调三者之间的利益冲突、重构三者之间和谐的法律关系，具有重要的参考价值（“农村土地问题立法研究”课题组，2010；陈小君等，2010）。

该课题组特别注意到，有关农地所有权的现行法律规定与农民的实际认知存在的差距，使得农民在遭遇土地纠纷选择司法救济时陷入困惑，并对法院依法做出的判决感到难以理解，从而产生误解乃至抵触的情绪，进而影响到法院判决的有效履行，损害司法权威（“农村土地问题立法研究”课题组，2010；陈小君等，2010）。

这些研究表明，前面对农民土地认知的粗略概括，可以在更大地域范围内得到印证。当然，全国各地社会经济情势不一，社会认知自然有所差异；且随着时间的推移和对政策法规的了解增多，对土地的认知也会出现改变。总体而言，越是远离城镇的乡村，越是社会经济状况相形落后的地区，上述概括越易得到印证。

二　农民土地认知：“规划的社会变迁”的历史遗产

那么，该如何理解农民的土地认知呢？这一认知是怎样形成的？

有研究者认为，农民的土地认知与国家法规之间的偏离，反映出农民的法律意识薄弱，加强普法教育是当务之急，送法下乡任重而道远（郑永流等，2004；彭长生，2012）。单从法规应当被遵守这一点讲，上述观点有一定道理，普通农民忙于生计，对政策法规往往颇多隔膜；不过，农民因为纷争出现而开始对政策法规有所了解时，对其却也并不认同，这意味着什么呢？正如亚里士多德告诉我们的：“法治应包含两重意义：已成立的法律获得普遍的服从，而大家所服从的法律又应该本身是制订得良好的法律。”（亚里士多德，1965：199）倘若问题出在法律的制定上，上述观点的解释力就有限了。

另有研究者认为，集体所有权的主体缺位、权能残缺，导致集体所有权在村民观念中是虚无的，村民因此倾向于认为土地所有权归属国家（陈小君等，2004：8—10）。集体所有权的模糊不清无疑导致了诸多的问题和纷争，也在相当程度上影响到农民的土地认知，但是，单单指出集体所有权的模糊、残缺和虚无，并不能为深入理解这一权属的性质及其何以出现提供更多启示，而且也无法解释它为什么单向地促使村民在认识上接受土地属于国家而不是属于个体？在更深入的调查中，前述研究者意识到，问题的关键在于国家公权力在农村地权方面的强势介入使得村集体基本上沦为基层政府的附庸，农民普遍认为村集体代表国家甚或将其等同于国家机关，因而混淆了国家所有与集体所有的内涵（陈小君等，2010）。这是值得一试的解释路径，可惜研究者只是一笔带过。

笔者认为，追溯土地集体所有制的演变过程，[①] 我们或可获得更深入的理解。

地主土地兼并、农民起义抗争，一向是解释中国历史的逻辑主线，也是共产党推行土地革命、推翻旧政权的道义理由。然而，越来越多的研究表明，这一描绘并不完全符合历史的真实（郭德宏，1989；朱玉湘，1997；赵冈、陈钟毅，2006；秦晖、金雁，2010）。关于1949年前中国各阶级土地占有的状况及发展趋势，新中国建立以后的主流看法，一如1950年《关于土地改革问题的报告》中的说法，认为占人口总数10%左右的地主富农占有土地总数的70—80%，而占人口总数70—80%的贫雇农、中农及其他劳动者只占有土地总数的20—30%；在新中国成立前几十年间，地权越来越集中，失去土地的农民越来越多。不过，在这一问

① 经济史家秦晖试图从更长的历史时段中寻求对中国土地制度和“农民中国”的深入理解。他指出，依照历史学家赵俪生的研究，上古时期中国实行的井田制土地公有制实为一种“公社”而非“国有制”。从战国时期秦国推行“废井田，开阡陌”开始，这一带有很强血缘、公社色彩的井田制逐渐废除，土地私有制由此建立，但在皇权专制的背景下，这种土地私有制是有限度的，且不说“授田制”“均田制”等制度安排的存在，国家权力可以轻而易举地根据统治需要收回土地或者对土地进行调整。“法家一方面强化国家垄断，一方面推行反宗法的‘伪个人主义’，实现了周秦之变，建成了极权帝国。因此，极权帝国通常都喜欢发展科层组织，而不喜欢小共同体——如同政治上喜欢官僚制，不喜欢贵族制……这以后‘国有’和‘私有’才在小共同体的废墟上并行不悖地（也就是说，并非‘私有’取代‘国有’）发展起来。一方面国家对土地的控制比西周时大大强化，另一方面原来的宗族公社瓦解成‘借父耰锄虑有德色，母取箕帚立而谇语’的状态，当然，这种‘私有’尽管可以发展到几乎六亲不认的地步，在官府面前却软弱无比，实际是‘伪私有’而已。从这样的视野不仅可以重新认识农民史，对‘农民中国’的宏观历史走向与现代化道路也会有更深刻的理解。”（秦晖，2007）在专制权力下，导致土地兼并的主要因素并非建立在平等自愿基础上的土地买卖，而是社会上大量存在的享有特权的“豪强劣绅”的巧取豪夺。“中国历史上所谓的‘兼并’在本质上并不是经济行为而是权力行为……这样的‘兼并’就其主流而言，与其说是富民兼并贫民，‘大私有’兼并‘小私有’，不如说是有权者兼并无权者（包括无权的富民）、权贵兼并平民、统治者兼并所有者。”（秦晖，1997）

题上，国内外学界始终存在认识分歧。有研究者在广泛占有材料的基础上，综合当时多种调查资料和统计数据，对这一问题进行了具体、深入的分析研究，指出中国地域广阔，情况复杂，就多数地区看，约占人口总数10%的地主、富农，占有土地总数的50—52%左右，约占人口总数90%的贫农、雇农、中农及其他劳动人民，占有土地总数的48—50%左右；在新中国成立前几十年间，各地区地权变化情况复杂，但总的趋势是渐趋于分散，而并非越来越集中（郭德宏，1989）。中共党内农村问题权威专家杜润生也认为："从中国农村看，可分配的土地并不多，地主富农占有的土地不到50%，而不是一向所说的70%—80%。……土改的结果，农民所得只有为数不大的一块地租。"（杜润生，2005：18）在他看来，中共之所以要以"打土豪分田地"相号召，发动和领导农民进行土改，关键在于土改不仅是一项经济制度的改革，更是一场推进政治变革的阶级斗争，它打翻了原有的乡村精英，颠倒了整个乡村权力结构，使得"农民取得土地，党取得农民"（杜润生，2005：17—19），确立了共产党在乡村的权力基础，这不仅对新政权的建立至关重要，而且对后来的中国社会产生了深远的影响。

经过土地改革，"乡村中一切地主的土地及公地，由乡村农会接收，连同乡村中其他一切土地，按乡村全村人口，不分男女老幼，统一平均分配"（1947年10月《中国土地法大纲》）。土改极大地改变了无数人的生命历程和生活境遇，深刻地影响了人们对于生活的解释和对于周围世界的认知。"土改"之前，中国乡村的社会生活在很大程度上是相对自然的，遵从一种以"会过日子"为基本内容的生活理性的指导，农民经历着一种常规性的财富创造与积累过程。而"土改"从根本上改变了这样一种常规性的生活状态，因为它用强有力的事实表明了一种超出个人常规生活手段的逻辑：在无须个人做出实质性努力的情况下，一种来自外部的力量，用一种人们原来从未见过的方式，改变了无数人的命运。尤其是对于那些经过自己若干年甚至几代人的努力也没有形成客观的财富积累的贫雇农，由外部力量推动的一场运动给他们带来的，远远超出他们经由自身的长时间努力所能获得的。在这个改变财富和身份的剧变过程中，人们感受到一种来自外部的强大力量的存在。这种力量就是国家。"土改"运动中的诉苦、翻身（以及后来的忆苦思甜）作为中国革命中重塑农民国家观念的一种重要机制，有效地促成了农民的建立在感激和敬畏双重基础上的国家认同（孙立平，2005：399—405）。因为土地、房屋、财产，“一切都是共产党、毛主席给的”，所以心存感激，在国家后来要求拿出土地的时候，拒斥心理就弱；因为感受到党和国家无所不能的强大力量，所以心存敬畏，不敢不给。

以河村为例，据一份完成于1971年的村史记载，在土改之前，河村计有土地4800亩，1700口人，380户。其中贫下中农240户，占有土地1500亩；中农120户，占有土地1500亩；地主富农共20户，占有土地1800亩。1944年，村里建立第一个党支部。1947年秋，国民党撤退后，“在共产党、毛主席的领导下”，河村组织贫下中农展开了轰轰烈烈的土地改革运动。

> 党派来工作组，组织长工、短工、贫下中农讲革命道理，进行诉苦教育，以增强对地、富强烈的阶级仇恨。广大的贫下中农很快地发动起来，向几十年来骑在人民头上的地、富展开了激烈斗争……把他们扫地出门，没收了全部家产，并把民愤极大、罪大恶极的地主分子关起来做反省，向贫下中农交代罪恶。
>
> 斗争了地主，广大贫下中农喜气洋洋，把斗争的胜利果实按着阶级划分，合理地分下去，贫民团、农会按着党中央毛主席制定的土地法大纲，进行了土地平分，把地富的土地分给贫下中农。从此，我们贫下中农彻底翻了身，有了地种，有了粮吃，有了衣穿，过上了幸福的生活，万众欢腾，载歌载舞，放声歌唱伟大领袖毛主席，歌唱领导我们翻身求解放的伟大、光荣、正确的中国共产党！（河村村史，1971）

如果说土地改革带给普通农民的是感激与敬畏的双重感受，那么，随后的强制集体化和人民公社化以及一系列大大小小的政治运动所带给农民的，就更多的是一种敬畏乃至惊惧了。

对农业的社会主义改造是意识形态上的既定目标，土地改革为其提供了客观基础和条件。在经济学家周其仁看来，经由“土改”所形成的农民的土地私有制其实是一种国家制造的所有制。“这种私有制不是产权市场长期自发交易的产物，而是国家组织大规模群众阶级斗争直接重新分配原有土地产权的结果……领导了土地改革那样一场私有化运动的国家，就把自己的意志铸入了农民私有产权。当国家的意志改变的时候，农民的私有制就必须改变。”因为“通过政治运动制造了所有权的国家，同样可以通过政治运动改变所有权”（周其仁，2004a：10—11）。本来计划要用15年乃至更长时间完成的社会主义改造，在短短几年内就强力推行了。正是在强迫集体化过程中，农民的私有土地被收归高级农业合作社所有（宅基地还属于私人所有），初步形成了土地的集体所有制。1956—1957年，农民对合作化不满，闹退社，被压制下来；部分地方偷偷试行包产到户，再被压制。

人民公社化后，农地所有权被划归公社或生产大队。1958年中共中央《关于在农村建立人民公社问题的决议》指出：“人民公社的集体所有制中，已经包含有若干全民所有制的成分了。这种全民所有制，将在不断发展中继续增长，逐步地代替集体所有制。”在国家的设想中，集体所有制只是迈向全民所有制和共产主义的一种临时过渡，该决议豪迈地宣布：“人民公社将是建成社会主义和逐步向共产主义过渡的最好的组织形式，它将发展成为未来共产主义社会的基层单位……共产主义在我国的实现，已经不是什么遥远将来的事情了……”当年8月，《人民日报》发表长篇报道宣称：“……人民公社将会在不远的时期，把社员们带向人类历史上最高的仙境……”（薄一波，1993：740）① 在河村，1953年成立了多个互助组；1954年出现第一个初级合作社；1955年冬天成立了高级农业合作社；1958年8月村所在地区成立了人民公社，“建起了通向共产主义的金桥”（河村村史，1971）。在经历了饥荒悲剧之后，虽然被迫进行调整，回归到“三级所有，队为基础”的高级社结构，但在1962年9

① 当时各地向共产主义过渡如火如荼，一个极端的例子是，1958年10月中旬的一天，湖北当阳县跑马乡党委书记召开大会宣布：11月7日是社会主义结束之日，11月8日是共产主义开始之日，会一开完，大家就可以上街去拿商店的东西，商店的东西拿完之后，就去拿别人家的，小孩也不分你的我的了。乡党委书记补充说，只保留一条：老婆还是自己的；不过这一条，还得请示上级（薄一波，1993：754—755）。提这个例子是想表明，这些发生在农民眼前的事情，会对农民产生直接影响。相形之下，后来发生在庙堂之上关于法规政策制定的讨论，农民恐怕就隔膜了。

月颁布的《农村人民公社工作条例（修正草案)》这一被要求“每条每款一字不漏地、原原本本地告诉群众”的被称作“人民公社宪法”的著名文件中，作为农民生活资料的宅基地所有权也被明确划归集体所有。①

刘世定观察到了乡镇企业发展中存在的一种“纵向排他软化”现象，即无法排除和抵御来自上级行政机构的影响。造成这种现象的原因在于：第一，乡镇企业占有结构的基本格局是在国家政权力量对乡村的控制中通过财富再分配形成的。在这里，国家不是民间已有的占有关系契约的保护者，也不是在占有的权利边界不清时的界定人或调整人，而是通过剥夺和半剥夺后的分配者。这就意味着，国家由于特定的历史原因，变成了乡村经济资源的第一占有者。第二，公社领导机构作为自上而下的行政指令运作系统的一个环节，存在对上级的行政依附。公社内三级机构的领导者，包括并没有被纳入国家正式行政系列的生产队一级的领导者，都在一定程度上存在着对上级的行政依赖。第三，在意识形态上，存在着所有制等级格局，即按照国家（全民）所有制、公社集体所有制、生产大队集体所有制、生产队集体所有制、私人所有制自上而下排序(刘世定，2003：7—8)。这一观察及其原因分析对于公社时期的土地集体所有制同样成立（当然当时不存在土地私人所有制)。“集体化经济绝不是农村社区内农户之间基于私人产权的合作关系，就其实质来说，它是国家控制农村经济权利的一种形式。……（国家）事实上早已使自己成为所有制经济要素（土地、劳力和资本）的第一位决策者、支配者和收益者。集体在合法的范围内，仅仅是国家意志的贯彻者和执行者。它至多只是占有着经济资源，并且常常无力抑制国家对这种集体占有权的侵入。”(周其仁，2004：6)

“文革”后，进入改革时期，市场机制引入，民众权利稍有伸张。农村土地参照集体化时期的自留地政策，所有权与使用权分离，农地集体所有、家庭经营，宅基地集体所有、家庭使用。在河村，1981 年 7 月，

① 这是第一个明确提及将农民宅基地划归集体所有的文件。该文件第二十一条规定：生产队范围内的土地，都归生产队所有。生产队所有的土地，包括社员的自留地、自留山、宅基地等等，一律不准出租和买卖。在此之前分别于 1961 年 3 月和 6 月公布的《农村人民公社工作条例（草案)》和《农村人民公社工作条例（修正草案)》都规定：生产大队范围内的土地都归生产大队所有，尽管已经隐含地将农民宅基地收归集体，但是没有明确提及宅基地。

社员自留地由原来的9.6%扩大到15%，1983年实行包产到户。不过，1982年讨论颁布第四部宪法时，关于土地部分的法条，主要的考虑仍然是农村土地国有化，只是顾忌到“宣布国有，震动太大”，又鉴于要“先把城市定了”，农村土地可通过征地逐步过渡、用渐进办法实现国有，集体所有制始才得以暂时保留（许崇德，2003：644—645、665—666、679—682）。[①] 虽然农村土地国有化没有被写入宪法，“维护土地的社会主义公有制”的基本立法宗旨却一直延续至今。

回顾20世纪中叶以来的中国历史，我们看到，强大的国家权力和意识形态宣称无时无刻不在影响着农民的观感和认知。政权力量强势主导，始而划此私为彼私，继而划私为公，逐步实现对乡村的有计划、全方位的改造，形成对村庄与村民的严密而强力的控制。正是在这样一种费孝通先生所谓“规划的社会变迁”的独特的历史进程中，经历了强制集体化和人民公社化的洗礼，惊魂未定而又不无期许的普通农民，接受了土地事实上属于国家的现实，形成了土地属于国家的深刻认识。进入改革时期，农民土地权利有所伸张，但是政权力量的影响依然巨大，基层政府随意干扰村庄事务的事例层出不穷，依然在一定程度上持续强化着农民的既有认知。

不过，享有土地权利，是农民的天然诉求，哪怕历经非常时期，遭受遏制打压，却也生生不息，不绝如缕。“严重的问题在于教育农民”，这句话本身就表明了农民土地诉求的坚韧。改革之后，随着权利意识的日渐觉醒，农民的土地诉求愈益强烈。

在集体化时代，集体所有制作为一种暂时的过渡性质的制度安排，实质上成为国家汲取农村资源和控制乡村的工具。进入改革时期，社会情势发生重大变化，随着市场化进程的推进，民众权益意识的苏醒和提

① 著名宪法专家许崇德先生亲历了1982年修宪全过程，在其著作中详细记录了宪法修改委员会关于土地所有权问题的历次会议讨论。另外需要指出的是，1982年宪法修正案宣布“城市的土地属于国家所有”，是第一次将过去宪法及其历次修正案确立的土地国有范围扩大到全部城市土地。1975年《宪法》第六条尚有如下表达：“国家可以依照法律规定的条件，对城乡土地和其他生产资料实行征购、征用或者收归国有。”这表明至少到“文革”行将结束的时候，城市土地还没有完全属于国家所有，否则也就无须“实行征购、征用或者收归国有”。“文革”结束后的1978年《宪法》也没有宣布全部城市土地国有化，而且直到1982年前并没有关于国家如何对全部城市土地完成实行征购、征用或者收归国有的历史记载。可能的情形是，“城市土地属于国有”，并没有经过政府的具体作为，而直接由1982年《宪法》宣布而成（相关讨论参见周其仁，2004a：88）。

高，原有的制度安排迫切需要改变；与此同时，社会主义意识形态得以延续并持续发生影响。一方面要坚持既有意识形态，坚持土地的社会主义公有制；另一方面要被迫回应市场化的现实和挑战，满足民众和不同利益主体的权利诉求，通过名义上所有权和使用权的分离，农民的土地权益得以部分实现，集体所有制开始被赋予新的意涵，充实新的内容，由原来意识形态构想中暂时性和过渡性的安排转而成为一种妥协的和权宜的因而也是模糊的和不确定的制度。① 集体所有权如何有效实现，成为备受关注和需要解决的问题。

我们现在可以得出判断，看似矛盾的两个宣称“土地属于国家”“土地是我们的”，其实并不矛盾。宣称“土地属于国家”，这表明他们无力、无法排除因而接受了国家介入的权力——当然，这里需要补充指出，这一承认和接受，也并非完全出于被迫，实则也有相当的心甘情愿的成分，社会主义意识形态宣称中对公平正义的强调、对美好未来的描绘，在很大程度上契合了农民的生存伦理观，对农民有着莫大的吸引力；此外，农村社会也需要拥有力量和权威的国家政权来充当农村社会内部的调停者、仲裁者乃至公平的资源分配者。而宣称“土地是我们的”，则表明他们依然力图伸张自身的权利。在对中国传统社会的绅权的分析中，费孝通先生认为，封建解体、皇权确立之后，专制皇权无远弗届，被统治者随时面临权力的威胁，而借着在行政官僚系统中谋一个位置（成为官僚）作掩护，绅士们找到了一个“逃避权力的渊薮”。费先生写道：“这些欲求自保的资产阶级靠近政权、为皇帝当差、进入官僚的战略，却并不是攻势，而是守势；不是积极的目的，而是消极的目的——并不想去‘取而代之’，而是想逃避，‘吃不到自己’。”（费孝通，1999/1948：236—237）我们可以说，农民同样处于守势，也是出于消极的目的——通过承

① 有学者注意到了土地集体所有权的不确定性和模糊之处，认为这种模糊和不确定性是政策设计者有意为之的结果，因为正处于经济转型期，关于土地权属的法律条款只有保持一定程度的模糊和不确定性，保持一定的回旋余地，农地产权制度才能顺利运行，才能应对社会发展过程中出现的突发事件。该学者称之为“有意的制度模糊”（Deliberate institutional ambiguity Ho，2001，2005）。而在笔者看来，意识形态宣称与现实的要求，共同导致了目前的土地制度安排确有其模糊之处，但这却不是有意设计的结果，恰恰相反，是在无法做到明晰的情况下，不得已而进行妥协和权变的结果。

认国家介入乃至决定的权力，来换取自己作为农民使用土地的权利；承认对方的权力，实则希望对方少来干扰，隐隐然是一种“我都已经这样了，你还要怎么样呢”的态度。

现在回过头来看河村分站案例。正是在某种程度上，农民因着对农村集体土地的迥异于国家政策法规的认知，使得他们在当初很轻易就把土地让给了乡供销社使用，同样也使得他们无法接受乡供销社后来转让分站土地给一个外人董发的“背信弃义”的行为。但是无论如何，哪怕他们占据了情理上的优势，他们却不得不面对与董发的现实争端。

这一争端将会如何解决呢？

第四章

法外世界

一　乡村社会“司法场域”

一般情况下，一桩纠纷诉诸审判并不是一个优先选择。人们首先会力图避免纠纷，回避不了的时候多采取协商和交涉的办法去化解之。双方的努力没有结果时就会向第三者求助。调解是在有第三者介入的状况下的双方交涉。仲裁是在交涉基础上的第三者判断。只有当这些非正式的社会控制方式都缺乏效果的场合，诉讼才被作为最后手段而采用。这种情况在包括中国在内的各种社会都具有普遍意义（季卫东，1993）。赵旭东在华北乡村社会的研究表明，一起发生在乡村社会的纠纷其经历的过程大体是一致的：最初或许是谋求在邻里之间获得解决，若此路不通，便会由村里的调解委员会出面调解，再不行才会上诉法庭，寻求由国家法律权威来做出判决（赵旭东，2003：2）。麦宜生（Michelson）提出一种“纠纷宝塔”理论，指出农村纠纷解决存在包括双方协商、行政渠道、法律渠道等在内的多种方式，构成了一个类似于宝塔形的系统，在这一系统中使用正式司法系统的可能性在很大程度上受到农民个人与政府关系的影响，通常情况下非正式的协商和当地干部的调解在纠纷解决中发挥着重要得多的作用，而只有极少一部分纠纷是在正式的司法体系中通过法官和律师解决（Michelson，2007；转引自刘思达，2011：39）。在刘思达看来，麦宜生的纠纷宝塔理论固然抓住了农村纠纷解决机制的本质，但是这一理论假设纠纷解决的多种共存方式相互排斥，忽略了纠纷解决系统不同层级之间的互动，刘转而从法律服务提供者的视角提出一种职业层级系统理论，指出多元的法律服务提供者既无法形成通往法院的目的性路径，彼此之间也并非相互排斥，而是根据自身在系统中的生态位置来对不同的纠纷做出不同的反应。因此，农村纠纷解决的模式呈现出高度的个案化，从现场协商、冗长的双方谈判、干部调解、行政信访直到法律诉讼，一切皆有可能（刘思达，2011：40—42）。

纠纷解决需要一定的机构和人员设置，机构和人员的设置取决于乡村社会矛盾和纠纷的性质与严重程度。当前乡村社会的纠纷解决机构大致包括：村民委员会及其下设的人民调解委员会、乡镇司法所、乡镇公安派出所、乡镇人民法庭、乡镇法律服务所等（傅华伶，2005；高见泽磨，2003：40—73）。由于纠纷解决服务系统受到行政系统的强大影响和牢牢控制，所有与纠纷解决相关的职业和人员大多由其在当地行政等级中的位置所决定，包括法官、检察官、律师在内的正式法律职业基本只在县城工作而很少下乡，乡镇和村落的纠纷解决大都由司法助理员、乡镇干部、村干部、赤脚律师等来承担，唯一跨越不同行政等级执业的是基层法律工作者，但其活动也基本限于县城和乡镇范围内而很少进入村落（刘思达，2011：41）。所有这些机构、规则和人员，构成了乡村社会中布迪厄所称的“司法场域”①。

二　软硬兼施的法外世界

前面已经提到，在董发首次到河村遇阻后，返回与乡供销社主任补签了协议，并去县里办下国有土地使用权证；河村则坚决不承认这一买卖安排。我们现在来看争端出现后双方各自的初始反应、私下的接触与沟通，以及解决纠纷的初步尝试。

使用分站受阻后，董发通过一个熟人，找到这个熟人在河村的亲戚，先后两次掂了礼物，向河村主要干部递话，表示自己是一个人，河村是一集体，自己花大价钱买下分站，钱都掏了，希望河村不要再死乞白赖

① “要同假定法律与法律职业之独立性的形式主义意识形态决裂，同时又不陷入相反的工具主义法律观，就必须认识到这两种对立的视角（一个从法律的内部，一个从法律的外部）同样完全忽视了一个完整的社会世界（我将称之为‘司法场域’）的存在，这一世界在实际中相对独立于外在的决定因素和压力。但是如果我们想理解法律的社会意义，那就不能忽略这一世界，因为正是在这一世界中，司法的权威才由以产生并得以行使。”（布迪厄，2000）

拦这件事；如若河村干部能放过这一码，他一定会记着好处，不会亏待。村干部没有答应。

1997 年 8 月 14 日，河村专门召开两委会议，讨论分站问题，认为分站土地属于村里，乡供销社主任不经给村里打招呼，偷偷摸摸将分站转卖给董发，这一行为不可接受，这一买卖不予承认；会议并决定将分站收回村里，将分站四间北库房用作村委办公室。会议结束后，以河村村委会的名义向西乡供销社发出通知：

> 关于河村供销社分站的土地和房产一事，根据有关文件精神和河村广大村民的强烈要求，以及你社的实际情况，经河村党支部、村委会研究决定：从 1997 年 8 月 15 日起，收归河村管理。你处库房内的所有物资，限 8 月 18 日前全部搬清。否则引起一切后果，河村村委会概不负责。（河村村委会于 1997 年 8 月 14 日通知）

8 月 16 日，村委会将办公室搬入分站，并与原分站职工谢文签订租赁合同，将分站生产门市以每年 1200 块钱的租金租给后者，供其销售化肥使用。租赁合同特别注明：在租赁使用中，如遇外界干扰，由村委会负责协调。①

接到河村村委会通知的当天，西乡供销社将情况反映到南县供销合作社联合社。在局势不甚明朗的情况下，为谨慎起见，避免激化矛盾，县联社于第二天做出《关于收回西乡供销社河村分站的决定》[（97）南供销字第 32 号]，表示“西乡供销社河村分站于 1996 年卖出。但是由于种种原因，卖出后有一定不利因素，所以县社决定将已卖出的河村分站仍收回西乡供销社。西乡供销社要积极筹措资金，尽快将所售款项退还给买方。西乡供销社要积极扩大业务，将此处场地充分利用起来，不得闲置”。县联社的决定遭到乡社主任吴才的抵制。吴辩称，出卖分站的手续和过程都没有问题，并表示，出卖分站所得的 8 万块钱已经被乡社花

① 1999 年 10 月 1 日，双方再次签订内容大致相同的租赁合同书，将租赁期限延长到 2005 年，年租金改为 1000 块钱。两份租赁合同均注明：在租赁使用中，如遇外界干扰，由村委会负责协调。另据 2004 年 2 月 10 日河村会议记录显示，在 2003 年 7 月中院终审判决下来后，上边要求强制执行，董发也不断来干扰，直接影响到销售化肥，故谢文于 2004 年年初搬离。

掉，且无法无力另外凑出钱来归还董发。并且，随着以供销社方面和董发作为一方，河村村委会作为另一方，双方越闹越僵，乡供销社主任不断怂恿董发状告河村村委会土地侵权。种种情况促使县联社最终放弃顾虑，另外发文撤销了原先关于收回分站的决定，这份于 1998 年 4 月 5 日做出的新决定称：

> ……由于种种原因，县社曾发（97）南供销字第 32 号文《关于收回西乡供销社河村分站的决定》，但是发文后，西乡供销社已将原所卖河村分站的款项花光，无力退还给买主。鉴于此种情况，县社研究决定，撤销（97）南供销字第 32 号文，河村分站仍然属于原买主所有。

手持各种单据协议却在河村屡屡受阻，花了大价钱却无法使用土地，放下身段与河村干部商量（甚至许以好处）却不获回应，向有关部门反映却遭推诿扯皮，使得“道儿上有人”的董发不免心生恶气。软的不行来硬的。在某一个晚上，他开车带人拉了化肥到河村，欲强行占用分站地方。其时租用分站的谢文试图拦阻，他就指使来人杀死了谢文的狗，划破了不少谢文存放的化肥，并强行将分站房屋上锁。冲突惊动了村里人，村干部紧急广播通知干部会合，不少村民也闻讯赶来。群情激奋的村民将董发团团围住，推推搡搡地把他轰赶了出去。

> 董发是天黑来的，拉了化肥，要在这儿卖化肥。来了后就捣蛋，欺负谢文，还把门锁了。大队广播紧急通知，去了几十号人。去了后，有人问，这是谁锁的门呀？给他砸了！就啪啪给砸了。董发说，那样不行，这地方我买了。村里人说，你买了？多少钱也轮不到你买，你滚蛋！有人说，揍他！他赶紧就爬上车跑了。他肯定是挨了揍了。（村民黄祥访谈，2012 年 5 月 8 日）

> 谢文的爸爸原来是分站主任，他爸爸死了，他接着在那儿做买卖。董发就来捣乱，逼着他出去。村里老百姓知道了，就起来了，

涌过来要揍他。(打着他了吗?) 反正推推搡搡地把他弄出去了。(就是说，村民直接跟董发发生冲突了?) 冲突了，揍他。连推带搡，还抻他。(村民盛明庆访谈，2006 年 7 月 18 日)

为了防止外人再来强占，当时的村支部书记带领两委干部，连夜找来八只大锁，将分站所有门店锁上。

在这之后，大约隔了一星期的时间，在另外一个夜晚，一伙儿人手持棍棒闯入河村当时的村主任家中，闻听声响的村主任匆忙自室内后窗爬出，翻越院墙逃脱，混混们就在屋里打砸一通，扬长而去。

一天晚上，都很晚了，一伙儿人哐哐地敲盛章家的大门，盛章老婆出去瞧，刚一走出屋门，就看见几个人正翻墙跳进来，她吓得直喊：哎呀，你们是什么人呀，怎么跳墙呀！那些人嚷嚷着：找盛章！盛章一听势头不对，夺门而出，从后墙翻出去跑掉了。好汉不吃眼前亏啊，逮着了肯定得挨一顿揍啊。这事儿就发生在董发被轰走后大约一个礼拜时间，大家都怀疑是董发干的，不过谁也没看见。后来，村里出钱把被砸的东西赔了，他当时是村主任嘛，因为供销社的事情家里被砸了嘛。(村民黄祥访谈，2012 年 5 月 8 日)

突然之间，就有一帮子人闯入他家里，要逮着揍他一顿。结果他跳窗户跑了，就把他的家里砸得乱七八糟，把他家里玻璃全砸了。(是董发派人干的?) 没把握，很可能是他。(邹堂访谈，2006 年 7 月 16 日)

此案在当时未能破解，遂不了了之。尽管村主任和村民都强烈怀疑是董发派人所为，却也无可奈何。

村里当时雇有几名保卫，每人每月 150 块钱，负责看管村北河套大片已经成材的林木，却由于林木依然屡屡被盗，甚至有监守自盗传闻传出而声名狼藉，被村民私底下叫作“狗”。在村主任家被砸后，保卫增添了巡逻村庄的任务，一段时间里，尽管林木被盗的事仍有发生，称呼他们做“狗”的村民却少了许多。

1998 年 8 月 25 日，眼看占地无望的董发一纸诉状将河村村委会告上南县法院，要求村委会停止土地侵害，赔偿损失。一场旷日持久的官司由此开始。

第五章

司法运作

一　审与判

在私下协商不成、软硬兼施无果之后，身为县生产资料公司经理的董发想到了借助法律手段。

事实上，乡供销社主任也在不断鼓动和怂恿他去选择这一途径。然而，在他最初找到法院的时候，却碰了个钉子。这一插曲耐人寻味。在当前情况下，因法院的物质资源基础直接或间接地依赖于诉讼费用的收取，为了确保从办案经费、设施装备一直到干警福利等多方面的资源需求，尽可能多地收案办案，就成为法院内部上下共同的绩效指向（贺卫方，1998：114—115；王亚新，2004）。然而，这种积极开拓案源的做法却是有选择性的，对于有些牵涉广泛、复杂难办的案子，法院避之唯恐不及。

> （董发）去找法院，法院就推，说这事儿我管不了，涉及土地我管不了。法院说土地的事儿归土地局管，土地局说这得找法院。来回推来推去，没人儿管。（高书记访谈，2006 年 6 月 30 日）

1998 年 8 月 25 日，在乡供销社主任的鼓动下，董发再一次递交状告河村村委会土地侵权的诉状，南县法院高村区派出法庭终于受理了案子。司法机构由此正式介入。

1999 年 3 月 24 日，也就是在董发递交诉状整整七个月后，河村村委会收到了自法庭转来的起诉状。[①] 第二天，村里递交了答辩状，坚持河村对分站土地的所有权。

案子受理之初，法庭试图通过调解化解矛盾。但是由于双方各自都对司法体制有所期待，对自己赢得官司抱有很高的预期，希望判决讨个公道，因而相互分歧太大，不愿意接受调解。

1999 年 7 月 20 日，派出法庭为此案组成了合议庭，开庭进行审理。

法庭是法律运作的特有场景。伯尔曼指出，像宗教一样，法律起源于公开的场景和仪式，法律的各种仪式（神圣的国徽、法官的袍服、法庭空间布置、程式化的法言法语等等）乃是被深刻体验到的价值——公平、正义、一致、客观——之庄严的戏剧化和符号化，经由这一符号化和戏剧化，那些价值从知识观念和道德义务提升为一种集体信仰（伯尔曼，2003：21—23）。福柯也曾敏锐地注意到法庭空间安排的特殊意义："我们至少可以说的是，法庭的空间安排意味着一种意识形态。这种安排是什么呢？一张桌子，它与两方当事人拉开距离，在这张桌子后，是'第三人'，即法官们。首先，法官的位置指出他们对于每一方当事人都是中立的；其次，这意味着他们的裁决不是预先作出的，而是基于某种真理观和某些有关何为公正何为不公正的观点，对双方当事人进行口头调查之后作出的；第三，这意味着他们有权执行他们的裁决。"（转引自强世功，2003：196）然而，当注目于中国当下乡村社会中的法律实践时，我们将看到，严峻的生活现实会使得实际实践形态与理想状态之间产生多大的偏离。[②]

借助于河村村会计的记录，我们可以粗略获知庭审当时的场景和大致过程。主持庭审的张庭长首先确认原被告双方的身份、出生日期和政治面貌，宣读庭审程序和法庭纪律，然后简单介绍了本案受理情况和合

① 在观察司法运作实践的时候，需要对其中涉及的程序和时间予以充分留意。因为相关的程序和时间上的规定与实践中的实际形态的差异，很好地反映了法律下乡的程度和效果。同时，乡村社会中的基本性质与某些特点（例如村民对于时间的概念）可以通过这种差异的呈现而得以透视，例如，《民事诉讼法》第一百一十二条规定，人民法院收到起诉状或者口头起诉，经审查，认为符合起诉条件的，应当在七日内立案，并通知当事人；第一百一十三条规定，人民法院应当在立案之日起五日内将起诉状副本发送被告，被告在收到之日起十五日内提出答辩状。被告提出答辩状的，人民法院应当在收到之日起五日内将答辩状副本发送原告。被告不提出答辩状的，不影响人民法院审理。而在此案中，董发起诉状递交于 1998 年 8 月 25 日，河村收到起诉状在 1999 年 3 月 24 日。

② 强世功分析了一起炕上开庭案例的场景组织（强世功，2003：1993—1999）。

议庭人员情况：

从法庭一面来说，本案一年多，原由我受理，后转给小崔，因种种原因没解决，此次正式开庭。审判长（宋吉祥）因下雨没有来，代理审判员高洁代理书记员……（参见 1999 年 7 月 20 日村委会记录）

接下来是原告陈述：

原告于 1997 年 2 月 17 日以捌万元价款取得了分站 38 间房屋的所有权，并办理了国有土地使用权证，以上有原告与乡供销社签订的房屋买卖契约、交款收据、土地证书为据。原告购买分站房屋是为了经营化肥农药，而被告擅自砸门撬锁，并强行于 1997 年 3 月 16 日占用原告所购房屋，致使原告不能正常经营使用，而且有 12 间房屋成为危房不能修缮，造成经济损失若干。要求被告停止对原告房屋的侵占，并赔偿经济损失 63907.20 元。

被告宣读答辩状，强调村庄的土地权利，质疑原告与西乡供销社的房屋买卖的有效性，质疑原告的土地使用权证。

原告的土地使用权证书如果不是伪造，也是土地管理部门错发、误发。因为我们的土地不是西乡供销合作社按照国家建设用地征用的，更不是用高价卖给西乡供销合作社的，而是在方便河村村民、互惠互利的前提下允许他们占用，土地属河村村委会集体所有，占用与所有是两个不同的法律关系，我们的这种说法有西乡供销合作社与河村村委会于 1976 年 3 月 15 日、1978 年 3 月 10 日签订的两个书面协议完全可以证实。[①]（河村村委会答辩状）

---

① 村庄答辩状的最后，颇富情感色彩地写道："大量的事实已经充分证明，真相已经大白，我们河村村委会根本不是被告，真正的被告应该是西乡供销社。是他们导演了一出非法买卖、骗取原告 8 万元巨款的丑剧，给原告造成了重大的经济损失和精神损失，我们深表同情。我们衷心劝告原告：你唯一的出路只有一条，重新起诉，告西乡供销社欺诈买卖的行为，追回 8 万元的巨款，以平衡自己的心理。如果坚持把河村村委会作为被告，要房不要钱，到头来只能是'搬起石头砸自己的脚'。"（1999 年 3 月 25 日《答辩状》）

被告提出追加西乡供销社作为第三人，并要求查明西乡供销社当初转让河村分站的过程真相，查证供销社的股金底账；原告则表示是诉讼被告侵权，与西乡供销社没有关系，且追加第三人徒增法庭审理的复杂性。

庭审结束后，河村主要干部开会商讨供销社案子的应对，认为应该安排人去找法庭张庭长，摸摸情况；打官司和找人办事需要用钱，村里没钱，可以让村里申请要宅基地的几户人家先凑些钱来，以后再划宅基地（参见 1999 年 7 月 22 日村主要干部会议记录）。

过去的事情无法重现，好在后来的事情与以往有着延续性和相似性。在田野调查过程中，笔者有机会在县法院目睹一起民事案子的审理和另一起民事案子的判决，可以借此对乡间司法场景运作增加了解。以下是 2006 年 11 月 22 日的田野调查日志节选：

> ……县法院与县公安局两家的门挨着，公安局的门高大威武，而法院的门低矮窄小，就像前者的一个小侧门。法院门口墙上，贴着一张告示，是县委组织部干部一科的干部任免公告，内容是两个基层法庭的庭长被提拔为正科级干部。
>
> 进了低矮的门，穿过一条窄窄长长的过道，绕到公安局大院的后头，就是法院的办公地点了。院落不大，几辆办公车辆停驻在那里，占据了大部分的空间；一栋四层高的老式楼房，就是法院的办公楼了。据后来对民事一庭吴副庭长的访谈，原先县公安局、法院、检察院在同一个大院里，这是一段历史年代里中国基层公检法系统的基本格局和通常模式。后来三家分离，检察院另外寻了一处合适的地方搬走了，公安局享用了主要的门庭和大部分地方，法院偏安于侧后一个小院子，并曲径通幽似的从旁开出一个窄窄的门道。笔者半开玩笑地询问，法院的门道窄小和偏安一隅，是否正是法院在中国整个政权架构及在公检法系统中的位置和生存态势的真实反映和生动写照？吴副庭长笑而不答。
>
> ……
>
> 征得民事一庭高庭长和吴副庭长的同意，笔者旁听了一起财产纠纷案件的审理。开庭选在民事一庭办公室隔壁一间面积不超过 10

平方米的屋子里进行。后来据高庭长说，民事一庭条件还算是好的，毕竟还有一间房子作为开庭审判的地方。另据民事一庭闫审判员介绍，普通的民事或者经济案子一般就在办公室里开庭审理，三楼倒是有个较大较正式的法庭，但通常只在办刑事或较大的案件时使用。屋内后墙中央，挂着一个小小的匾额，里面是一幅腊梅山水画儿——通常，审判庭背后上方都是庄严的国徽。匾额下面，是由两张方形桌子横向并排拼放而成的审判桌，后面靠墙朝门并排坐着高庭长、吴副庭长、王副庭长和霍书记员，四人组成了合议庭。另外两张方桌竖向摆放，两边分坐原被告双方人员，中间几乎没有空隙，两边的人伸手就能接触对方。进门左手桌子后面坐着被告代理人和两个被告（分坐代理人两侧）；右手桌子后面坐着原告代理人，原告人座位则空着；门口背对门坐着两个相关证人。在门后角落里，摆放着两把破笤帚。由于暖气没有供上，在里边右手角落里，开着一个摇头电热扇，尽管如此，寒气依然逼人，合议庭成员衣服都穿得厚厚的，外面自然不会有法袍覆罩——据吴副庭长讲，法袍是有的，可是穿在身上既不能御寒，又空空荡荡的不实用，看上去还怪滑稽的。笔者进去时，审理已经进行了大约一半时间。除了空着的原告位置，屋内实在没有地方再塞下一个人了，于是笔者临时当了一次原告人。室内烟雾缭绕，空气污浊，不时有人（几乎是除了合议庭外的所有人）燃起一支烟。审判长高庭长两次因故中途离开，第二次离开后一直没有再回来，王副庭长随后亦离开，剩下吴副庭长一人主持法庭辩论，她也在中途低头接听了两个电话。双方代理人来往论辩了两三个回合，被告之一亦间或发言。待辩论结束后，吴副庭长逐个询问是否同意法庭调解，原告代理人和两个被告相继表示同意，被告代理人则表示不接受，于是吴副庭长宣布，鉴于有人反对，法庭不再调解。庭审结束。

……

下午2点，吴副庭长有个案子要宣判，然而直到接近3点钟，双方当事人还没有到齐。在等待的这段时间里，吴副庭长介绍了一些情况。她今年30岁出头，在1996年进入县法院，其间去省司法学校学习了两年，干了两年的书记员，现在是助理审判员（原先审判员大多从书记员干起，现在二者则有了较明确的分工），曾经参加过司法考试，但是没有通过，现在还在备考。学了法律也就干了现在这份工作，感觉与其他公务员工作没有什么区别，也不会有什么作为一名法官的自豪感，而且现在法官工作条件不好，工资待遇也不高。每个人都有自己的案子，在案子从立案庭转过来后由庭长予以分配。案子判决结果由合议庭成员（实际上总是民一庭固定的几个人）共同商量决定，一般是选一个各人都有空的时候一起讨论，少数服从多数，而且往往是几个案子放到一块儿，一件一件讨论决定。因为是各人的案子各负其责，庭长的意见的分量并不比其他人的重多少，不过所有案子的宣判结果都要经过庭长。通常案子尽量通过调解解决，即便是在宣判之后也还可以实行执行和解。

将近3点，原被告双方及其代理人相继到场，也就是在吴副庭长的办公室，各自找凳子或者床铺（办公室内置一小床，想是便于午间休息，又或者是补凳子之不足）坐下。吴副庭长就开始宣读审判结果，旁有书记员填写相关材料。宣读完毕，询问双方是否听清，之后双方签名。看得出，原告对结果很满意，痛快地称不再上诉；被告则情绪激动，声称没有听明白，结果重读了一遍，并连声询问案子是否已经高庭长过目，是否可以再调解。吴副庭长平和地回答说所有案子都要通过领导，所以高庭长自然知道，而且庭长亲口说过不好调解；又反复强调若不服判决，可于15日内提起上诉，并提醒不要急于决定，回去好好想想之后再做主张。被告律师亦劝说先签名，将该走的程序走完。被告终于签名离开，这时被告律师上前，小声讲述了什么，吴副庭长立马问为什么不在上午来告知，那样的话案子就可以缓期宣判。从整个过程看，若不是身临其境，无论如何也不会让人想到这是一次司法宣判。

2000年3月14日，南县法院做出一审判决，依据股民优先购买权，认定西乡供销社与董发的买卖协议无效，驳回原告董发的诉讼请求。

一审胜诉了，参与打官司的村干部自然高兴，但是高兴之余，却发现法院判决胜诉的理由并不是村民们所认知和坚持的分站土地的集体所有权。

一审判决，判决咱们村委会胜诉。以什么理由胜的呢？咱们村民都入过股，这是供销合作社，是吧！一个是村委会入过1000块钱的股，而且在60年代，老百姓也入了股，都是五毛钱、一块钱，最多的两块钱，入了股。赶分红的时候呢，有时候给一点儿盐、一盒火柴。那1000块钱，咱们一共分过700多块钱的红利，到八几年还有分红。一审判决判咱们胜诉，就是因为咱们村委会有股份，而且按照民法通则相关条款，咱们村委会和供销社职工，都有优先购买权。（谢庆访谈，2006年7月15日）

而且，随着案子的进行，村干部们发现，他们对土地所有权的坚持，并不能获得法庭的认同，不能构成庭审体系中的理由。因为按照国家法律规定，土地的确是属于国家了。村里聘请的辩护律师也从旁竭力劝解，说不要再坚持说土地属于村里了，就坚持一个供销社股东的优先权吧。村干部们尽管不能理解，但迫于形势，也只好听从了劝告，转而诉诸所谓的股东优先购买权，以及供销社转卖过程中的暗箱操作和不道德。其实，土地是属于国家还是属于集体，本来在他们心目中就不是很清晰，关键之处在于如何打赢官司，如何能让土地实际控制在村里而不是被一个外人占了去，至于以何种理由打赢，相对来讲就无关紧要了。

宣判当日，董发即提起上诉。上诉状辩称：

原判决以上诉人与乡供销社的买卖关系侵犯了股民优先购买的权利为由，认定该买卖关系无效，属认定事实不清，理由不能成立。因为，河村分站所占用的土地已不再属于河村村委会集体所有，上诉人与乡供销社达成的买卖协议与河村村委会已无任何关系。原判决认定“河村部分村民在河村分站有股金并按股份过红”与事实不符，河村分站不属于独立法人，属于乡供销社一个分站，而村民入股是在乡供销社，入股用于流通，分红也并非是为固定财产在河村分站分红。而且，在上诉人购买后，因河村村委会强行占用已属上诉人所有的房屋，西乡供销社的主管单位南县供销合作社联合社曾以（97）南供销字第32号文做出收回乡供销社河村分站的决定，该决定做出后，县社副主任王××找到乡政府协调此事，1997年8月初，乡政府委托司法所所长严××，土地所所长赵××会同王××、原西乡供销社主任吴才找到河村村委会，声明可将河村分站转让给河村，该村村主任明确表示：我们不买，也不准县社卖（由西乡供销社原主任说明为证）。所以，上诉人并没有侵犯股民的优先购买权，原判决以此为由，认定该买卖协议无效，原认定事实不清，侵犯了上诉人的合法权益。（董发2000年3月25日《民事上诉状》）

市中级人民法院依据《民事诉讼法》第一百五十三条相关规定，认为原判决认定事实不清，证据不足，因而裁定撤销原判决，将案件发回县法院重审。

我去过中院，原告上诉后我去过。当时我去那会儿吧，有个民二庭的一个副庭长，他说这一审判决有个明显的错误，既然判了供销社和董发的买卖协议无效，却没有要求供销社将董发的钱返还给他。它应该有这样的措辞，却没有。咱们也觉得是这么回事儿。所以他们说返回去吧，发回重审。返还后让南县法院重审。（谢庆访谈，2006年7月15日）

县法院另行组成合议庭进行公开审理。审理结果认定西乡社与董发的买卖协议合法有效，河村村委会败诉。需要指出的是，此次审理的《民事判决书》显示，公开开庭是在2000年12月6日，但判决书落款日期是2002年1月22日。而且，2002年给出的判决书，使用了与2000年一审判决书相同的编号，即（2000）南民初字第10—31号。

重审败诉的消息传回来，村里一片哗然。同一个法院，前后做出两次截然相反的判决，这既令村民们愤怒，又让他们困惑不已。村民怀疑，很大的可能，是在董发与县法院之间出现了猫腻儿。

董发这个人肯定送礼了。咱们没有把握（证据），不过我琢磨着肯定他行贿了，不然第二次判决他不会赢！（邹堂访谈，2006年7月16日）

重审以后，那时候呗，各方面的因素就多了。购买供销社的那个人儿呗，有钱，现在是个金钱社会。现在什么时候也是用钱说话呀。所以赶这重审，董发胜诉，判他们的买卖协议有效，河村村委会限某某日搬出。……咱们听说，就是没有证据，听说当时的法院院长，是从一个乡镇党委书记的位置上过来的，他亲自帮助董发去找中院。你基层法院往上找，谁不给你个面子呀？他董发能搬这么个人，拿钱呗，有钱能使鬼推磨。……现在的法院办案吧，也是吃点儿，喝点儿，拿点儿。吃谁的、喝谁的、拿谁的，就向谁说话。我们最不理解的，为什么同一个南县人民法院，出了两个截然不同的判决。胜诉是你判决的，败诉也是你判决的。自拉自吃，哼哼。（谢庆访谈，2006年7月15日）

村里紧急向市、县相关机构发出多封内容相同的上访信，从中可以清楚地看到村民对重审判决的反应：

它有一种说不出来的味道，是钱味儿，还是人情味儿，让世人去评价吧。总之，自元月23日我们收到判决书以来，评论判决书判的不公正，已成了河村老百姓的热门话题。村支部书记如果不讨回分站的土地所有权，他就是卖国贼！这些话已成了老百姓的共同呼声。还有好多老百姓找到大队办公室，要求逐级上访，讨回公道……（河村村委会2002年1月29日、2006年1月9日分别致市、县相关领导机构的上访信）

紧接着，河村村委会于2002年2月2日提起上诉。与原先的答辩状不同，上诉状有意识地强调了股民和职工的优先购买权，通篇不再有土地“所有权”一词出现而全部改用“使用权”。不过，虽然不再坚持土地的集体所有权，但是上诉状还是对征地批复本身提出了质疑，尽管所持的理由明显有些勉强，甚至不无狡辩的味道。

南县革命委员会（76）南革字第31号关于国家建设征用土地的

批复，上诉人根本没有见过，也从未听说征地的事情，当时的会计账簿上也无任何关于国家就此地征用补偿费用的记载。如果1976年就征了此地，为何在1978年3月10日，西乡供销社又与上诉人就此地达成用地协议呢？显然这个批复当时是不存在的，原审法院认定此地当时是："依法征用"，而我国1986年才有土地法，不知这个批复是依据哪部法律？上诉人认为这个批复是无效的。河村分站所在土地使用权应属上诉人，该契约侵犯了上诉人的土地使用权，应认定无效。

退一步讲，征地即使成立，该契约也同样侵犯了上诉人的土地使用权。征地面积3.7亩，而被告人的土地使用证登记的是3.86亩，明显是误证，原审判决认定该证具有法律效力是错误的。河村分站实际占用面积4.04亩。西乡供销社将上诉人的0.34亩土地使用权转让，侵犯了上诉人的土地使用权。（河村村委会2002年2月2日《民事上诉状》）

2003年7月27日，东市中院做出终审判决：驳回河村村委会上诉，维持原判。①

南县法院第二次判决后，咱们上诉到东市中院。……6月份开始，村里一个支部副书记（谢庆）去了东市，去汇报情况，送材料。董发也是通过关系。咱们只是去了一次，第二次咱们没有去。他们打来电话说，别来了，中院已经判决了，驳回上诉，维持原判。那是在2003年7月份（邹堂访谈，2006年7月16日）。

① 在中院的终审判决书的事实陈述部分，竟然出现了如下的措辞："经南县革命委员会依法征用，土地所有权依法转让给西乡供销社。……以八万元价款将河村分站的土地及房屋全部卖给原告董发所有。"［《东市中级人民法院民事判决书》（2003）东民终字第1173号］另据河村两委会2004年2月24日会议记录记载："2001年黄庆当支书时，供销社判给了董发。村里给了韩英（县法院法官）2000块钱上诉费，随后大队没人了，由于种种原因没有转走。2003年邹堂当支书，又进行了上诉，干部去了中院。刘华燕（市中院法官）说了几句，也没有具体答复。李钧（村里辩护律师）给县政府写材料，要求撤销董发土地使用证，也与刘华燕联系。到8月7日，刘华燕给李钧打电话，称案子判给了董发，不要去了。村委会打官司，不如私人。……"

从法院和辩护律师那里，村干部和村民们失望地得知，法院两审终判，案子不大好翻了。他们一直认为并始终坚持，土地是他们的，但是在律师的劝解和法院的提醒下，他们不再坚持对土地的所有权，转而强调自己作为股份制供销社的股民的优先购买权，然而尽管如此，官司还是打输了，这尤其令他们感到失望、困惑、愤怒和难以忍受。

> 中院判决就是终审判决了，不好翻了，要翻得有理由。董发那边也在找理由。现在法院认为，土地已经被征用，成为国有土地，与河村无关了。我们找了土地局，他们有他们的理由，在“文革”中征用的土地，已经有将近20年时间了。已经被视为国有土地了。当时有个土地征用协议书。就退一万步，就算土地已成为国有，你是一个股份制企业，我是股东，你应该召开股民大会，讨论批准买卖，土地所在地也应该在买卖中有优先权。他没走公开程序，暗箱操作，偷着卖的。（邹堂访谈，2006年7月16日）

同样是从法院和辩护律师那里，他们得知，还可以向市中级人民法院递交再审申请，向市检察院递交抗辩申请，尽管借此翻案的可能性不大。他们这样做了。但是，在申请中，他们不再全部寄望于股民优先购买权。他们继续指出，根据供销合作社的性质和章程，社内诸如转卖分站之类的重大事项应当提交社员代表大会讨论表决，而且在转卖中应当遵照公正公平公开的原则、股民和职工在同等条件下享有优先购买权的原则，而河村分站的转卖却大搞暗箱操作，只经过一个形式化的主任会便擅自偷偷转让给了外来人董发，因而转卖程序严重违法，侵犯了作为股民的村民的合法权益。在坚持这一点的同时，他们重新伸张对土地的集体所有权的诉求，并将其作为判定分站转卖协议无效的主要理由。他们再次宣称，70年代的协议只是占地协议，村里从不曾听说过征地之事，从不曾见过国家的征地批复，董发于90年代所办的国有土地使用证亦属错发误发，因此，董发与西乡供销社的买卖协议侵犯了河村的集体土地所有权，应属无效（2004年4月1日《抗诉申请书》和2004年10月27日、2006年1月9日《再审申请书》）。事实上，在提交再审申请和抗诉申请之前，村委会已经先行向南县人民政府提出申请，要求撤销县土地局为董发颁发的南国用（97）字第03—3918号国有土地使用证［2003年8月5日河村村委会《关于撤销南国用（97）字第03—3918号国有土地使用证的申请》］。而且，村干部们直接找到县土地局去。

> 很多东西说不清。……你像这县土地局，在董发和供销社签了协议之后，一周之内就给他办了国有土地使用证。中院跟我们说，你们首先得去找土地局，推翻他的土地证。我们往土地局去，问凭什么给他办国有土地使用证……根据《中华人民共和国土地登记规则》，土地被登记的，让公示，公示期一个月，你们公示了吗？你们不公示就办不了！他说咱们在屋里说话，全中国那时候刚刚颁布了土地登记规则，没人公示。我说你这话咱只能在屋里说，你说不出去。该公示就公示，凭什么不公示？一公示我们有异议，他这证就办不了。他董发是花了钱的，一个月就把证办下来了。可是法院说，我们得想法推翻这国有土地使用证。最后，我和黄庆、老周我们三个，又去了土地局，他们局长、主管局长、第一股股长、办公室主任都出来了。他们后来说的也不赖，他们说，只要中院改判，他们立马把他的国有土地使用证收回。改判之前，他们也没有什么办法。像这个事儿吧，都属于历史事件，年限太长，从1976年到现在，30年了，当时的国家政策也很难说。（谢庆访谈，2006年7月15日）

2006年3月6日，东市中级人民法院发出2005东民监字第25号文，驳回河村村委会的再审申请。河村村委会随即于2006年3月11日向省高级人民法院提出再审申请，等待结果至今。村干部们现在明白，单靠司法程序，恐怕是难以获得令人满意的结果了。

> 我与老周、黄庆有个一致看法，如果能将案子翻过来，可以给高院办案人员承诺点儿什么。现在什么都是钱字当头。（谢庆访谈，2006年7月17日）

回顾法庭判决文书，一个问题值得注意。包括终审判决在内，每次判决都是依据《民法通则》，没有一次涉及土地管理法规，这一点耐人寻味，这在某种程度上显示，不仅民众对相关法律了解不多，连审批机关对法律适用的掌握也是多少有所欠缺的，因而往往只是引用和依据一些大而化之的法条。依据现在普遍接受的法学理念，一个未经广泛讨论、广泛认可的法律，不应被视为有效的法律。一项法律法规，如果未经包括司法机关人员在内的大部分民众的了解和认可，即径自颁行，其合法性和有效性不免令人生疑。

另外一点需要指出，纠纷解决自进入司法程序，历时数年之久，数次判决之间有着较长间隔期，其间诉讼双方各自的运作以及县、市法院的相关回应，非常值得留意。比如，双方各自都在寻人托关系，试图在人脉上占得先机和优势，双方另一个重要的共同动作是上访（包括信访和走访），对相关部门施加压力。对此，后面将专门加以分析。

二　执行难

终审判决是下来了，然而，法院和董发却无法松一口气。因为他们很快就看到，河村村民下决心要阻止在他们看来不公的判决的执行。而法院执行难问题，正是处于转型时期的中国长久以来积重难返的社会痼疾。

所谓执行难，是指有条件执行，但是由于主客观方面的原因，比如受到地方保护主义、部门保护主义的影响，或者强制执行将出现不良的社会后果，致使法院判决无法执行。在1999年5月最高人民法院给中央的《关于解决人民法院“执行难”问题的报告》中，“执行难”被形象地概括为：“被执行人难找，被执行财产难寻，协助执行人难求，应执行财产难动。”

“执行难”问题出现于改革开放初期。20世纪80年代初期，民事案件骤然大幅度增加，而司法审判力量相对薄弱，因而形成一对矛盾。至80年代中期，执行案件积压现象开始出现。为解决这一问题，1982年《民事诉讼法（试行）》明确规定审执分立的基本原则，各地法院开始设置执行机构。这一时期的民事执行非常粗略，执行机构近似于“讨债公司”。

进入90年代以后，随着市场经济的发展，各种经济纠纷的数量和类型不断增多，法院收案和结案数也急剧膨胀，原有的执行制度捉襟见肘，无力应对。全国各地执行案件的执结率一直不高，“法律白条”的说法由此产生。“执行难”问题遂演化为社会的热点问题和法院工作的难点问题。

据最高人民法院统计，1986年以前，当事人对生效的法律文书的自觉履行率为70%，之后逐年下降，到了1996年，10年间债权人的申请执行率已上升到70%以上。截至1999年6月份，全国法院共积存未执行案件85万件，标的金额总计2590亿元。仅2003年，全国各级法院未执行案件就达36万件（转引自邱莉，2006；赵蕾，2006）。

1999年7月，著名的中发〔1999〕11号文件《中共中央关于转发〈中共最高人民法院党组关于解决人民法院“执行难”问题的报告〉的通知》下发，这是新中国成立以来唯一的针对具体司法问题下发的中共中央文件。随后，中纪委、监察部联合发文《关于严肃查处解决执行难工作中违法违纪问题的通知》（中纪发〔1999〕17号）。2002年，“切实解决执行难问题”被写进中共十六大报告。2005年，中央政法委下发《中共中央政法委关于切实解决人民法院执行难问题的通知》（中央政法委〔2005〕52号），明确提出“要建立国家执行威慑机制”。

尽管如此，执行难问题依然突出。

> 要是判决，两天就判了，按程序来；要是调解，两三年不一定调解得了，得做工作呀。但是判决的案子，遗留的社会矛盾很多，胜诉，有理，但是执行不了，拿着判决又有什么用？中国法院判决的案子，平均40%、50%的案子，人家占理，胜诉，但是执行不了。这是从全国来说，不是哪个法院的事儿。（县法院院长访谈，2006年11月20日）

> 现在要构建和谐社会，受这口号影响，你执行了吧，有时候引发不稳定。你说怎么办吧？你不执行吧，原被告某一方又不同意。所以法院这块儿，执行难。（谢庆访谈，2006年7月15日）

西乡党政办公室主任讲述了发生在乡里某村的一桩案子，从中可以看出，即便是事实清楚、性质严重的案子，执行难度也是非常之大，乃至于无法实施。

乡里某村有个姓朱的老太太，她有一个儿子，上学的时候比较调皮，在1998年、1999年的时候，他儿子出去与几个青年赌博，发生矛盾，这几个青年，就用一个袋子，把他绑起来，装在口袋里边，浇上汽油，点了，点了之后，从山坡上滚下去，滚到河里。他们想把他淹死了，谁知道他从河里爬出来了。出来之后，做手术，植皮，花费了好几十万，但是全身百分之七八十烧伤，成了终生残疾。然后就起诉，法院判决，那三个青年，一个判了死刑，另两个判无期，附带赔偿12万多块钱。但是那几个孩子的家长都是这么认为，已经把我的孩子判了，我就不出钱了。他们总共就给了两三千块钱，剩下的就不给了。这案子到现在七八年了吧，还没有解决。现在这一家是欠债累累，生活困难。老太太就不断上访，来到乡政府了。我出面接待她。我说你来找政府，是对政府的信任，政府应当出面给你解决，但是你也应该知道，这是涉法案件，所以你应该找法院，申请他们执行，执行不了，要求他们强制执行。实际上她也申请过，反复申请，但就是执行不了。我们也没有办法。她说，大兄弟，看你心地不赖，你说我应该怎么办？我去找法院申请执行，一直到现在执行不了，找人托关系还得花钱，你说我该咋办？我说我真说不出该咋办。……她就去县里了，去县委、县政府、信访局、民政局，去折腾，怎么劝都不走。县里电话就来了：嗯，你们乡是怎么回事儿？接回去！你这还让县里上班不？咱们也知道，这确实是影响他们工作的开展，是吧，我们就去接，雇车去接。接回来，过不了三五天，她又去了。光接她接了很多回。不光是去县里，还去市里，去省里，去北京。到最后吧，没办法也得想办法解决，你不解决怎么办哪？最后是这么定的，每个月乡政府给她200块钱。每个月给200块钱，让她不要再上访了。这一段倒是没有再闹。至于法院，也是没有办法，判决执行不了。而且她的情况也在那儿摆着，也确实是那么回事，这事儿搁到谁身上，谁也觉得冤哪。你说找谁？（西乡党政办公室主任访谈，2006年8月16日）

正是在这种背景下，河村村民迎来了终判执行问题。终审判决后，董发本人一边在各处活动，多次来到河村分站，并指使他老婆在县里闹，并向法院递交了申请执行书。2003 年 11 月 18 日，县法院发布（2003）南法执字第 07—168 号公告，责令河村村委会于 2003 年 11 月 30 日前搬出占用的原告董发所有的房屋，若到期不予履行，将依法强制执行。

法院公告于当月 27 日送达河村。第二天，村主要干部到县城向县委县政府各相关部局送交申诉材料，并打探消息，得知 30 日法院不会来村执行。

2004 年 1 月 24 日（农历正月初三），农村正在过大年，董发就来村占用供销社，并终于成功迫使谢皮搬离；不过，他终究又被河村村干部拦下，并被赌气告知，现在是由河村村委会与乡供销社打官司，与他没有关系。董发悻悻折返，强烈要求县法院尽快强制执行。2 月 12 日，县法院再次来信通知执行的事，明确告知本月 24 日法院执行庭将来人强制执行。之后的几天里，村委会展开了一系列应对行动和措施。

14 日上午，两委首次开会讨论应付 24 日执行的事儿。会后再次打印数十份材料，附上众多村民的联名，紧急送往县各局。

17 日，五名村干部前往县法院执行庭了解情况，再次被告知 24 日强制执行。

19 日上午，两委会讨论决定，在 24 日执行日当天召开干部、党员、村民代表大会，以应付和阻止执行庭来人；同时决定暂时将村主任（村委会法定代表人）的职务空缺出来，以防止执行庭追究责任和抓人。

22 日下午，两委会讨论，“后天执行庭来人执行，今天下午把办公桌、条儿椅搬过去，牌子先不搬，写点标语……现在由县乡两级对供销社一事进行协调，等候消息”。

23 日下午，两委会讨论准备明天的会议，定下明天上午 9 点开会，以等待南县法院执行庭来人。“法院来人照常开会，不来人同样开会。”在会议内容上，委员们出现争议，有人提议主题就是对付来人执行，别的都是次要。但是讨论结果，定下内容为专题研究一下村北河套地里的树的问题。委员们还讨论了一些意外情况及可能的应对，比如执行庭上午没来而下午来了，该如何对付。会议还透露，在明天会议规模和参会人员的问题上，乡里与村里存在不同意见。这一点耐人寻味。乡里当然希望村里能应付得住法院执行，所以支持开会；但是又担心参会人员太多难以控制局面，唯恐出现不稳定因素，危及政府官员乌纱，所以主张开成易于控制的党员会。但村里希望“参加人员要多一些，面大一些”，因而终究没有听从乡里意见，而决定召开由全体干部、党员、生产组长、村民代表和保卫参加的大型会议。之所以如此，一来村干部没有乡里干部上访一票否决、不稳定则掉乌纱的压力；二来村里担心人员太少的话不足以应付上边来人，而且想必也有村干部们欲借人多壮胆和分散责任的考虑。有村干部就在会上抱怨："乡里也怕闹事儿，屁事儿也弄不了。有些事儿，就是给乡里弄乱了，供销社到现在这个局面，与乡里有关系！"

2月24日终于到来，全体干部、党员、生产组长、村民代表、保卫人员参加的会议如期召开。会议一开始就围绕着分站官司和应付法院执行，前一天定下的会议主题只字未提。村干部谢庆详细回顾了案子的自始至终的经过；支部书记代表两委干部表明村委会的意见和态度，保证说要阻止董发进来，但同时提醒村民要理智，不能做出过激举动。"如今法院来执行，如何办？咱们干部执行政策，不能叫董发搬，咱们阻止他不叫搬。他们来了大家要讲理，要求大家不要有过激行动，要理智一点儿。绝对不让他搬进来！"尽管会议开得时间很长，但是一直不见法院来人。所幸散会后也不见有人来。一场执行危机就此度过（村里应付2月24日执行的情况分别参见2月14日、19日、22日、23日、24日河村两委会会议记录）。

一次没来，不等于以后不来。3月15日的两委干部、生产组长会议提醒：要随时准备应付法院强制执行。

果然，执行压力再次出现。9月11日，几名村干部到县里了解情况。在法院里，被人反复做工作并提出几个条件，村干部没有答应，又到检察院和政法委去。在检察院，接待人称，中央下达了指示[①]，每个省市多

① 2004年6月，最高人民法院发出通知，要求各地法院开展集中清理未结执行案件、执行款物及执行案卷活动。通知说，为进一步加大执行力度，规范执行程序，及时保护当事人的合法权益，根据全国法院执行局（庭）长座谈会的部署，最高人民法院决定于下半年在全国法院系统开展集中清理未结执行案件、执行款物、执行案件卷宗活动。通知要求，从2004年6月中旬至12月中旬，各级人民法院要利用六个月左右的时间，对未结执行案件进行集中清理。集中清理活动由各高级人民法院统一领导，执行局（庭）组织实施。另据最高人民法院工作报告（2005年3月9日）对2004年工作的回顾，其中一项工作为加大执行工作力度，努力解决"执行难"问题。部署全国法院开展集中清理未结执行案件、执行款物活动，规范民事执行中查封、扣押、冻结、评估、拍卖、变卖财产等行为，规范执行程序，提高执行效率，保证执行效果。地方各级人民法院全年共执结案件2150405件，执行标的金额3320亿元。

年来的案件，都要在9月份处理干净；而且中央不准上访，一有上访就收容。政法委一个干部对村干部们进行了批评，批评之后又是做工作，最后表示供销社的案子最迟缓解到20日。

根据事情势态，9月17日、18日、20日，村里接连召开两委会和扩大会，商讨对策。执行肯定是不让的，不然没法向村民交代。关键是如何才能有效阻止执行。

> 村干部a：这场官司打的不短了，判我们败诉，我们不承认，我们不服。……法院执行，我们大家伙从思想上要重视起来。
>
> 村干部b：我们的应付办法，可以派几个老党员看护办公室，法院来了，我们不执行。因为供销社应先由我们买，别人不行。谁跟村委会执行，他也没法儿。
>
> 村民c：执法队来人了就通知大家伙儿，拦住他！（2004年9月18日两委扩大会议部分讨论）

会议讨论的结果，一是村干部相互提醒要从思想上重视起来；二是安排几个老党员天天守护办公室，防止和阻止法院执行。

在组织老党员看护办公室的主意的基础上，更有人灵机一动，提议成立一个村老年人活动中心，这样既方便村里老年人聚在一起下棋聊天，更可以凭借这些老年人天天守护办公室，随时阻止法院执行。于是，在最后期限前夕的19日下午，“河村老年人活动中心”挂牌成立。

> 为什么村里办了老年活动中心呀，就是他们法院判咱们败诉，说要强行执行，村里就办了老年活动中心，不让他们来执行。那时候我跟两个老头说：这么着，他们要是来了车，我躺在前边，你躺在后边，让他们前边走不了，后头也走不了，把他们的车给砸了！要说就那么点儿事儿，本来事儿不大，结果折腾那么多次。（盛明庆访谈，2006年7月18日）

县法院执行庭终于又没有来。

那么，为什么已经屡屡发出执行通知和公告，县法院却始终不曾来人执行呢?

首先，河村是县里的大村，人多势众，地位重要，河村的稳定与发展始终受到县乡高度重视，在处理有关河村的问题上，尤其涉及广大村民的问题上，县乡更是非常慎重，县法院对此无疑是清楚的。事实上，在终审判决下来后，政法委很可能就向法院打过招呼，提醒强制执行要慎重。据2005年9月22日村会议记录，村主任在会上表示，县乡政府对此案高度重视，之所以迟迟没有执行，就是因为县里一直压着，不让执行。

而且，河村在此案中多少占据情理优势（否则也不会有一审胜诉），法院不得不谨慎从事。正如县法院副院长指出并举例说明的那样，法条内容的不适用，往往成为问题的关键。

> 现在上边讨论制定的一些法条，在基层就不适合。那些高层的法律教授们，掌握的是法律的原则，接触不到我们在基层所要处理的事情，他们见不着那些事儿。我们在基层摸爬滚打，有经验也有教训。很多问题，我们在摆平的时候，不得不付出很多额外的劳动。按道理说，我们不应该动用其他东西，只要按法律程序来就行。但是有些情况执行不了啊。……比如彩礼的问题，一个大光棍，攒了半辈子攒了几万块钱，他挣钱不容易呀，一年才能攒几千块钱。一个小寡妇，钻空子，跟他结婚了，一年后提出离婚。这样情况，彩礼该不该还？按照《婚姻法》，没有证据，彩礼返还不了，这就造成了一系列的社会矛盾。（县法院副院长访谈，2006年11月20日）

另外，河村边缘村民谢皮提到的一点颇耐人寻味。

> 当时董发在县里找人，反复找政法委书记张某，都没有解决，董发的媳妇儿在县委大院里，就骂了他几句。事情复杂就复杂在这儿了。她也是因为一直解决不了，着急了。末了吧，张某就开始让乡里和村里找理由，无论能找出什么理由。乡里和村里就开始找理由。……我感觉法院要执行，不让执行，就是张某的主意。（村民谢皮访谈，2007年4月21日）

县法院副院长总结性的一段话道出了当前基层法院执法的困境和无奈：

> 那片地方涉及村委会和村民，有很多不稳定因素，这也是基层执法的无奈。很多都不是法院的事，我们也很挠头，我们有很多无奈。……比方说，县里企业倒闭了，面临破产，按说应该执行拍卖，可是厂里几百个人，得办养老保险，你说怎么办得了呢？几百号人，没有饭吃，没有养老保险，他就要上访，这案子不协调怎么办？……像这些案子，我们必须策略处理，尤其涉及地方政府的时候，涉及地方稳定的时候，涉及老百姓切身利益的时候。好些案子，不是法院能处理得了的事儿，这是社会问题。这些社会矛盾是在社会转型过程当中必然出现的，光靠法律，解决不了。但是所有这些问题，这些矛盾，都集中到了法院。我不否认，我们在执法过程中难免会有一些疏漏，但也不像一些媒体报道的那样。（县法院副院长访谈，2006年11月20日）

三　调解！调解！

判决已出，却难以执行，事情依然无解。不得已，各方再次捡起了“调解”这一颇具中国特色的法宝。[①] 尽管调解在不少情形下只是不得已而为之的替代办法，但是这一途径在中国当下社会状况下却也有其优越之处。县法院院长比较了审判与调解两种纠纷解决途径的优劣：

> 执法既要讲究法律效果，也要讲究社会效果和政治效果，这是中国执法的特点。因为什么呢？咱们国家的国民素质还没有达到西方国家的水平，达不到那一步，你硬要说拿法律怎么怎么着，那不行。还达不到那程度，各方面素质都达不到。我刚才说了，要是判决，两天就判了，按程序来；要是调解，两三年不一定调解得了，

① 强世功选编的一本文集，收集了美国的中国法学者和中国大陆的学者关于近代以来中国调解制度的重要研究成果（参见强世功编，2001）。

得做工作呀。但是判决的案子，遗留的社会矛盾很多，胜诉，有理，但是执行不了，拿着判决又有什么用？中国法院判决的案子平均40%、50%的案子，执行不了。这是从全国来说，不是哪个法院的事儿。而调解，工作量大，但是双方都满意，都履行了，社会效果好。所有的案子到了县法院，先去调解。我这儿有份儿材料，一份东市中院的文件，2006年1—9月，东市全市法院民事调撤率排名，第一名是南县法院，调撤率接近80%，这在全国都是高的。我说的社会效果、政治效果与法律效果相结合，就是说，你执法，既要考虑到严格执法，又要考虑社会稳定，还要考虑为基层党委、政府保驾。（县法院院长访谈，2006年11月20日）

事实上，案子初一受理，法庭便试图通过调解来化解双方纠纷。在之后长期的断断续续的审理与判决的过程中和间隙里，调解和协商的途径依然持续敞开。其中一次是在2000年，当时的村支书李英前往东市中院参加庭审：

当时是中院出面调解嘛，他们说你们商量这事儿吧，调解不了，再给判决。我就跟董发说，咱们打官司都这么长时间了，再打两年，还得花钱。我给你10万块钱，这片地儿归我们吧。他当时也答应了。然后是签协议，签字。结果我一看，哎，他签了15万。我说，不行呀，咱们说好了是10万块钱，你这人怎么不实诚哩？……我说，要不这么着，我们就权当多打了两年官司，打官司得多花钱嘛，我再给你出两万，你权当少打了两年官司，多得这两万块钱。结果他坚持15万，我们俩就蹬了。我说这15万我答应不了，我得回去跟村委会商量。……我是代表河村3000多口子人，他是代表他个人。他一句话就能签，我得在村委会上通过。其实假如那会儿我10万签下来了，我回来也会遭骂，大家伙儿会认为吃了败仗，他们不懂这法律，不懂的多。大队一分钱都不出，地方就这么白占着，这是大多数人的想法。（村干部李英访谈，2006年8月12日）

案子发回重审后，村干部又与董发碰面于县法院，法院建议双方再次协商。董发要求村里放手，村干部则提出由村里出钱换取董发放弃土地。双方又一次没能谈拢。

> 中院发回重审，要开庭了，我们去了，当面碰见董发。董发说：别死乞白赖地使劲弄这一码、做这个事儿了，我是个人，你们是集体，我都出了钱了。……我们就跟他重提村里出钱买下来的事，没有谈成。(谢庆访谈，2006 年 7 月 17 日)

二审判决之后，由于是终判，不好翻案；而案子牵扯到大村的社会稳定，而且似乎情理偏在村子一边，法院也不好强制执行。同时，由于双方各自频频诉诸相关各部门上访，当地党委、政府早已被惊动，县法院日益感受到压力。迫不得已，县法院只好继续新一轮的调解工作。与此前的几次诉讼（中）调解有所不同，此次的新一轮调解其实应该称作执行和解[①]，因为之前的判决已经在对之后的协调起作用了，手执胜诉判决的董发自然要更理直气壮一些。鉴于案情特殊，县法院院长亲自出面，主持执行和解的工作。

> 执行庭来找，咱们就是不搬。在这种情况下，又开始抗诉，申请再审，向法院和检察院都递交了材料……我们找市检察院，检察院称这个二审抗诉的案件，必须通过省高检才能判。这样的民事案件吧，必须是黑白分明的，才好抗诉。而且一旦抗诉，这检察院与法院就对上了，你检察院再抗诉，我法院就是这判法，你也不好翻案。他们都说最好是通过调解来处理。我说那就调解（谢庆访谈，2006 年 7 月 15 日)

> 中院判决后，咱们村民有意见，不行。南县法院就反复来做工作。我是支部书记、村主任，他不得找我嘛，我就说了，我们为什

① 《中华人民共和国民事诉讼法》(1991 年第一次修正，2012 年 8 月 31 日第二次修正）第九十三条规定：人民法院审理民事案件，根据当事人自愿的原则，在事实清楚的基础上，分清是非，进行调解。第二百三十条第一款规定，在执行中，双方当事人自行和解达成协议的，执行员应当将协议内容笔录，由双方当事人签名或者盖章。

> 么不搬。我说你们强制执行了，把我的办公桌扔到马路上去，我没意见，搬我是不搬，我要是搬了，没法给河村的父老乡亲们交代，我交不了账。我就把方方面面的关系和咱们的理由，进行陈述，同时也汇报给了县委。他们法院也不好弄啊。考虑到咱们的理由比较充足，最后县里就下力量，给咱们调解。（邹堂访谈，2006年7月16日）

院长要求河村拿出15万块钱，换取董发放弃分站土地，但是董发张口索要40万块钱。由于双方的期望和要求相去甚远，法院的调解终告无功。

第六章

党政干预

一　上访“软肋”与“花钱消灾”

在传统中国社会，垂直的政权架构往下只设置到县一级，县级以下，士绅发挥着秩序整合的重要作用，所谓“政权不下县”。近代以来，随着国家政权建设的推进，乡镇一级政权逐渐建立并稳定下来（杜赞奇，1995；黄宗智，1986：第十五章）。鉴于其在国家与基层社会之间的特殊位置与连接作用，尤其一段时期以来“三农”问题的凸显，使得基层政权研究受到学界的充分重视。重要的成果之一，是揭示了基层政权游离于国家与基层社会之外的角色和利益（张静，2002a；杨善华、苏红，2002）。进入21世纪以来，国家推行税费改革，并最终取消了延续2000年之久的农业税，职权急剧萎缩、财源极度受损的基层政权何去何从，再次受到学界的关注（李芝兰、吴理财，2005；周飞舟，2006）。

接受访谈的西乡原党委书记高书记一上来就抱怨，乡镇基层干部在人们眼中形象不好，所谓“猪八戒照镜子——里外不是人”。

> 老百姓老说我们形象不好，说我们就是“催粮要款，刮宫引产”，光干这缺德损人的事儿，什么“身穿黄大衣，腰挎BB机，满嘴他妈的，一问是乡镇的”。……上面政策就是，保大共产党员牺牲小共产党员。我们这些都是虾米，都是无所谓的。你说咱们都是乡里乡亲，谁愿意干这得罪人的事儿呀，谁不愿意维持人呀？政策逼着你，你不干就免了你，就砸你的饭碗，这砸了饭碗，我们干什么去呀？你干吧，干好了，是应该的；干不好，不是抓你就是免

你。……乡镇书记在这改革期间呀，就是一个替罪羊的身份。（原乡党委书记访谈，2005 年 10 月 8 日）

高书记表示，当下的乡镇工作处于多重困境之中。当地有个很形象的说法：中央是爷爷，基层是爸爸，百姓是孙子；爷爷怂恿孙子向爸爸要钱，但钱袋子掌握在爷爷手里。

困境之一是有职无权，“有限权力，无限责任”。

乡镇就有一个党政办公室，一个信访办公室，一个计生办公室，都是有责任的。有责任的，都在下面；有点权力的，有实惠有油水的，电管所、派出所、税务所、工商所、土地所，都在上面（垂直管理）。（原乡党委书记访谈，2005 年 10 月 8 日）

困境之二，没钱。

原来三提五统的时候是乡里管，乡里的财政收入每年是 320 万，现在税费改革，一年只有七八十万。有些农业税还收不上来，有些困难的，他不交你也没办法，有的就是刺儿头，你让交我就上访、捣乱。收不上来有个十万二十万的，就只剩下五六十万。五六十万，乡里边以前借的债，到期就得还。再一个，每年有报刊费，《人民日报》什么的，我又不看，不看也得交钱，一扣就是五六万。剩下的又要给乡里的人发工资，又要养车，又要电话，又要用电用水，又要修房。主要是得还账，以前每年收入 320 万，借个百八十万不在乎，现在债主追着你要账，追着你跑，你越没钱他越要的厉害。所以说乡镇这个财政很紧张。（原乡党委书记访谈，2005 年 10 月 8 日）

不过，乡镇当下承受最大压力也是最紧要的工作，则是想法设法消除百姓上访，保持社会稳定。

我们时刻都在走钢丝，我们很容易倒台，甚至很容易进监狱。为什么呢？因为你的责任太多了，上边千条线，下边一根针，从开灯，忙到熄灯，忙没完没了的事儿。主要是什么事儿呢？最要命的就是维稳。……现在不论什么问题，老百姓说理的地方就是通过上访。他很难通过司法求得正义，一个是没那个经济实力，再一个是个人素质有限。老百姓从古代就学会了怎么去喊冤，进京上访告御状。杨三姐告状啊，杨乃武小白菜啊，一下子告倒了100多个官。老百姓就信这个。（原乡党委书记访谈，2005年10月8日）

中国正处于社会转型的关键时期。根据社会学家孙立平等人的概括，如果说20世纪80年代的特征是改革，90年代的特征前期是改革后期是开放，那么进入21世纪后的最近10年，最基本的基调则是维稳（清华大学社会学系社会发展研究课题组，2012）。而维稳的重头工作，就是处理民众上访。①

百姓知道通过上访途径维护自身权利和利益，本是件好事（比如上一章中西乡党政办主任讲到的一件事），但是由于信访工作成为评价政府官员政绩的一项重要指标（所谓信访一票否决），而信访制度本身对于合理信访行为的范围缺乏明确规定，更加上现在提倡和谐社会，以及本地区距离京城很近，使得部分人频频利用政府的这一“软肋”，上访渔利。被访到的西乡乡镇干部们都不约而同地提到了“无理访”问题。

常务副乡长、包村干部唐春讲述了在河村做工作时碰到的一个例子。②

现在上边讲构建和谐社会，要求带着感情做工作，以为一团和气了，就是和谐了，其实那不叫和谐。……以前都说乡镇工作方式粗暴，但是它就管用。话说的不好听，现在的老百姓素质太低，就得用这种方式来统治。该打击的不打击，就会给老百姓造成一种感觉，谁遵纪守法谁吃亏，所以老实人也变得不老实了。……前两天我们去河村收计划生育罚款，就碰上了。是什么情况呢？孩子是老

① 信访在纠纷解决中的作用、影响及其限制受到研究者的充分关注（参见应星，2001；胡荣，2007；张泰苏，2009；冯仕政，2012）。

② 田副乡长以及后面高书记所讲述的事例，除了涉及讲述者所欲反映的“无理访”问题之外，更蕴含了当下乡村社会状况的丰富信息和复杂内涵，因而值得在此处以较长篇幅引用。

太太抱养的，但其实是她丫头生的。她丫头生的第三胎，不敢要，就让老太太养着。老太太本身有儿子有媳妇有孙子，她已经不符合抱养条件了。允许抱养是什么条件呢？没有生育能力的，或者自愿不生的，到了一定年龄，夫妇在30岁以上，允许抱养，得办理抱养证。她这个吧，一不符合抱养条件，二没有抱养证。她就说是从路边捡的孩子，还振振有词地质问：你们是人不，看着孩子没人要也不管？我这把孩子捡回来是做了好事儿了，你还罚我的款？你看，她还挺有理！我们就只能跟她说，再怎么着，你这是违法，因为你不符合法律抱养条件。尽管知道孩子是她外孙女，我们也只能这样给她说。（然后呢？）然后就不了了之呗。她不交钱，我们只好把钱替她交上了，上边有任务，必须得完成。（唐春访谈，2006年8月18日）

乡党委高书记提供了另外一个河村事例。

一个张姓老太太，村里承包给她20亩沙滩地，让她开荒，后来村里要把地收回来，她不干，就上乡里去了，弄了绳子到一个副书记那里，往门框上一扯就要上吊！吓得副书记赶紧说：哎呀，你可别上吊呀，赶快下来吧。到乡长那里，骂街。到我那儿去了呢，拿烟。……她七十多的老党员了，当年跟她老公公打架，她都光着屁股，就是这样儿一个主儿。我说，你又找组织来啦？来，抽烟，我知道你老家伙有烟瘾。烟抽完了，你得哄她乐儿。我说你回去吧，要不在这儿吃（饭）吧。我还得管她叫婶儿，我说婶儿你在这儿吃吧，这儿有瓶酒，喝一盅。回去就烧起来啦：高书记怎么了，一口一个婶儿，喝一杯倒一杯！吓得他们乡里滴溜滴溜的！是啊，她那么大年岁，你怎么着她呀？她有心脏病，又不能骂又不能打，那派出所来了也不敢碰她。我就怕这样儿的老头老太婆，年轻的我不怕。那一天我没在那儿，她上我们乡长那儿去了，我们乡长躲她，她有气，跑到办公室去了，骂街：啊，拿我的地，不让我活着了！我们那个办公室主任说，你看我们乡长不在，我们在这儿办公呢，你在这儿骂。她不管。把办公室一个小伙子说得上了火了，说你给我出去骂去！上去撑住她的胳膊就把她撑出去了。她又回来，一屁股下去，躺下了，把脸往地上蹭。一会儿，她的心脏病犯了，哆嗦，口吐白沫。办公室主任给我打电话说，我们闯了祸了，老太婆要死这儿了。我说绝对不能让她死在乡里，赶紧打120，把她弄到县医院。你说那样儿气候，真死了，还非把我们免了不可。就弄去急救，乡里没钱儿，我媳妇在银行里，我说先拿一万块钱儿来！输上液，输上氧，待会儿，缓过来了。看她没事儿了，我说婶儿呀，你可吓我一跳哇。你像这个事儿，不给她吧，她不依；你这一给，村里老百姓又不干。最后我说，你写个申请，写个申请说困难，我给你张罗点儿钱儿去，你就说要500元吧，我给你100元，扣除你400元，那400元算承包费了，履行三年合同，这不能免。她说行了行了。就这么抹住了老百姓的嘴巴，其实那钱儿是我的！老百姓那边说不出什么来，老太婆这边儿也觉得书记还不错，不但地白种了，还弄了点补助。……你不变通你怎么能下台阶呀？得想法儿刀切豆腐两面光。现在我老是给下面说：你们知道什么是夹着尾巴做人吗？夹着尾巴做人就是不能让人家看出尾巴来！（原乡党委书记访谈，2005年10月8日）

在村里访谈时了解到，这位张姓老太太，已是79岁高龄（2012年），早年其公公被划成了地主成分，从大宅院中被赶出去，其丈夫是附近小学的教师，被划成了右派。后来落实政策为右派平反，不知何故把她丈夫漏掉了。找到县里去，县里也承认是漏掉了，但是补偿错划的时机已过，现在纠正的话，补偿就需要由县里出，所以县里就拖着，直到其丈夫去世也没有平反。老太太这些年就一直上访，县里、市里、省里、北京，一层层一遍遍地去，时间久了，就摸着门道了，专门拣重要而敏感的日子上访，每次被接都会提出条件。2012年全国“两会”前，她再次去了北京，这一次由村支书与乡长一起去接她回来。考虑到县乡村每次接她，都需要一笔不小的花销（费用往往落到村委会头上），为防止她再去，村干部此次专门在村里给她安排了两间空房，装修，打井，拉煤，把她安顿在那儿了，并派了两个村干部陪吃陪喝，随时监控，一直等到“两会”结束（村干部黄庆，2013年5月2日；村民盛明庆，2013年5

月 3 日；村民黄祥，2013 年 5 月 5 日）。

由于缺乏有效办法，出了问题，政府只好以经济手段解决，所谓“花钱消灾买平安”“人民内部矛盾用人民币解决”。

> 现在有很多事儿，都是花钱儿买平安。你不然怎么办？没法儿！有很多事儿啊，较不了真儿。（谢庆访谈，2006 年 7 月 15 日）

> 上访的结果是什么呢？最后政府拿钱，把事情抹过去，他得到好处。现在已经养出了一部分这样儿的人，刁民，绝对的刁民。我就是上访，我有理没理就是访，你怎么着？（唐春访谈，2006 年 8 月 18 日）

> 现在老百姓就是，你要是不怎么怎么，我就上北京！这一说上北京，谁不害怕呀？那可真丢乌纱帽哇。怎么别的地方都管得住，就你这儿管不住呀？所以县里都在北京设有点儿，拦那些信访的，信访局成了热门了。就是信访局里的一个普通干部，我们县里也得好好供着，到时候得指望他给你销号啊，他要是不给你销号，给你发个通报，你就受不了呀，你就通不过呀，你就得受处分呀，那就白干了。都是想进步嘛，是不是，就是不进步，也不能让给处分啊。中国是这样，戴乌纱帽的，能不能升官是未知数，能升上就升，升不上就凑合着，但是不能让摘了乌纱帽呀！就像给那观音菩萨拜佛，给俩钱儿，能得点儿好处就得，得不着也无所谓，起码不能让给弄掉了。（原乡党委书记访谈，2006 年 6 月 30 日）

二　铐人事件

手执胜诉判决，却迟迟不见法院执行；执行和解，法院提出的条件却又与自己的要求相去甚远。董发一怒之下，跑到北京，上访至国家信访局。随即，国家信访局的反馈通过省市一层层下到县里，要求县里尽快解决此事（2004 年 12 月 16 日河村会议记录）。

县里自然不敢怠慢，县政法委书记出面，紧急召集县乡相关部门商议解决的办法，并责成县法院院长具体负责，限期妥善处置。

作为应对的一项内容，河村再次向上递交再审申请和抗辩申请，延续走法律程序。据村庄会议记录，2004 年 12 月 14 日，西乡党委书记来村，与主要干部商量供销社事，让村里写材料，写再审申请，分送往县人大、政法委、纪检委、法院等单位。12 月 15 日，村干部给市立案庭打电话，了解到抗辩申请未立案；村干部去县政法委、县检察院了解情况，政法委一工作人员提到，此案是从国家信访局压下来的，要求县里解决，你们应该起诉乡供销社，不能坐等（2004 年 12 月 16 日上午两委干部会议记录）。

更主要的应对，则是县法院加快进行调解。

从 2005 年年初开始，一系列的协调活动加紧展开。县法院先与河村村干部联系，要求村里出钱 15 万元，买下供销社地方的使用权，待村干部答应后，县法院转而追着董发不放，软硬兼施，反复做工作。董发终于从最初的坚持要价 40 万元，松口减至 21 万元，但是要求河村务必于 2005 年 7 月 15 日下午之前拿钱。县法院将董发的要价传递到河村，要求河村接受董发 21 万元要价。村里开会讨论，结果是只同意出价 18 万元。双方各不相让，僵持不下。

县法院院长将情况汇报给县政法委书记，政法委书记表态要求双方各自退让一步，由河村出 20 万元，待以后再找机会，协调各单位给村里补回几万块钱。乡党委书记和县法院法警队先后去河村，将政法委书记意见传达给村里主要干部，希望村里接受这一安排。

7 月 14 日上午，河村召开两委干部会，讨论县乡意见。村主任邹堂介绍情况：前天乡党委书记来村，昨天法警队又来，县政法委郑书记给意见让村里出 20 万元。他特别指出，郑书记表示回头再协调各单位给村里补几万块钱，若村里不肯出，他本人出这多出的 2 万块钱。郑书记从“非典”那年来村开始，一直对村里不错，这次他肯出面协调，也是替村里考虑；另外，村里已经有人做小动作，愿意出 21 万元从董发手里买下，私人来搅局，将来更不好处理。希望两委干部转变思想，正确对待，做好村民工作，从大局出发，把这事办了。

村主任显然明白，村里在这件事上并没有太多回旋的办法，因而希望两委会同意接受 20 万元要价。支书谢庆和副支书黄庆其实也是这个态度，只是话语表达比较委婉，副支书只是含糊表示这样村里并不吃亏。但是一位副主任李中和一位副支书邹堂友表示了不同意见，认为一旦接受这个要价，村里老百姓很可能不答应，干部们就会为此背黑锅。主要干部和其他已经表态支持的两委成员立即转向，异口同声表示 20 万元无法接受。

因此，最终讨论结果，村两委干部同意接受县政法委书记协调，但是不同意 20 万元出价，只认可出 18 万元。鉴于兹事体大，村干部们态度并不统一，而老百姓对此又高度关注，因此村干部们商量决定第二天召开全体干部、党员、村民代表大会，通报此事，并听取党员和村民代表意见。

7 月 15 日，是董发要求交钱的最后期限。当天上午，全体干部、生产组长、党员、村民代表会议如期举行。一如既往，党员和村民代表坚持认为分站土地属于村里，对官司败诉和问题历经这么长时间还不能解决表示了不满，对干部做事是否尽心尽力提出了质疑。有老党员引经据典：毛主席说土地是全国人民的，房产买卖可以，卖地不行；有村民代表质问：不管用什么办法，也得把地方弄回来，台湾还要收回来呢，我们村的地为什么就收不回来？几名党员、村民代表一一列举包括供销社官司在内的村内一系列未解决问题，对村干部发出质问：对那些有钱的、硬茬的都不敢摸不敢碰，大队啥都干不了，你们村干部是咋当的？会议最后，对两委会前一天做出的决定进行讨论和表决，参会者除了 12 名村干部，还有党员、村民代表 53 人，经过签字表决，同意 43 人，不同意 2 人，弃权 8 人（2005 年 7 月 15 日河村会议记录）。

河村干部将讨论决议反馈到县乡：只同意出 18 万元，并提出筹钱需要一些时间，要求将交钱日期推后两天。

借口称河村没有在限定的日子及时交出款项，董发趁机加码，将要价提至 25 万元，经法院一再做工作，才同意降到 23 万元，但是他再次划出交钱最后期限，宣称若 7 月底前接不到钱，分站土地房屋就不卖了。

7 月 21 日上午，县法院法警队队长一行四人再次来村协调。村里再次召开两委会讨论。为了促使村干部们接受调解条件，尽早了结此事，法警队队长特别讲了一段话，在规劝之余，颇有施压之意：要遵守法律法规，按国家方针政策解决这个问题。国家不单独给咱们村制定一个政策，要想开了。案子最终落到一个什么结果，经九曲十八弯，两级法院都判给了董发，他有法律文书，咱们到底道理在哪里，村委会赖在这里有什么道理。我们要执行法律，依据法律文书解决，没有别的道路可走。如果董发卖给本村村民，你们村如何面对？脸上多不光彩！河村独立不了，两委干部也不长脸，毕竟是在共产党的社会里。上级要求尽快结案，判决书已经下达，改变不了，要自觉遵守法律文书，要讲理讲诚信。(2005年7月21日村庄会议记录)

接下来村干部们讨论表态。一如7月14日讨论的翻版，先是主要干部认为当下形势严峻，因而愿意接受23万元的要价，也希望其他干部能够接受；接着副主任李中跳出来表示反对，并特别对法警队长的讲话表示极度不满；接下来是其他村干部纷纷表示要价太高，然后主要干部也被迫跟着表态无法接受；结果就是，再次否决县乡协调组给出的解决条件。

应当说，这两次协调是县乡为村里提供的一个解决问题的难得时机，从调解条件看，村里也并不吃亏，但是，村里并没有能够审时度势抓住机会。我们看到，村里两次开会讨论，过程中都出现了很有戏剧性的态度转变。而之所以没能抓住机会，之所以会有这种戏剧性的态度转换，一方面是因为，村庄做事，自有一套程序和逻辑，比如要召开扩大会议征求党员和村民代表意见，以赋予两委会决定以更多的合法性；另一方面，实则与村庄政治派系和相互权斗对村干部们构成的制约有很大关系。简而言之，每一个村干部都不愿因态度上显得“维护村庄权益不坚决”而授对方以把柄，落得个“卖国贼”的骂名。详细讨论参见第七章第二部分。

考虑到终审判决已下，向高院上诉不太可能，咱们接受法院调解。原先是董发出了8万元，现在法院让咱们村出20万元买回来。当时召开了几次两委会和村民代表会，代表们意见很大，不同意，说反正土地就在那儿拿不走，一分钱都不拿。村干部们也有不同意见。当时我就给代表们做工作，说中院已经判了，咱们是个大村，要保持稳定，现在出了钱，将来可以把地儿卖出去。好不容易谈到18万块钱，结果董发不干，又要23万元。这就很难办，说服村里接受18万元已经费尽口舌，现在没法儿再要求他们让步。甚至连说也不敢强说了，一不小心就会落下骂名。（邹堂访谈，2006年7月16日）

河村拒不接受县乡调解条件，令法警队协调人员感到失望和恼火，多少有些急火攻心。在他们看来，河村是官司败诉一方，败诉而拒绝执行，村委会继续强占分站土地，行为已属违法，县法院未予强制执行，已是做出了很大的让步和忍耐。此次县乡出面协调，强压董发减少一半的要价，已经是对河村最好的结果了，不料遭到河村干部拒绝接受，导致县乡第一次调解失败。法警队此次再度来村协调以图挽救，却眼见村委会讨论再次无果，实在是冥顽不化而不识时务。然而，任务棘手难办，上级却又偏偏限时解决。协调人员实在是急了，决定要加大对村干部施压力度，力争在7月底前促成调解，一举解决问题。

2005年7月26日上午，河村主要干部村支书谢庆、村主任邹堂、副支书黄庆三人应约前往县法院，继续接受调解。此前一天下午，他们接到了法警队电话通知。不料，一次预想中的调解，却演变成了一场出人意料的铐人事件。

村支书谢庆回忆了事情的大致经过：

那是在去年的7月份二十几号，我接到法院法警队一个电话，让支书和主任到法院去一趟。我们就去了，我、黄庆、老邹我们三个人。调解不成，总得表个态，我说你们强制执行的话，把办公室的桌椅搬出去，我们保证不拦着，但是我们个人不准备往外搬。他们是执行庭的也找过来，法院的领导也找过来。我觉着他们是有预谋的，他们先拿出了拘留证，让我们看，我先看，接着黄庆、老邹看。拘留证上写着老邹，他是村主任，是法人代表。老邹当时看了后就有气，两下越说越恼，法院的人就说：拘他！那拘留证上有法院院长、政治处主任和法警队队长三个人的签字。那么着就拘了。……拘了一个小时零三分钟。拘了后我立马给我们乡党委书记打了个电话，高书记马上就去了。去之后吧，这才解开铐子。解开之后就在一块儿说了说。当时解铐子时老邹不让解，老邹说：我不让解！铐着我吧！就这么个过程。……当时是政治处主任让拘的，他是一个后备干部，准备提副院长的。他也觉着这事儿做的不合适，就想请我们和高书记吃饭，表示一下歉意。我们能吃他的饭吗？我们自然不去。末了高书记说他请我们吃。（谢庆访谈，2006年7月15日）

西乡高书记是这么说的：

这（供销社）事儿得摆平它，摆不平，肯定是个事儿。县里也来人说，你想个法儿解决了。我们就协调处理这事儿，由村里协助，村主任也在积极运作。……法院想着，要给村里干部施加压力，一鼓作气，把事儿给办了，结果他们把村主任给铐上了。一铐上，村主任就不让解开了。他们给我打电话，我去了一看就火了：本来老百姓就感到窝屈，我们的地方，我们得出钱，我们的人还给铐了！我说：有你们这么做事的吗？谁让你们铐的？此案是调解，村主任是我们乡的人大代表！你们怎么好事儿不找我们，破事儿净找我们呀？我就给他解开了，村主任说：高书记，我看着表哩，铐了我一个小时零三分钟，铐我的人，我要不砸了他的饭碗，我不姓邹！法院觉着事儿闹大了，赶紧道歉，说要请客。我说你们也别请了，先让消消气儿再说吧。（高书记访谈，2006年6月30日）

以下是被铐的村主任本人的说法：

7月26日上午8点半，我和支部书记谢庆、副书记黄庆应约去县法院法警队，协调解决董发与河村村委会侵权纠纷一案。我们刚一到法警队，副队长惠××便拿出拘留我的手续叫谢庆和黄庆看，并说：叫老邹在我们这儿待一天，你们两个人回去做工作。今天下午5点之前，必须把这事儿调解成，拿出23万元。我说，我们是给河村办事的，我们是给河村的老百姓当的官，我们得召开村民代表会议，现在村民意见太大，我们得回去做工作，做通工作之后23万元我们拿，不然拿不了。正在这时，法警队长进了屋，他说，如果今天你们拿不出23万元，或者不搬出，明天送老邹去拘留所。当时，我对法警队长的说法非常不满，便问他，你们凭什么拘留我，我犯了什么法？这时，法警队长叫来了政治处主任，口口声声以态度强硬为由，指使法警××强行给我戴上了手铐，时间长达63分钟。（邹堂上访信，2005年7月26日）

……本来说是要调解，结果他们实行恐吓，动硬的，把我给铐上了。我是村里法人代表嘛，他们就把我铐上了。铐我的两个人，一个是执法队队长，一个是政治处主任。铐了后，我说：你们看着！看你们是从什么时候铐的我，这个事儿我们没完！我说，谢庆、黄庆你们先回去，你们别管这事儿了。铐了我一个钟头零三分钟。当时我就跟他们烦（翻）了。我说，你不是铐了我了吗？你马上把我送到拘留所！他们说不送你。我说，不送，你为什么铐我?! 当时我们的乡党委高书记就去了。谢庆给他打电话，他当时就去了。法院马上请示贺院长，又马上请示县政法委书记，书记主抓政法委，我们俩的关系相当好。他一听把我给铐了，说你们赶紧把铐子拿了吧。他们要给我解铐子，我说不要解，你们说清楚了再给我解。他们就说好话。他们俩当时就乱神儿了，不住地说我们错了。我说你们光认错不行，非得把你们清除出法院队伍，非得把你们清除出去不行！你们这是知法犯法！这是7月26日出的事儿。（之后就回村了？）之后在县城吃了顿饭，吃顿饭就回来了，是高书记请客。法院系统非要请客，他们俩非要请，我说你们俩请不行，你们俩要去，我就走。末了他们俩没去。（邹堂访谈，2006年7月16日）

三　铐人事件续

一直都在尽心尽力协调供销社的事儿，要配合法院的调解，要在村里做大量的工作去说服和安抚村民，忍受村民尖刻的抱怨和无端的怀疑，如今竟如那些偷鸡摸狗、杀人越货之徒一般被上铐扣押！邹堂实在咽不下这口气儿，他决定放手一搏，为自己讨回公道。当天回到村里，邹堂立即写出上访信，讲述被铐经历，并发出质问，提出要求：

……他们凭什么拘留我？这分明是知法犯法，视法律如儿戏，我对他们的这种行为实在难以容忍。我强烈请求司法机关尽快查处此事，给我一个负责任的答复，否则，我将逐级上访。（邹堂上访信，2005 年 7 月 26 日）

不过，村主任并没有贸然将被铐的消息公之于众，他要给相关部门留出时间，“听其言，观其行”，视其如何处置、如何反馈。第二天一早，村主任带着与其亲近的一个副主任进了城，先后去了县法院和政法委，递交上访信，并当面提出处理要求。

当时我就压着村民，回村里后跟谁都没说。（要是）一说，他们就炸了锅了，绝对得到县里闹事儿。第二天我进了城，跟一个副主任李中一起去的，找到法院贺院长，我说：你给我个答复，究竟我是哪里错了，他们两个为什么铐我？他说：是我错了，是我让铐的。是他签的字儿呀。我说，第一个条件，让那两个人上我们村，直接通过村里广播公开向我赔礼道歉；第二，县里下通报，给他们严重警告，清除出法院队伍。他说哎呀，我错了还不行嘛。我说不行！他说你消消气儿，请你吃饭。我说别请我，我等你们三天，给我答复，答复不了，我就去找上边。从院长那儿出来之后，我去见了政法委郑书记，把提的条件说了。当时他没有给答复，想模糊过去。两天之后，他们也迟迟没有明确答复。（邹堂访谈，2006 年 7 月 16 日）

27 日上午 8 点半，我跟邹堂一起去见法院院长，院长表示不应该拘留，有什么事下来再说。邹堂说不行，拘留证上有你的签字，你得给一个答复，要求公开道歉，要求法院开除法警队两个人。随后到政法委，郑书记说，法院办的有点过激，下来调查是怎么回事。(2005 年 7 月 28 日村庄会议记录)

7 月 29 日，得不到答复的邹堂抽身去了北京。为什么选择这时候去北京呢？

最主要的目的，是去面见他的一个叔叔，讲述情况，商讨对策。在访谈中，邹堂提到，他有个亲叔叔，在北京某大医院做副院长，他的大儿子（1975 年生）小时候得了小儿麻痹症，就是由他这个叔叔出面找人治好的（邹书记访谈，2006 年 7 月 22 日）。邹堂的堂兄弟邹堂在说，村里在 90 年代初修建商业街，也是由这个北京的二叔免费弄来的水泥（邹堂在访谈，2006 年 8 月 18 日）。接受访谈的很多村民都表示，邹堂的这个堂叔很有势力，在当地拥有相当的影响力。常务副乡长唐春证实了这一说法：

> 他上边的关系主要是他叔，他叔是北京 × × 医院一个副院长。现在北京一些大医院的院长、副院长，包括一些科室主任，地方的县长、书记们都比较买账，平时都有交往，因为一些个大干部们都往那儿去住院。县里书记、县长跟他叔的关系都很铁，所以说在他挨铐的时候，他叔打个电话就很管用。为什么河村的事情弄到了那个程度，就跟这个有很大关系。（唐春访谈，2006 年 11 月 19 日）

第二个目的，是去相关部门上访，反映问题，要求解决。

> 两天之后，他们迟迟没有答复，我就上北京去了，7 月 29 日去的。（去北京干什么？）我去讨论政策，问问我提的条件过激不过激。（找谁讨论政策？）去国家司法部。（去上访？）我不是上访，我是去反映问题，想把政策吃透了。出来接待的人当时就给我答复了：他们属于非法拘禁，他们两个的行为已经符合开除出司法队伍的条件了。（邹堂访谈，2006 年 7 月 16 日）

再一个呢，也是为了出一口气，对县乡相关部门和人员对事件的处理施加心理压力。身为主要当事人，处在风口浪尖，众人瞩目，我却偏偏避走他处，置身事外，冷眼旁观，看你们如何自处及如何处置事端！

最后一个目的，经历被铐一事，身心受损，觉得胸闷不适，担忧心脏病老毛病发作，在叔叔所在医院做个检查。事实上，他临走丢给县乡和村里的话儿，就是感觉心脏不好，所以去京城住院瞧病。

与村主任北上京城的同一天，村主任被铐的消息在村里公开了。

此前一天的下午 4 点，由支书谢庆和副支书黄庆召集，村里先期召开了两委干部碰头会，通报村主任被铐的事，商量如何告知村民。之所以在这一天开会，是应村主任的要求和安排，静候两天时间，看县里相关部门如何答复，再一个，发生这么大的事情，总得向村民公布，村干部们先碰碰头，协调一下立场，实属必要。在会上，支书和副支书讲述了当天在县法院发生的事情经过，副主任讲述了第二天与村主任一起去县法院和县政法委交涉的经过。两委干部一致通过决议，停止其他一切工作，集中所有力量，通过上访等各种途径，为村主任讨个说法；会议并决定第二天召开干部、党员、村民代表大会，向村民通报此事。会后，两委干部到村主任家表示慰问，并表态村里要为此讨取公道。

第二天，也就是 7 月 29 日的上午，就在占据供销社地方所改设的办公室，全体干部、生产组长、党员、村民代表会议如期召开，供销社案件协调进展状况及村主任被铐事件正式向村民公布。事实上，在这次扩大会议之前，尽管配合着村主任，留出两天等待县里答复，没有在村里公布，但是还是有部分村民获知情况，一部分党员村民代表上门找到干部，要求必须给村主任讨回公道，并撂下重话：不然你们什么也别干了！

此次消息一经正式公开，不出所料，党员、村民代表群情激愤，愤怒的村民迅速向村小学校会聚。在村民看来，同一个法院先后做出两份结果截然相反的判决，本就令人迷惑不解；原本属于村里的地皮却要村里出钱购买，本就有悖情理；原来的村主任家里被砸、人差一点被打，本就该当追究；如今作为一村之长的邹堂竟然还为此被铐，更是于情于理于法皆不通，实在是对村民们的恶劣挑衅和巨大侮辱！另一方面，在村里口碑颇好的村主任被铐，口碑不那么好的村支书当时同在现场，却不敢出面阻拦，而且，村两委竟然还把事情隐瞒不宣达两天之久，一直没有任何作为，又实在令村民们不满和憋屈！

党员和村民代表们七嘴八舌发一通言，很快决定第二天上县委大院上访讨公道，并立马安排几个人分头准备，购置条幅，题写标语，联系车辆，找借摄像机。由于对支书、副支书在村主任被铐时没有强硬交涉不满意，当时在场的党员、村民代表自发表态，当即罢免了村干部。

村支书一看局势要失控，紧急联系乡里，乡里又紧急联系县里，县里当即决定，紧急调集人马下村，劝阻百姓上访。由县委办一人、政法委两人、法院两人、信访局三人、检察院一人以及乡党委书记、副书记、乡长等组成的县乡联合工作组，当天傍晚就开到了村里。

> 那天上午，我和黄庆就召集党员和村民代表开会，出了这么大的事儿，村主任被拘了，得向村民通报一下呀。老邹当时不在，上北京看病去了。事情一通报，村里立马就乱了，大家都很气愤，纷纷表示要上访，当时就买了布，制作了两个大横幅。我跟黄庆考虑着，不能光点火儿，还得想法稳住。我们俩就到西乡政府，见乡党委书记、乡长，把河村的事态做了一个汇报，一起研究应对方案。乡长说，这么着，他们不是准备上访嘛，咱们立马通知政法委郑书记，让县里领导和职能部门来，由上访改为下访，把人员截留在河村，反映问题，答复问题。郑书记当即拍板：立马组织工作组！当天傍晚，工作组就赶到了村里，由县委办主任带队，包括政法委、信访局、法院、检察院等部门的人员。来之后，老百姓非常气愤，说不好听的，说什么的都有。老百姓的素质你还不知道哇！（谢庆访谈，2006 年 7 月 15 日）

> 事情（村主任被铐）出了之后，村里就去了二十几号人，把法院给围了，把县委的门也堵了。哎呀，县委书记就呲我呀，书记平常讲话都是文质彬彬的，这会儿骂起人来，可是什么都骂：怎么搞的？咋办的事儿？要你干什么吃的？我说，书记呀，这事儿赖我呀？我事先也不知道呀，本来我就快要协调好了。我说我想办法先让他们回去。……后来他们还是要大规模上访，我一看不行了，就说你县里配合一下吧，来个工作组，变上访为下访，去让他们骂两句，消消气儿。（原乡党委书记访谈，2006 年 6 月 30 日）

工作组甫一入村，首先安抚村干部。除了身在北京的村主任，其他村两委成员悉数被召集到村小学校，临时召开紧急会议。县委办主任带头表态：县乡对河村高度重视，对两委干部的努力和工作成绩表示肯定，现在出现小摩擦，工作组将认真调查事情缘由，希望村干部相信党委政府，没有解决不了的问题。晚上下访邹堂亲属。乡党委书记接着说：村主任已经与法院院长交谈过，气氛很好；政法委郑书记也表态了，得买郑书记的面子。村干部要维护安定团结，不能出现上访，上访也显得干部素质不强。既然县乡领导已经如此表态，村干部们也就不好再说什么，只是表示：群众工作不好做，党员、村民代表对班子有意见，我们也不希望事情闹大，会尽力配合上级，做好村民思想工作，尽量避免上访(2005 年 7 月 29 日晚上会议)。当天晚上，工作组到村主任家表示慰问；村干部则广播通知，第二天召开党员、村民代表扩大会议，并连夜到一些态度激愤的村民家里，苦口婆心地做劝说和安抚工作。

第二天一大早，一场包括两委干部、生产组长、全体党员和村民代表在内的大型会议在村小学校召开。引人注目的是，部分村民自发涌入会场，根据村庄会议记录留下的统计，到会人数接近 300 人。河村是个大村，人多势众，体格大，也就不好组织和操控，所以除了三年一度的村委会选举，平素基本没有机会也没有动力将大家伙儿叫到一处，此次近 300 人规模的会议，是显见的例外。

一如前一天安抚村干部，工作组领导首先张口表态：对于村主任被铐一事，县委县政府也很生气，个别人代表不了党委政府，工作组此次来就是为了听取乡亲们的意见，及时解决问题；希望乡亲们相信县委县政府，踊跃表达意见和看法，包括对党委政府的不满和批评意见，尽管敞开了说，若觉得不方便也可上家里说。村民们本来大多一腔怒火，满肚子气，要来会议现场当面发泄，现在听县上领导这么一说，反而一时语塞，会场短时一片静寂。不过很快，很多村民开始抢着发言，表达对村主任被铐的愤怒、对县法院知法犯法的不满，要求法院赔礼道歉、揪出并严惩铐人者，赔偿村主任心理损失，妥善解决供销社官司，追回村里土地。

村主任为供销社事去法院协商，为什么铐他？

知法犯法，还叫什么法院！

邹堂代表着全村村民，法院铐的不仅是邹堂，铐的是全体村民。在调解当中强压一头，铐法人代表，没有任何理由。

把签字的人、铐人的人揪出来！

请律师告法院，告到哪儿也得告。

对这事要往上曝光，你们挡不住上访。

现在村民已经罢免了村委会，管不了我们村民。我们还要上访。

支持前头的支部领导，不支持现在的，现在的支部不团结。

派人上访，算我一个。

上访也算我一个。官司打穷了也得打到底。

你们要给邹堂讨回公道，给我们一个交代。

听说此事我感到痛心，村主任家里情况本就不好，必须给他一个公道，此事不弄清，干部们就别干了。

他老伴身体不好，他看病的钱怎么办？精神损失怎么算？

必须给邹堂讨个公道，这也是给大家讨回公道。干部们别的什么也不能干。

我是邹堂儿子，我爸被铐，我心情很不好。供销社是股份制，土地是我们村里的，现在被私自非法卖了，董发没有权利买河村的地皮。

被铐是因为供销社闹起来，供销社是村里的地，房子可以拆走，地皮留下。

供销社当年没有卖，只是占用，没卖给他们。现在给人卖了，算什么东西！（2005 年 7 月 30 日村庄会议记录）

工作组耐心听着，不时低头做些记录，偶尔简短答话给出回应。半天时间倏忽过去，一番发泄，千般安抚，村民情绪终于稍有缓和。

不过，工作组却不敢稍有懈怠。因为一方面是怒气冲冲的村民们要上访讨公道，另一方面是村主任到京城去“找政策”，而且无疑要去搬出其有权势的叔叔，所以县乡工作组事实上是在两条战线上仓促应战，一边费尽脑筋和口舌安抚和规劝村民，一边设法联系村主任。村主任最初一直拒绝接电话，工作组也不知他身在何处。乡党委书记了解到一个村委副主任与他关系密切，知道其肯定知晓村主任在哪儿，就委派该名村委副主任，带着乡里出的 2000 块钱和村里出的 1 万块钱，到北京去做探望。终于，在村里紧张局势开始有所缓和的同时，村主任也捎回了善意的口信儿。

> 工作组来村里之后，就给我打电话。30 日那天可把他们急死了，跟我联系不上，我到了北京就把手机关了。他们担心事儿闹大了，他们也脱不了身。当时我考虑，乡党委高书记其实还不错，后来就把手机打开了。高书记给我打过两次，法院打过两次，我接了高书记的电话，说要尽量稳住局势，我上北京，一个是看病，一个是咨询政策，不是上访，把政策咨询透了就回去了。（邹堂访谈，2006 年 7 月 16 日）

在初步稳住村民的情绪之后，工作组回过头来再次与村干部们座谈，再次对其进行安抚，保证说将尽力尽快妥善解决供销社问题，希望他们多为党委政府着想，做好群众思想工作，听到什么消息随时报告。此外，根据村民集中反映的问题和诉求，工作组做了任务分工，成员一分为三，一组集中应对被铐事件后续处理，一组接着处理供销社官司相关事宜，一组继续与尚在北京的村主任联系。工作组定下规矩，当前处于非常时期，非常时期应有非常时期的工作态度，所有人不许关手机，随时保持通话联系，发现情况及时通气及时处理。

下访工作有条不紊，紧张而有序地进行。然而，一件意外事情的突然发生，使得局势急转直下，最终变得一发不可收拾——村主任的老伴儿得知村主任被铐消息，一时急火攻心，脑出血病犯，死在了县医院。

> 7 月 31 日，我的家属突然病了，出了这事儿后她思想上有负担，犯病了，大面积脑出血。家里最初瞒着她，后来还是被她知道了。我是 8 月 1 日早晨接到消息，赶到县医院时，不到上午 10 点，那时候她已经不省人事了。当时县里派出工作组，乡里也参加，在县医院维持秩序。县领导立刻打电话到东市，派专家来，全力抢救，一天花了 2 万多块钱。活了几个小时，下午 3 点多去世的。（邹堂访谈，2006 年 7 月 16 日）

> 邹堂的老伴都去世了，就因为这个事情。他老伴本来就有过两次脑出血，坐着轮椅，一听说这事儿吧，肯定心里有压力。那是在 7

月31日的早上6点多钟，邹堂的二儿子打来电话，说他妈病了，看怎么办。我跟他说，你先把你妈送到医院去，现在村里没钱儿，我随后找点儿钱就去。我立刻打电话告诉高书记。结果高书记带去了5000块钱，我借了5000块钱带了去。那时候邹堂还在北京，还不知道，他是后来才赶回来的。本来那一天已定好，工作组接着进村座谈、做工作，他们打电话要来，我说还来什么呀，人都去了南县了。结果前前后后都去了县医院。当时县委书记不在县里，除他之外，县乡领导都去了，政法委郑书记还带了2000块钱。人住进医院是在7月31日，8月1日下午就去世了。（谢庆访谈，2006年7月15日）

村主任老伴猝死的消息传出，悲愤莫名的村民们迅速涌入县城，围堵了县委县政府和县法院。据村主任邹堂亲弟弟邹堂喜的估计，涌往县城的村民有六七百人；村民代表盛明庆也表示，去的人没有上千也有七八百。

村主任的媳妇儿吧，半身不遂，一听说他被铐在法院了，不就急嘛，一急，犯病死了。她死的可真是时候哇！这一下儿可就没法儿收拾了。村民说：把我们村主任给铐了，把他媳妇儿给逼死了，饶不了他们！呜，老百姓就上了县城了，县委、县政府、县法院，全围上了人，他们要把死人往法院里抬！这人一死，事儿不就大了嘛！拿死人压活人嘛！（原乡党委书记访谈，2006年6月30日）

县里顿时慌了手脚。被撇在一边的工作组眼看横生意外，“变上访为下访”功亏一篑，只好仓促撤回，在县城里继续斡旋。县委书记当时在外，自县长以下，县乡领导全部出动，竭尽全力做安抚工作。村民邹堂在形容当时的乡党委书记“就跟不是书记一样，他那时候就跟一个大队办事员一样”（邹堂在访谈，2006年8月18日）。村主任的弟弟邹堂喜回忆，当时他与几个村民两次去法院，法院院长兄弟长、兄弟短地叫，他回敬道：“你甭这么叫，也甭来这一套！”（邹堂喜访谈，2007年4月20日）

经历了诸多冤屈之后，村民们终于找到了一个出口气的机会；不仅仅是出一口气，事实上，村民们更知道，现在的很多事情，只有想方设法闹大了，才会获得政府的回应和解决，所谓大闹大解决，小闹小解决，不闹不解决。如今，时机出现了，还有什么比出人命更大的事情呢？

当然，老百姓同时也晓得，在闹的时候，并非可以任意动作，为所欲为，而是有一个度的把握。应星、晋军在一项关于大河移民上访的研究中注意到，移民们在经过漫长的、一直得不到当地政府有效回应的上访后意识到，只有通过“闹事”的手段，将原先的上访诉求（移民补偿等）转化为政府自身运转的要害问题、转化为危及一方安定的社会秩序问题，才能有效制约政府有意无意地拖延、推诿和敷衍了事。但是同时移民心里明白，运用这一“问题化”策略面临一个度的把握，因为潜伏着很大的政治风险。“在使用‘闹’的行动策略时候，移民既有获取巨大胜利的希望，也有彻底失败的可能。移民必须小心翼翼地把握好‘闹事’的度：既要使之构成为影响社会稳定局面的‘事件’，从而把想躲闪推诿的地方政府拖到前台来；同时又不能明显逾越法律，从而为地方政府很可能实施的报复提供口实。用他们自己的话来说就是‘踩线不越线’。”这条线无时不在，如影随形，看似模糊，却又似乎很清晰：农民可以一而再，再而三地去上访，却不能在诉苦中怀疑既有权力支配秩序的合法性；可以指责区和公社的干部为贪官，却不能宣称上面毫无解决问题的诚意；可以成群结队去电站“闹饭吃”，却不能破坏电站的生产（应星、晋军，2000；应星，2001：318—319）。所以，当邹堂劝说激愤的上访村民不要有过激行为的时候，村民们尽管心有不甘，却也明智地接受了。

村主任老伴去世后，就在县医院里，县乡主要干部与村主任邹堂商量妥善解决后事的办法。最终的协调结果是：铐人的两名法院人员公开赔礼道歉；由县里补偿村主任 10 万块钱，乡里和村里各自另出 5000 块钱；免除河村一年的农业税 45300 块钱，免费给村里提供 300 吨水泥硬化路面，两项相加计有 12 万块钱。包着河村工作的政法委书记后来还表示，要落实原先县里答应过的河村沙滩造地项目，尽快拨付给专项资金。①

① 2010 年，国家南水北调中线工程途经南县，需要征地 2000 亩，根据耕地占补平衡原则，上级拨付款项，另行找地开垦。经过村干部邹堂勉力争取，县政法委书记遂向县土地局打招呼，给了河村 600 亩沙滩造地指标，村里获得上面拨付资金 175 万元。造地之前，这些河滩地作为四荒地承包给村民耕种，每亩每年承包费只有几十块钱；造地之后，以每亩每年 150 元价格续包给原承包户，合同期限十年，村里因此又获得 90 万元收入。（邹堂访谈，2012 年 5 月 8 日）

当时县长去了，政法委郑书记带着秘书去了。县委书记当时不在县里，没有去。法院院长是夜里 11 点去的，带着邹堂老伴儿的一个熟人去的。他不敢白天去，怕挨揍。……邹堂的二叔从北京打电话过来，邹堂接了，说了一会儿之后，县长就主动接过电话通话。（邹堂在访谈，2006 年 8 月 18 日）

事儿处理得还算不错，给了些抚恤金，给了 10 万块钱抚恤金。我说，她治病花了 18 万了，在这件事中要了命了，你们适当考虑费用问题。当时他们还问：你说多少吧？我说你们考虑去。当时县长、政法委书记、高书记、赵乡长等都在，县委书记没在。就在医院谈的。法院那两个人都毛了，不知道怎么办了。那天晚上，县长和县委副书记都打来电话，他们说一个是为了咱们全县的稳定，再一个他们两个都比较年轻，在这问题上过激了，要谅解他们。他们两个也一直来找，一个劲儿赔礼道歉，法院也安排了个场合，让他们公开赔礼道歉。（邹堂访谈，2006 年 7 月 16 日）

要是处理人，除非把法院铐人的人给依法处理了，不过这也不合适呀，他们本来也是为了工作，一时冲动，是吧。实在没法儿了，要想保护干部，那就用经济手段吧。我提出给他补 5 万块钱，后来说到 10 万。这个事儿就这么过去了。可是这 10 万块钱怎么补哇？得有个名分呀，县里让乡里写了个申请，说这里老百姓生活困难，钱就拨到了乡里，算是生活补助。可是一个人补给他 10 万，这叫什么事儿呀？一旦出问题，他们县里没事儿了，我这儿可就受不了了，就又想了个法儿……后来我说，这 10 万块钱给他了，也得给他们村里出点儿，给老百姓补点儿。就给了村里几百吨水泥，堵老百姓的嘴。后来又给村里班子开了几次座谈会，咳，算是摆平了。（原乡党委书记访谈，2006 年 6 月 30 日）

8 月 10 日下午，在县委县政府大院，县法院和铐人的两名法院人员正式向河村村主任和村民当面赔礼道歉。河村原本要求法院人员来村道歉，还计划通知新闻媒体前来，但是县乡都怕村民再出现过激行为，而惊动新闻媒体则无疑将影响当地政府的声誉，对领导的形象和当地的工作不利，因而竭力劝勉村主任、两委干部和部分村民代表前往县城接受道歉。在去之前，村里特别召开两委会，提醒去县城后要控制情绪，发言要紧紧围绕被铐事件和供销社官司，要注意保持和维护目前这种县乡都对河村重视的有利局面。

除了通过赔礼道歉和花钱消灾，安抚了邹主任和河村村民，县长还亲自责成县法院院长出面搞定供销社的事情。

> 在供销社问题解决以前，我们两委干部都没有出来工作，目的是摆个阵势，让县里、乡里看看。县里重新让我们拿 18 万块钱出来，再次由法院负责调解，要把这个事儿解决了。2005 年 8 月 28 日上午，我跟老邹、高书记我们三个到王县长那儿，就这个供销社的事儿如何摆平说了说。那天中午，我们又把法院院长约出来，一起吃饭，高书记当时跟他说，王县长说了，要河村出 18 万块钱，让你负责把供销社的事儿摆平。院长说，18 万元不行，你们出 20 万元，我负责摆平。（谢庆访谈，2006 年 7 月 15 日）

村主任被铐，点燃了村民们在供销社问题上逐渐郁积心头的怨愤之火；而村主任老伴的死，则无异于火上浇油，引发了村民怨气、火气和不满情绪的大爆炸，最终令局势变得不可收拾。村民们情绪爆发，危及的是干部们的座下位置和顶上乌纱，因此，对于村主任老伴的死，县乡干部普遍的感觉和反应是抱怨大大超过同情，故而一致认同乡党委书记的说法："她死的可真是时候哇！"对于村主任因此获得补偿一事，干部们的评价则是：邹堂赚了。

> 实事求是地讲，邹堂没有吃亏。他挨了一下铐，他老伴部分是因为这个死了。他老伴吧，说白了，活着也是个累赘。她死的是时候，她就在那两天死了。她提前几天或者往后几天死，都没有问题。她就是那两天死的，所以就成了事儿了。平心而论，这个事儿，邹堂挨了下铐没有白挨。（唐春访谈，2006 年 11 月 19 日）

依照当地丧葬习俗，逝者殡葬之后，第三日上坟，第七日上坟，之后每隔七日上一次坟，直到七个七，丧事才告基本结束。9月21日，七个七已过，距离铐人事件发生也已整整55天，铐人问题已基本得以化解，县乡政府提出的补偿已经给予落实，这一天的下午，两委班子第一次召集在一起开会，结束了村里的无组织状态。尽管此前遭到村民罢免，但是乡党委乡政府还是出面原封不动地恢复了村两委班子。这次会议基本上是一个表态会。村主任表态：对村干部和村民积极地团结地为我为村讨公道表示感谢；县乡积极运作，为村里做了大量工作，对我和村里进行了补偿，铐人的人员也已诚意道歉，县法院表示今后要与村里做好相互支持的工作，院长也表示尽力摆平供销社事情，我对此基本满意，后面不再追究。村支书谢庆表态：邹堂被铐，我没有当场反对和抵制，我为此向邹堂和村民表示歉意，村民说三道四，我会正确对待；老百姓当时情绪激愤，罢免了我们，这也正常，我们两委也要正确对待。两委干部一致表态：邹堂老伴住院，乡里出了5000元，村里当时拿的5000元也由大队出账。新到的包村干部、常务副乡长唐春表态：对于错铐事件，必须坚决站在老邹这边；河村老百姓积极维护村庄权益，没有出现过激行为，这主要是因为河村干部素质过硬、威信高，工作成绩有目共睹，乡里对此表示肯定和满意；目前村里还存在不稳定因素，两委班子已经恢复，接下来要开始正常工作。最后，全部参会人员一致表态通过：第二天召开全体干部、生产组长、党员、村民代表会议，通报近期情况，正式恢复村里工作。(2005年9月21日村庄会议记录)

第二天，扩大会议举行。由于仍然处于敏感时期，此次会议特别经过乡党委批准召开，乡长、常务副乡长亲自坐镇。村干部们把错铐事件的解决过程和结果一一公布，宣布铐人事件的处理到此结束，村两委即日恢复正常工作。与会人员经表决，一致通过：接受法院院长建议，村里出20万块钱，由县法院从中协调，换回供销社土地。村干部们特别强调，就供销社官司而言，董发打的是经济仗，我们打的是政治仗，供销社土地一定要留在村里。

四 “案子终结”

经历了村主任被铐以及其老伴去世的风波，村民们普遍认为，供销社的事儿可以借此有一个最终的了断了，供销社土地回归村里似乎是十拿九稳的事儿了。

> 邹堂：院长出头，要村里拿20万块钱，他负责解决。这事儿有好几年时间了，应该有个了结了。
>
> 黄庆：邹堂出了事儿，但现在坏事变成了好事，供销社的事可以解决，基本上已经板上钉钉。（以后可以）把供销社的地卖掉，把（村干部）工资打足……
>
> 曾祥伯：20万元已经协商好，大家没有必要再说……不能再变了，供销社的事儿也得到解决了。
>
> 曾文：20万块钱，我们没有吃亏。
>
> 邹堂友：供销社一事算是画了句号……事情完了，要想方设法做好群众的工作。
>
> 李英：董发是经济仗，我们是政治仗，供销社要回来，也就算了结了。
>
> 邹堂：接下来要商议如何落实，如何开发好供销社的地方。（河村两委会2005年9月21日会议记录）

然而，事情并非如此简单，远远未到村干部和村民们所期待的“板上钉钉”“画上句号”的时候。

在包村干部、乡常务副乡长的协调下，河村有偿向邻村支部书记借款20万元，于2005年10月12日交付县法院。12月25日，法院通知说，再交付3万元，才能摆平事情。乡党委书记也出面劝说，称经县委、法院与董发协商，要大队再出3万块钱，多出的钱，以后设法找扶贫办再补给村里；县法院那边正追着董发，力争在2006年1月5日以前办好。村里最后接受了这一意见，12月28日，村里再次向县法院交付3万块钱。但是过了1月5日，事情并没有办妥，县土地局表示在调查核实相关材料，年前答复不了了，只能先把材料取证，过完年再拿意见。村里只好决定先将送到法院的 23 万块钱拿回来还给借主（河村两委会 2005 年 12 月 29 日、2006 年 1 月 3 日、19 日会议记录）

> 结果呢，20 万我们出了，23 万我们也出了，这事儿也没有解决。在 10 月 12 日，我们把 20 万块钱送到法院。钱是我们包村的田乡长向另一个村的支部书记借的。钱打过去之后，法院找董发，董发不干，嫌钱少，要 25 万。经法院做工作，又说到 23 万。我们就又打过去 3 万，12 月份打过去。结果董发又说不行。法院也没法儿，采取不了什么措施，我们就把钱拿回来了，在农历大年三十把钱还给了那个支书。我们先后凑这 23 万，造成了一万八的损失。我们借那 20 万，第一个月的使用费是一万二，超过一个月，按银行贷款计息，当时签订了用款协议。结果是花去了一万二的使用费和六千的利息，共计一万八，高息呀，不过不能没这个钱儿。（谢庆访谈，2006 年 7 月 15 日）

为什么又把钱拿回来了呢？董发再次反悔了。他做出了一个大的举动：撤诉。

法院院长身负县长之命，立了保证，亲自倾力协调此事，为什么竟然没有成功呢？

> 他们汇报当中，说这案子能调解，这是多年的遗留案件，能调解了，剩下就是钱的多少。我说我出面，我法院院长一把手出面，他怎么也得给个面子呀。我就见了董发，他开始说接受调解，说要 25 万。我说取个中间数，23 万吧。当时说到了 23 万。要是这个董发通情达理，这个事儿就解决了。我亲自出面，你还不给个面子?! 他后来反悔了。他要不反悔，这事儿早解决了。……后来他又撤诉（申请）。……（县法院院长访谈，2006 年 11 月 20 日）

法院院长被董发的不识抬举弄得颜面无光，然而，生气之余，却也无可奈何。毕竟，申请停止执行“那是当事人的权利”。

> 案子在执行庭和解，执行和解也只有在当事人同意和解时候才能和解，不同意和解就和解不了。法院考虑，为了稳定，尽量把案子和解了，双方都不产生太大的矛盾。一切以化解矛盾为宗旨，对不对呀。法院给他们协调到23万，当时是8万买的，但是随着市场变化，价格肯定要高，所以当时说到23万。河村把钱交到法院了，董发又反悔了。我们找他，他一直躲着，其实这是翻过来了，应该是他来找我们，我们再找河村，是吧。我们基层执法，非常无奈。我们知道他其实就在县城，就几次拦他，有一天晚上，堵着他了。我说你为什么不找我们，你不同意和解，不让法院执行，也可以，写个申请。他就又写了个申请，撤回了执行申请。这样就没法和解了。我去找院长，院长很生气。我就说：院长，当事人有这个权利呀，他不让执行和解，咱们没有权利强制执行和解。他可以不让法院执行，这是他的权利，咱没法儿。（县法院副院长访谈，2006年11月20日）

民诉法第二百三十五条规定，申请人撤销申请的，人民法院裁定终结执行。执行终结，作为一桩司法案件，也就此终结。

董发为什么要撤回执行申请呢？他之前递交申请，是希望法院能够强制河村村委会迁出房屋、退出分站土地。然而，法院执行难的困境，令他的期望落空；在铐人事件之后，所谓强制执行，更成为不可能。法院唯一可做的，只能是继续执行和解。在这种状况下，申请执行，其实就等同于申请调解。而问题在于，依董发看来，23万块钱的调解价码，实在无法令人满意。在被法院频频劝说和施压的过程中，不甘就范的董发试图与媒体联系，欲借媒体曝光来增加自己的筹码，以期最后逆转，这一举动被县法院劝阻了。河村村民的不依不饶、县法院的无能为力、党委政府的明哲保身与有所偏向，无疑都令董发大失所望和恼火不已。在当初私下与乡供销社主任达成买卖协议的时候，他恐怕不会料到会有后来这些波折和麻烦。深陷其中十年之久，而前景依然黯淡无光，身心俱疲的董发最终决定要退出了。不过，退出不等于认输，十年的梁子似乎不那么容易化解，而且当事人似乎也无心无意去化解了。

一桩民事案子是终结了，然而事情本身并没有结束。

第七章

村庄的边界

一 “假买卖”与真难题

2006年1月6日傍晚，在供销社分站对面开修理铺的河村村民谢皮夫妇突然先后去找村支书谢庆、村主任邹堂和副支书黄庆，声称董发已经将供销社作价28万元转卖给他们，因此要求村委会办公室搬离。谢皮出示了他与董发签署的两份协议。

协议书

甲方：董发（以下简称甲方）

乙方：谢皮（以下简称乙方）

甲乙双方经共同协商，依据《中华人民共和国合同法》及相关法律法规达成如下协议，双方共同遵守。

一、甲方将自己所有位于南县西乡河村村南××公路北侧院一处卖给乙方，包括房屋38间，土地使用权随房屋归乙方使用［以南国用（97）字第03—3918号国有土地使用证范围为准］。

二、甲、乙双方共同协商，上述房屋作价二十八万元，本协议签订生效之日起付清。

三、涉及本协议标的与法院处理相关善后事宜由甲方负责。

四、涉及本协议标的与南县西乡河村村委会善后事宜由乙方负责。

五、因以上三、四条造成本协议不能履行，由于第三条原因甲方向乙方承担违约责任，由于第四条原因，乙方向甲方承担违约责任。

六、本协议签订生效后，甲方房屋归乙方所有，土地归乙方使用。

七、本协议自双方签字之日起生效。

八、本协议一式两份，甲乙双方各持一份。

九、本协议未尽事宜，双方另行签订书面协议。

甲乙双方签名、手印

2006 年 1 月 4 日

补充协议

河村供销社所有权归属谢皮，协议生效之日起，河村供销社所有一切善后处理权由谢皮处理，补充协议一式两份，各持一份，签字生效。

双方签名、手印

2006 年 1 月 5 日

消息传出，村里再次舆论哗然。村民的第一反应是同声谴责这桩不义的买卖。

董发将河村分站卖给谢皮的消息一传出，村民反应很强烈，党员和村民代表纷纷找到村委会，要求重新和董发打这一场官司，绝不能叫谢皮抄村委会的后路，坐收渔利。大多数村民代表要求我们两委什么工作也不要干了，一心一意和董发打这一场官司，一定要夺回原本属于河村集体的土地。如果村里没钱就是卖地、集资也要把官司打到底，不获全胜绝不收兵，还有的村民要自发地进京上访，讨公道。……鉴于目前河村村民的思想状况和对我们两委的要求，我们召开了两委会，一致决议：放下一切工作，集中精力和董发打官司。否则，我们就是想工作，也干不了。（河村党支部、村委会关于供销社一事及两委现状向南县人民政府××县长的情况报告，

2006年1月11日）

村民进而质疑这一买卖的有效性，认为在官司尚未打完的时候，出现这样的买卖，没有道理。

> 这官司打着打着，我不给你打了，我卖给别人了，这个合理呀？……比如说咱们两个正打着官司呢，打了十年的官司了，通过法庭调解，你现在已经答应了，答应了要卖给我，我该出多少钱儿出多少钱儿，你又不应这个了，你转卖给另一个私人了。这个在法律上怎么说？村里任何一个人，都不服气儿呀，都得争这一口气儿呀。（李英访谈，2006年8月12日）

在一般村民眼中，谢皮就是个地痞混混儿，“不是个正经人儿”。在先前村里同仇敌忾阻止董发的时候，他就冒天下之大不韪，吃里爬外，一直与董发勾勾搭搭。前任村主任家里被砸，恐怕就与他有关，估计是他给董发雇来的一帮打手指引了村主任家的门儿。加之他除了一个“谁都会编”的买卖协议，没有拿出任何其他证据，所以村干部和村民普遍怀疑，他与董发的协议只是一个“假买卖”，他不过是董发的一颗棋子，“是董发的一只狗”，只不过想从中渔利而已。

> 谢皮就是黑社会中一个小混混、小痞子，始终与董发勾结着。原先我们的村主任家里被砸，估计就是他领人去的。外边的人不知道村主任住在哪里，绝对有本地人（参与）。农村工作不好干，原因就在这儿。后来他说是董发卖给他了，28万，我估计他没有真买，就是他们俩玩儿的圈套。董发是外边的人，管不了，就让谢皮代管。供销社门店就是他占着，租给别人了，一年有几千块钱。（邹堂访谈，2006年7月16日）

> 那个院里不是有条大狗吗，那是那个小子谢皮的，那小子现在成了董发的代理人了。打去年年前，他说那片地方他买了。……我说，你拿出土地证来，上边写的你，拿出房产证来，上边写的你，

那我们村委会马上搬出去。国有土地使用证，他办不了，因为我们通过政法委郑书记，给土地局做工作，土地局表示，在这个案子结束之前，我们不给他过户。他们其实是在演戏，说是28万买了，其实没交钱，里边有猫腻。其实是董发让他出面，把这个地方要过来之后，地方归董发，董发给他一点儿钱。可能是这么一回事儿……他横插一杠子，也就跟大多数老百姓作对了。他就是想得些好处，但是什么好处你都要啊？丧失人格呀。（谢庆访谈，2006年7月15日）

现在的情况就比较复杂了。董发把它卖了，说是卖给谢皮了，这就有点离谱了，这里边肯定有鬼。他们的合同不一定属实，很可能是谢皮没有买，只不过是替董发出面，让村里以为是他买了。他想着他也是河村的，他要了没人敢说。但河村村民一直不买他的账，都认为他是假买，他俩定好的，村民只认可由村委会出面买。（曾才国访谈，2006年7月21日）

自然，无论村干部还是村民，都仅仅是猜测，尽管都是以一种非常肯定的口吻提到这种猜测。这种猜测的说法遭到谢皮本人的矢口否认。他讲述了与董发打交道的经过。

因为这点地界，我跟你说，他董发买了之后吧，他往这儿拉了一车化肥，没卖，大队不让他占，也不让他卸车。那一阵儿我跟他也不熟，不认识他。我不是就住在这片地界的对面嘛，他就找到我，说，兄弟，你给我盯着点。他让我媳妇在那边上班，一个月300块钱的工资，让我管理，把这点儿化肥在这儿卸了卖了。就那么着，我们才认识的。他把化肥放在供销社西边那一间了，卖了一年。之后吧，他可能经济上有点紧张，他在县城里面又盖了三层楼，花了一二百万，第二年也就没弄。没弄吧，这分站房子，因为年头多了，七几年盖的房，已经20多年了，该维修不维修，有的地方就漏了。他就说，你先把这房子管理着，坏了该修就修，别让它塌了。我就给看管着西边这点儿房。一开始他让我看着这个院，说以后给我点钱儿，其实我看了这十年吧，他也没给我钱。就卖化肥那一年给了我媳妇点儿工资，下来就没再给钱。咱们往低里说，你一年得给我四五千块钱吧，你十年得给我四五万块钱吧，我白给你在这儿管理着、看着啊？他没有给。我就说，你卖给我得了。（谢皮访谈，2007年4月21日）

谢皮说，董发的确曾经跟他商量着做个假买卖，就如村民所怀疑的那样，但是被他拒绝了。

我早就跟他说，让他卖给我，早在李英当支书的时候，我就跟他说过。他那阵儿不愿放弃，因为他搞生产资料这一块，想自己卖化肥。……其实那一阵吧，董发有这样一个想法，他想怎么着呢，先把地方转给我，下来以后再转回去给他。这不是让我给他当个替罪羊吗？我没干。那是在李冬干支书的时候。我当时跟他说，让我买了可以，但我不给你干这个，要不然我就得在河村落骂名。到现在村里还有人这么怀疑，说我在这里头给董发帮着搅浑水，我疯了？我要弄这个事儿，那时候就弄了，还会等到这会儿？……我一直跟他说，让他转卖给我，他还不愿意卖，最后这实在是不好弄了，没法儿了，才转给我了。（谢皮访谈，2007年4月21日）

当初一直不情愿放手的董发，几经波折之后，终于彻底放弃了希望，转手出让给一再要求购买的谢皮。

（村主任被铐之后）那一阵儿，法院协调这个事，给大队说，你们赶紧拿点钱，再找找董发。可是董发不卖。最后吧，我就问董发，我说你这地界到底是卖不卖呀。他也没个招儿了，他说，你要啊？那么着，你要的话，我们定个期限，从（2005年）12月21日开始，给你一个礼拜的时间，你把钱给我凑齐了，咱们签个协议，我把地界给你。我当即就应下来了。我给他钱，是在阳历年（2005年12月）28日，正儿八经签协议是在2006年1月4日，先给的钱，后签的协议，这个我记得死死的。（谢皮访谈，2007年4月21日）

谢皮特别提到，在购买之前和之后，他特意走访了村里有些声望的党员和村民代表（罗列了一些名字），询问他们的态度和看法，结果有的表示没有看法，有的则表示支持，其中支书谢庆的表态是：个人没有意见，愿意买就买；在做出购买的决定后，他媳妇儿整整一周都睡不着觉，因为自家钱不够，就从在天津上班的妻妹那儿借了 6 万块钱；在签协议的时候，为避免出岔子，他与董发曾找到公证处去，但是后者以可能有麻烦（供销社事儿很敏感）为由拒绝提供公证，二人就另找了一个律师代写了协议书；2006 年 12 月 8 日，谢皮向县财政局交了 3200 块钱的契税，持此单据于 12 月 13 日到县房产管理局领取了房屋所有权证；到土地局办国有土地使用权证过户，土地局表示，办过户没问题，不过得先通过四邻签字，通过大队盖章，现在大队就是通过这个来卡，所以这作为最后一关的土地证过户还没有办下来。

访谈刚开始的时候，谢皮宣称自己是花了 28 万元买下的——这正是协议中的数目。笔者提议看看交付款项的凭证——既然是真的从董发手里买下了，自然会有款项过户的单据。在笔者的一再坚持下，谢皮最后从里屋取出了一张董发手写的收款条原件，出乎意料的是，收款条中的实际交易款额是 22.5 万元，而非协议书中标注的 28 万元。

> 今收到：谢皮购买分站土地和房屋的价款计 22.5 万块钱，大写贰拾贰万伍仟圆整。董发
>
> 签名、手印
>
> 2006 年 1 月 4 日

谢皮表示，当时交给董发的是现金，董发手写的收条是唯一的款项转让单据。谢皮同时还出示了契税单据和房屋所有权证原件。访谈中，他反复交代不要将实际款额数目泄露出去。他说："你看看就看看，你看看可以，你别给我露了出去。我没让其他任何人看过。"（谢皮访谈，2007 年 4 月 21 日）他辩称，之所以实际交易款额与他对外宣称的不同，是因为董发一直没有支付给他之前管理分站的费用，因而在实际转让中少收了些钱。

笔者注意到，实际交易价格与县法院最后的调解价格相差无几，只

少了 5000 块钱。对于这一价格，谢皮替董发算了一笔账：

> 他 8 万买的吧，这个你可以推理，你是县联社的领导吧，不吃顿饭能行吗？不给买条烟吗？不花点钱吗？这样一来，也就算是 10 万块钱买下来的。买下来后，跟大队打官司，不得花钱吗？打了十年的官司，今儿个上北京，明儿个上东市，你不得用路费啊，这十年得去十趟二十趟不止吧，找谁办事不得请个客送点礼吧，要不有人搭理你吗？这么算下来，我估计，他总共得花费 20 多万。按他说的，卖给我，他一分钱都不挣。我给他算着，也真挣不了什么。（谢皮访谈，2007 年 4 月 21 日）

董发顶着巨大的压力，拒绝依照县法院的调解价格卖给河村村委会，反倒以稍低的价格转给了作为河村村民之一的谢皮，为什么呢？

> 因为我们俩吧，认识十来年了，多少也有一点私人关系。为什么他没有给大队呢？说白了，按我们俩的说法，大队已经欺负他十年了，这地方吧，多少钱他也不会卖给大队。当时就是出于这么一种目的，一种想法。（谢皮访谈，2007 年 4 月 21 日）

村民们隐隐地担忧，董发耍了一个难以对付的阴谋。阴谋的说法虽不确切，但村民们至少在一点上是对的，那就是董发的退出并不等于其心甘情愿地屈服认输。前文已经提到，长时间的官司缠身，积压了太多的委屈和不满，董发在退出之际，难免要设法出一口恶气。倒手给谢皮，正是出于以下几种考虑：其一，拒绝法院主持的和解，而以基本持平的价格转卖他人，一方面适时表示了对政府与法院、对河村村民的不满，另一方面也在一定程度上保证了自己不至于吃亏；其二，谢皮一直受己委托照管那片地方，并屡次提出购买要求，这次正好顺水推舟送他一个人情；其三，也是最重要的，河村一直以村庄成员权说法将己拒之门外，而谢皮绝非善茬儿，作为一个村庄边缘人，一般人都不愿意招惹，此次正好可利用他去报复和瓦解村民。你们不是争这块地吗？不是要求村庄成员权吗？我就满足你们这个成员权要求，我就是要借助于这个所谓的成员权，令你们感到难堪和难受！

谢皮所述，当属实不虚。也就是说，两人的买卖是真的。但是，这个“真”要打一个折扣，因为协议价格与实际价格不符。很明显，谢皮打了个小算盘：如果自己能够买下，那样自然最理想——据他的估计，4亩土地，每亩现值可达10万块钱，往少里说也有七八万；如果买不下来，村里不同意，那就至少得以两人协议上的28万元价格支付给他，可以从中赚取几万块钱的差价。

谢皮的算盘固然打得精到，却也在一个方面有所不及。当村民们普遍怀疑他们的买卖为假戏的时候，谢皮却因收款条与协议书上价格有异而无法出示收款条，以证明二人的买卖为真。谢皮对此的回应是：

> 我让他们看这个？老百姓他看得着吗？我凭什么让他们看呢？……老百姓吧，现在，事不关己，高高挂起，你就打听去吧。(谢皮访谈，2007年4月21日)

谢皮并列举村里乡电管所和乡信用社的两起土地买卖，以证明自己的买卖合情合理。电管所土地笔者在第三章中已经提到；信用社土地位于供销社斜对面，在信用社退出后，于2005年5月份通过公开拍卖卖给了村民邹雨，价格为16.3万元。

> 唯独供销社地皮卖给了村外人董发，村里就不同意了，这不是歧视吗？就算不能外卖，现在我买了，总没有问题吧？现在的村干部，黄鼠狼生耗子——一窝不如一窝！（谢皮访谈，2006年7月15日）

村干部对这一说法给予驳斥，指出另两起买卖跟供销社不一样，因为一开始就卖给村里人了。

> 他不对！我们为这个案子弄了好几年了，你这不是抄河村人的后路吗？人品都不合适！电管站、信用社那两片地，它没有中间环节。如果刚开始的时候，董发买的时候是你买了（供销社），我们没

意见，不干预。现在经过多少年了，又伤力气又费钱的，半道上你来插一杠子，我们不认可。（谢庆访谈，2006年7月15日）

由此也可以看出，即便二人的买卖是真的，河村的老百姓也不会答应。为了这件事情，村里付出了太多的精力、时间、金钱和情感，打了近20年官司，花了大量钱财，一位村主任家里被砸，另一位村主任受辱被铐，其老伴为此而丧命。你谢皮现在来乱搅和，添乱子，不可容忍。事实上，先前为了防止这种被“内贼”“抄后路”的情况出现，村委会曾反复通过村广播向村民说明情况，声称供销社只能由村委会出面购买。（2006年1月19日两委干部会议记录，另见谢庆访谈，2006年7月15日）

然而，怀疑也好，不答应也好，却都无法阻止谢皮之后的一系列举动。

早在替董发看管的时候，谢皮就扒除了分站西南边围墙，借以进出并趁机占据一间西屋。之后渐渐占据了整排西屋，并在大院里拴了一条大狼狗。

2006年2月6日（农历正月初九），谢皮干脆将村两委办公室的大门用砖块水泥封死，2月14日村干部找他询问，他当场承认是他封的门，并扬言不将供销社地方给他，谁也不能打开大门。15日村里将情况汇报给乡里，乡党委书记当即联系派出所，前往现场调查取证，并将情况向县里汇报。19日，包村的田乡长找到他，要求他本人将门打开，遭到拒绝；当日村支书让治保主任带了两个保卫去扒门，又遭到他阻拦叫骂。时值当地乡村两委换届启动的敏感时刻，此事在县乡造成了恶劣影响，引发县乡动怒，准备对其施以拘留。他一看情势不对，这才服软。村委会大门终于重新打开。

7月中旬，谢皮连续锯断村老年人活动中心的三把门锁。

8月初，将村委会办公室及老年人活动中心房屋屋顶掀翻。

9月份，在老年人活动中心门前堆上两堆沙子，阻止老年人进出。

当年年底，私接村委会办公室的电至西屋，装上空调，导致村委会两个月耗费近2000块钱的电，村委会拒绝支付电费，电管所遂断掉了办公室的电。村里将事情反映到乡里，如同此前封门事件一般，在乡党委政府和派出所联合施压下，谢皮才低头服软，表示自己愿意出一部分钱作为两个月的电费。

此外，每逢两委开会，天天紧盯着那里的谢皮都要滋扰会场，寻衅吵闹，要求办公室要么立马搬离，要么交付租金。谢皮扬言，自己是贷款买下的，村里要不解决好这事儿，就别想再开会；大不了自己豁出一条命，他支书一家有好几条命呢。自 2006 年年底办公室的电被掐断后，村里的喇叭就断了音，村两委也不再办公室办公，此后每次开会，都成了打游击战。①

在不断蚕食分站房屋土地以造成事实上的占有的同时，谢皮还试图通过抓村干部的“短处”以迫使其就范。在一封写于 2006 年 2 月 20 日名为“关于河村主要干部大搞腐败的举报材料”的上访信中，谢皮一口气罗列出当时支书谢庆、村主任邹堂的七大罪状：2005 年以白条入账的吃喝费达 12 万元，租车费用 3 万元以上，连手机费都巧立名目入账；村里卖树包地的 140 万元进账不到一年时间就被糟蹋净光；营私舞弊，村里修路一直修到自家院内；煽动村民聚众闹事，以无耻无赖手段收取县政府抚慰金 10 万元；镇压对分地有异议的村民，又自拉自吃，拿公款堵嘴弥补已过；非法多占宅基地并转手高价卖出；在供销社事儿中包藏祸心，从邻村支书那儿借钱 20 万元交付法院，实为欲寻机将供销社占为已有。总之，“破坏和谐社会，干群关系不和，为达到自己的私欲，挖空心思，不择手段，净干一些损公肥私、坑国害民的事情”。谢皮不仅递交上访信，他还专门找到作为河村包村干部的常务副乡长那里，就另外一事状告邹堂。只是，这一举动并未得到后者的理会。

> 就因为这个我找过唐春，他就说，你写个书面材料。他让我写书面材料，我写书面材料管什么用呢？我刚回来，邹堂就知道了，唐春就都告诉他了，说我告他。那一天在大队，邹堂说，你不是要告我吗？我就说，我告你不稀奇，我就该告你，我反映点事怎么了？不做亏心事，不怕鬼叫门。他乡里有这么做事的吗？我刚跟唐春说了，唐春就打电话告诉了邹堂。（谢皮访谈，2007 年 4 月 21 日）

① 直到三年之后，村里趁着村小学校扩建的机会，扒掉小学校正门围墙，建了一栋二层楼，村两委才算重新有了个固定的办公地点。

无疑，买下供销社及其之后的一系列举动，令谢皮成为村里舆论的众矢之的。然而，背后的指指点点、议论纷纷并不能解决什么问题，尤其是在当事人自身对此不以为然的时候。原先外来人董发来村里的时候，村民们可以迅速会聚起来，毫不含糊地指责他，毫不客气地赶他出去。而如今面对一个处于村庄边缘的痞子，正如董发所预想和期待的那样，村民们无能以对，毫无办法了。

何以会如此呢？

二　村庄共同体的坚固与脆弱

费孝通的研究表明，村庄构成了中国农民生活的基本功能单位，同一村庄的人们构成了一个物质的和非物质的共同体（费孝通，1999a）。施坚雅最初反对这种“村庄共同体”说，认为构成中国乡村社会基本单位的，不是村庄，而是由数个村庄组成的“基层市场共同体”（施坚雅，1965/1998）。不过在后续的研究中，他对自己的观点做出了修正（Skinner，1971）。黄宗智同样强调了村庄共同体在农民生活中的重要性，但他同时指出，20 世纪 30—40 年代中国华北平原的村庄，如同生活于其中的村民一样，同时具有形式主义、实体主义和传统马克思主义各自分析中所突出的三种特征，既是一个闭塞的、或许也是紧密的共同体，也是由分别为市场生产的各个农户组成的街坊，又是一个存在着租佃与雇佣关系的分化的社会（黄宗智，1986）。黄宗智的判断提醒我们，在面对今天的村庄的时候，应当给予综合的考察。

有共同体就有其边界，边界的存在显示了共同体的存在。“边界”是一个形象的说法，边界以内的是“我们”，是“我们”所认同的村庄共同体。边界以外，是他者。就村庄共同体而言，其边界既可以是有形的、物理的，也可以是无形的、文化的和象征的。

以《东方学》一书成名、被西方学界视作后现代主义代表人物之一的萨义德指出：“东方并非一种自然的存在。它不仅仅存在于自然之中，正如西方也并不仅仅存在于自然之中一样。”“如果我们同意历史上的任何事物，像历史本身一样，都是人所创造的，那么我们就会明白，对许多物体、地点或时代而言，人们赋予它的角色和意义为什么只有在其被赋予之后才可能获得客观有效性。”（萨义德，1999：6，67）另一位同样对后现代主义产生了重要影响的学者本尼迪克特·安德森也指出：“事实上，所有比成员之间有着面对面接触的原始村落更大（或许连这种村落也包括在内）的一切共同体都是想象的，区别不同的共同体的基础，并非他们的虚假/真实性，而是他们被想象的方式。”（安德森，2003：6）在经历了旷日持久的官司和种种的是是非非之后，在河村村民心目中，“供销社”三个字不再是通常意义上那种中性的泛指，而是几经转化，具有了特定而特殊的含义，变成特指村中曾被用作供销社分站的那片地方，再到供销社“事儿”或者供销社官司，再到一种抽象的象征物，象征着村民曾经的共同经历和共同感受，象征着村庄的边界，象征着村庄共同体曾经的坚固和当下的脆弱。也就是说，在村民意识里，村庄的边界经历了一个主观建构的过程。

可以想见，供销社地方的最初被征用，并没有在河村村民的意识中留下什么印痕。除了少数几个参与的村干部，一般村民不见得了解也不见得关心这件事。而即使那些留意的，也不会产生“我们”的东西被“他们”拿走的想法，毕竟，在村民心目中，国家其实也是“我们”的一部分（反之更是如此），与横向的“他们”有别。事实上，在那样特殊的年代，即便村民们知道而且不能认同，东西一旦被拿走就不会再还回来，他们恐怕也只有默默接受的份儿。

西乡供销社私自将土地卖出和外来人董发来此占用，在村干部的说明和解释下，部分村民初次行动起来。这是一种朴素的自发的反应：阻止别人来拿自己的东西。

从吃上官司开始，村民们被真正动员起来。在村民们看来，打官司是件非常严重的事情，只有仇人才打官司。更何况，是对方挑衅打起的官司。当地有个很形象的说法——“坐法院”，指的是坐牢，可见法院是跟牢狱之灾连在一起的。

> 成了仇人了。你想啊，都已经闹到法院了，这个事儿。农村儿谁打官司呀？除非仇人才打官司。（吴琪妻访谈，2006年11月23日）

村主任家里被砸，进一步增添了村民的义愤。

为了应付天长日久的官司，村里一次次地开会讨论，一次次地在高音喇叭上向村民通知和说明情况，一次次地外出奔走于各个相关部门。村民本来对于司法审判抱有期望，然而从胜诉到败诉的变故，令他们既迷惑不解又大失所望。对司法体系的隔膜和不信任，对判决结果的失望和抵触，使得村民对国家法律产生一种拒斥和蔑视之感。

按情理说，这片地方应该归河村。（按法律说呢?）我的看法，国家法律是属皮筋的，有伸缩性。它可以大，可以小，可以左，可以右。按哪儿说都应该归河村。要是真正按正常程序走，就应该归河村。（邹堂宾访谈，2006 年 7 月 18 日）

中央不是有个专门管法律的委员会吗，制定个法律啥的，那个管什么用呀？那法律管事儿吗？你制定制定，弄个小册子发下去了，顶什么用啊？也就是国家买点儿纸，花点儿印刷费，就发下去了，不能说没有作用，作用不大，哼哼。（邹增元访谈，2006 年 7 月 17 日）

终判之后，村干部与村民同心协力，通过包括成立老年人活动中心在内的一系列应对措施和行为，成功地抵制和阻止了法院的强制执行。在这个时候，村民协作的力量开始显露出来。

村主任被铐及其老伴的犯病去世，使得本来强加克制的村民情绪彻底爆发，村民们迅速涌入县城，闯入各个机构和部门，平时根本不把村民放在眼里的那些“官家老爷们”此时谦恭而温顺，好话说尽，似乎与他们对调了身份。事情由此演变到了高潮，村庄共同体蕴含的巨大力量磅礴而出。

在一步一步地经历了诸多事情之后，情势不断升级，本来微不足道的一片地方逐渐演变成为村庄层面的一件大事，乃至成为在县乡挂号的大事。

在这个时候，供销社那片地方，不再仅仅是一块土地，而成了村庄共同体的实体化象征，成为共同体边界上牢固的一环，反复强化着村民“这是我们的”的信念和意识；简言之，成了一座碑。村民们所争的，不再仅仅是经济利益，更是村庄共同体的价值和尊严，共同体边界的维持，共同体身份的认同，每一个人都是这个共同体的成员，这是每个人的根基所系；简言之，争的是一口气。“树活一张皮，人争一口气。”

正如德国法学大家耶林所言：“如果说，国民对一平方英里的土地不问其价值如何必须保卫的话，而农民岂能不为一片土地而斗争呢？对于我们下面这句话，只有农民应该容忍吗？……正像国民不是为一平方英里的土地，而是为其名誉和独立而斗争一样，原告为保卫其权利免遭卑劣的蔑视而进行诉讼的目的，并不在于微不足取的标的物，而是为了主张人格本身及其法感情这一理想目的，与这一目的相比，诉讼带来的一切牺牲和劳神对权利人而言，通通无足挂齿——目的补偿了手段。被害人为提起诉讼而奔走呼号，不是为金钱利益，而是为蒙受不法侵害而产生的伦理痛苦。对他而言，所要求的并非单单是返还标的物……为的是主张自己正当的权利。心灵之声告诫他自己，绝不后退，重要的不是区区标的，而是他的人格，他的名誉，他的法感情，他作为人的自尊——即诉讼对他而言，从单纯的利益问题变化为主张人格抑或放弃人格这一问题。”（耶林，1994）

在这个时候，村庄成为真正的共同体，具有很强的凝聚力和归属感，具有自己的灵核，具有迪尔凯姆所谓的集体意识，具有强大的生命力。正是具有了这种生命力，一如生活于其中的农民，在整个中国历史上，一座座村庄，宛如一条条溪流，伴随时间长河，流淌至今。

然而，正如黄宗智所提醒的，村庄共同体并非铁板一块儿，其边界不是严丝合缝的，村庄内部是分层级的，是互动中的村民，村民还是很散的，相互之间充满了各种各样的恩怨和矛盾。也就是说，村庄共同体具有两面性，除了其很坚固的一面，还有其很脆弱的一面。

在谢皮自董发手中购得供销社土地之后，村庄共同体的脆弱一面就暴露无遗了。

土地是河村的，只能由河村人占有使用，不允许被外人拿着，所谓村庄成员权，这是村民们的基本坚持和根本道理，也是村庄的主要武器，村庄能够一步步动员起来，成为一个强有力的共同体，一致对外，正源于此。当土地转卖给村内人之后，即便买卖掺了假，即便卖给的是为村民所不齿的村庄小混混儿，村民们的上述坚持和道理也就失去了目标，成了无的放矢。（尽管村干部曾经在高音喇叭上警告村民称只能由村委会出面购买，但是这只是基于村民在此事上的道德义愤，也就是说，在经历了一系列变故之后，土地只有归村集体共同所有，才是村民的共同期盼和可以接受的结果；而从道理上讲，土地是可以给村里任何个人或者一群人的。在实际情形中，村干部们从来也不敢和不曾断然否认其他单个村民的购买权利。邹堂和谢庆都表态：村里态度没有变，只要是村里的人买下，村委会没意见，只要他能办得下各种合法手续。当然，他们自然很清楚，没有村委会出面，单个人是无法办下各种合法手续的。）外敌消失或至少隐去之后，同仇敌忾的激情和荣誉感逐渐消退，村庄内部的矛盾、纷争和复杂面向开始显现。事实上，表面上前后一致、一以贯之的供销社事儿，在村民们眼中，其实并非是独立自洽的，而与其他各种因素相互纠葛，夹杂一处。①

首先是乡村中的情面和私人关系。河村基本上还是一个熟人社会，讲究人情和脸面。村干部都是村民中的一分子，都不大愿意在短暂的任期中为了一桩公共事务而与村民结下恩怨。谢皮在购买前后去走访村里干部和部分党员、村民代表，并没有听到多少反对声音，原因之一即在于此。

> 农村问题，忒复杂。做工作，还得婉转才行。我今天是支部书记，明天不干了，就可能只是个普通村民。反正是，你今天当，明天不当，当还是不当，你都离不了这个村儿。而且，死了也得埋在这块儿土地上。这是最现实的一个问题。这跟国家干部不一样，国家干部左点儿右点儿都行。咱们不行，你得考虑人情。（谢庆访谈，2006 年 7 月 15 日）

> 供销社事情迟迟没能解决，跟村里干部有关系。老百姓也有这种担心。李中、曾祥伯这些人，跟谢皮像一个人儿似的，关系很铁。加上邹堂个人儿没吃亏，大家都很怕供销社这个事儿不了了之。再加上现在谢皮已经搬进去住了两间了，而且还有一间当库房，相当于占了三间。大队占不着地儿了，自然而然地会搬出去，老百姓也

① 从一个方面讲，在村民们看来，河村有几件有待解决的大事儿：村庄果园被攫取变成私人企业，河套地因被人挖沙取利而大量毁弃，等等。供销社事儿只是其中之一。若论给村里造成的损失，供销社事儿远远不及前两件事。

有这种担心。（唐春访谈，2006 年 11 月 19 日）

以谢皮封门事件的解决为例。谢皮于 2006 年农历正月初九（2 月 6 日）将村两委办公室大门封死之后，村、乡两级干部屡次要求他把门打开，均遭拒绝。2 月 20 日下午，村两委干部在本村一个私人办的饲料厂开会，商议应对办法。在讨论中，参会的乡党委书记和包村的常务副乡长的态度与村干部们的态度形成了有趣的差异。田乡长指出，谢皮与董发的买卖没有取得合法手续，从法律上不成立，在这种情况下封门，触犯了法律，依县乡意见，应予以拘留。乡党委书记特别指出：办公室封门事件是在第七届村委换届启动之后出现的，这是谢皮打向干部的一个耳光，这件事在县乡造成了很不好的影响。要找出妥当的处理办法，给群众和上级一个圆满的答复。可以再给他一个台阶，做到仁至义尽，但是干部们不能怕得罪人，怕处有鬼，事情处理不到位，群众就会有意见，得罪少数人还是大多数人，决定了干部的威信。该打击就得打击，正气树不起来邪气压下不去。但是，尽管乡里领导表态要对肇事者予以惩处，村干部们却纷纷表示要尽量将问题化解在村里：

曾文：我的意见，现在他不是成心不让拆，再找他一下，暂时不必往上报。

邹堂：谢皮缺乏法律意识，为保持稳定，给他一点时间，让他从思想上认识错误，利用一个场合承认错误，然后开门。要求干部统一思想，给他做做工作，避免往上走。

邹堂友：如果他认识上去，打开门，就不必往上走。尽量不往上走，尽量在村里化解。

李中（与谢皮是亲家）：我不表态。不让矛盾激化。

盛启洪：再找找他，不把矛盾上交，在本村处理。

邹棣堂：能在本村解决更好。

曾祥伯：农村干部不好干，尽量在村里解决，叫他来，把利害关系说清楚了，看他什么态度，如果拆了，就算了。如果再不打开，就走法律。

黄庆：谢皮封门是错误的，赵乡长说县里的意见是拘留。谢皮是法盲，尽量做做工作，不走拘留的程序，拘留的效果不好。

谢庆：不赞成拘人，会激化矛盾，给以后工作带来不利。先找找与他关系不错的人做做工作，他自己必须当着大家的面承认错误。

谢玲：没手续封门不对。在村里解决矛盾。（2006 年 2 月 20 日村庄会议记录）

事件的处理，最终还是依从了村里干部的意见，在迫使谢皮服软之后，村干部动手将大门打开，封门事件就此结束。

其次是村庄权力格局及其变迁。（见表 7—1）

表 7—1　　新中国成立以来河村主要干部名录

村支书	任职时间	村主任	任职时间
邹堂录	1949—1952	邹怀元	1948—1950
李堂顺	1952—1953	吴清洛	1950—1952
邹明瑞	1953—1956	丁民济	1953—1955
杨林福	1956—1956	吴勋	1956—1957
邹堂礼	1957—1958		
吴勋	1958—1970	邹明克	1958—1970
曾东振	1970—1977	邹庆元	1971—1980
谢贵自	1977—1978		
邹明克	1978—1980		
盛章友	1981—1989	吴中	1981—1989
邹堂	1989—1992	盛章友	1990—1992
吴中	1992—1996	黄庆	1992—1996
谢林树	1996—1997	盛章友	1997—1999
李东	1997—1999		
李英	2000—2000	谢林树	2000—2003
黄庆	2001—2002		
邹堂	2003—2004		
谢亭	2004—2006	邹堂	2003—2006
邹堂	2006—2011	李中	2006—2011
黄庆	2012—2013	李毅	2012—2013

表 7—2 **河村政治精英代际继替**

代际	时期	代表人物	特征	备注
第一代	1956—1970	吴勋、邹明克	所谓保皇派，发展社队企业，引入电力和机械，奠定村庄发展基础	成为县里先进典型
第二代	1971—1977	曾东振、邹庆元	所谓造反派，大力植树造林	维持村庄优势
第三代	1978—1999	盛章友、吴忠	保皇派继承人，结束派系争斗，发展乡镇企业	维持村庄优势
第四代	1990—2011	邹堂、黄庆	集体经济创办人出身，转而进入村庄权力核心	派系再起、风云变幻
第五代？	2011 年至今	李毅、谢顺	外出打工成功者，进入村庄管理层	村庄再造？

注：20 世纪 90 年代为第三代与第四代政治精英并存期。

河村人多事多，势力林立，形成了复杂多变的权力格局。尤其是从“文革”中产生、20 世纪 90 年代重现并延续至今的村内派系斗争，极大地影响了整个村庄的面貌。

在新中国成立后的河村发展历程中，吴勋是一个关键性的奠基性人物。自新中国成立之初，吴勋即参与村领导班子，1956 年开始当村主任，1958 年开始当村支书。在他的主持下，村里早在 1959 年即用上电，是全县最先用电的村子，并先后建起多家集体企业，整个村庄呈现出欣欣向荣的气象，成为南县有名的先进典型。“文革”开始后，一如全国其他地方，当地自县到村形成了两个派系，“工筹”（又称“工农学”）与“工总”（又称“红色”），大搞武斗，其中“工筹”为保皇派，“工总”为造反派。在河村，这一两派格局出现于 1967 年，不过，“工农学”势力雄厚，根深叶茂，村里支持吴勋主持村政的村民始终占压倒性多数，而“红色”一直处于劣势。1970 年，县里的“工总”势力夺取了权力，使得形势出现逆转，再加上外来的支左部队的支持，经过一番争斗，村里的“红色”势力终于咸鱼翻身，占据上风，吴勋作为走资派于 1970 年被打倒并遭受批斗，“红色”一派的头目邹东成为革委会主任。就是在邹东任职期间，河村与西乡供销社签订协议，提供地方给后者，建起了供销社分站。1977 年，吴勋获得平反，“工农学”一派重新得势，作为“文革”产物的邹东黯然下台。

基于父亲在村中的巨大声望和自己的五年参军经历，吴勋的大儿子吴忠于1977年就任副支书兼民兵连长，至1981年转任村主任，一直到1989年。由于吴忠任内风头过盛，引起同一时期任支部书记的盛章的不快，在乡里的协调下，二人各退一步，盛章任村主任，吴忠任副支书，支书改由邹堂担任。邹堂的父亲曾与吴勋搭档，任村大队长，可惜英年早逝，因而邹堂也曾属“工农学”一派人。与前边的人物不同，邹堂走的是由企入政的路子。20世纪80年代是村里集体企业发展的黄金时期，在经历了几年公社时期生产队队长的历练之后，邹堂于1982年为村里创建了造纸厂，在1989年改任支部书记之前一直当造纸厂厂长。完成支部书记一个任期之后，邹堂重返企业，担任由县建设局征用河村土地建起的一个厂子的厂长，直到2001年。1992年，村里改换班子，吴忠终于盖过盛章，如愿以偿当上一把手，后者则屈居副支书位置，村主任（兼副支书）一职由新冒出的能人黄庆担任。黄庆的经历与邹堂相似，从村集体企业起家，先在磨光厂做会计，之后从1977年任厂长，一直到1996年，并于1993年兼任造纸厂厂长。值得一提的是，吴忠、邹堂与黄庆三人，与村中其他同龄五人一起，自小一起玩儿到大，因此结成了拜把兄弟，号称“八大金刚”，至今仍保留着每年轮换到某家吃酒的联谊习惯。在邹堂和吴忠的前后支书任上，村企业经历了衰败前的最后繁荣，在这一期间，村庄建设整体规划，街道路面得到硬化，崭新的村小学大楼拔地而起，商机无限的商业一条街也得以建成。大规模的建设中自然免不得顺拿捎带的小动作，一位私心甚重但敏于辞巧的特殊人物开始借机发力。这个人物就是谢庆，村里负责供销社官司的主要人物。与吴忠一样，谢庆行伍出身，在“文革”派系斗争中同属“工农学”一拨人，之后一同参加村里班子。然而，长期同一战壕的亲密战友一朝反目。1987年，已有两个女儿的谢庆时任副主任，其媳妇再次怀孕，其时正逢计划生育政策的风口浪尖，拒绝媳妇堕胎的谢庆被乡里撤销副主任职务，谢庆找到时任村主任的吴忠，请求其出面向乡里求情，被后者以无能为力为由拒绝，因而心生芥蒂。此次有机会抓住吴忠做支书期间留下的小辫子，谢庆开始联络村里反对吴忠的部分人，状告吴忠贪污和挪用公款，几经攻防，终于将其扳倒，后者被迫于1996年辞去支书职务，1997年被县法院以挪用公款罪获刑三年（不过，在他公检法系统工作的战友的袒护下，最终免掉了牢狱之灾，并保留了党籍）。村民们普遍认为，谢庆的上访和上告，是自村里继“文革”之后再次陷入派系斗争和混乱的开始，“上访专业户”的名声也因此戴到他的头上。也正是这一经历，激发了谢庆对国家相关法律法规的兴趣，他由此逐渐成为乡村中少有的“法律通”，为日后参与供销社的案子打下了基础。吴忠之后，村里干部更换频繁，成了走马灯。首先继任支书的是李冬，盛章再次出任村主任，黄庆继续保留副支书位置。两年之后，因在村里另外一件大事①上的处置引发少数人不满，李冬被人一砖头拍掉了两颗门牙，李、盛二人狼狈下台。就是在二人任上，发生了供销社土地被西乡供销社私下卖给董发、董发因占用受阻而状告河村村委会的事情，村里由此扯入天长日久的官司之中。之后，时隔多年终于重返村支部的谢庆与另一名支部成员谢林争夺支书位子，久久相持不下，为平衡起见，乡党委任命一位妇女李英当支书，而由谢林和谢庆分任村主任和副支书。任职期间，李英前往东市参加中院对供销社案子的庭审，其间曾与董发达成口头协议，由村里以 10 万块钱价格买下供销社，却终因董发反悔而未成。李英难担支书大任，不到一年，就由黄庆接替，其他位置保持不动。其时，经历了 90 年代中期的私有化浪潮，村集体企业被瓜分殆尽，村中派系纷争激烈，旧有的问题积重难返，果园事情成为死结，供销社官司村里初尝败果，二轮土地承包困难重重难以推动……黄庆勉力支撑一年，终于撂下摊子不管，村子遂于 2002 年年初开始了为期一年多的无政府状态。供销社案子亦一并被丢下。2002 年年底，在经过多层次多途径的民意调查之后，乡里开始反复动员口碑颇佳的邹堂再次出山，却被后者以自己身体不好和老伴患病瘫

① 即北果园事件。河村有南北两个果园，北果园占地 100 多亩，南果园有 200 亩，均系“文革”时期为增加集体收入而建成。80 年代，果园分别承包给村中个人，其中南果园承包期至 2000 年截止。但是在尚未到期的 1999 年，时任主要干部的李冬和盛章，被承包者以诸多好处收买，以内定的方式，提前让给原承包者，延长期限 30 年。然而，承包者并未遵照合同中保持果园性质不变的要求，而是将 200 亩果树全部砍光，贷款在里面建起了两个工厂；而且，尽管果园性质和土地用途全变了，但是每年的租金，却依然遵循以往的微薄价格。承包者与村干部的狼狈勾结引发了村民的极大不满。同时，在北果园的承包上，三个承包户之一要求与南果园同样的待遇，却被李冬拒绝。某一天，承包户户主与李冬在办公室发生激烈冲突，户主抓起砖头一把拍去，砸掉了李冬两颗门牙。（邹明成访谈，2006 年 7 月 18、19 日，8 月 13 日；吴忠访谈，2006 年 8 月 18 日）笔者在翻阅河村两委会会议记录时注意到，每逢召开党员和村民代表会议，必有人提及南果园事儿。

痪为由拒绝。时至 2003 年 4 月，“非典”（SARS）疫情惊现，上下一片惊慌，村里急需组织，邹堂终于临危授命接受支书职务，于 4 月 23 日开始正式“上班”，班底成员中包括两位副支书黄庆和谢庆（村主任名义上为谢林，但其时谢已经常年在外做工，很少关注村庄事务）。当年 7 月，第六届（实为村里的第三届）两委会换届选举，邹堂支书、主任一肩挑，其他人选未动。之后村里大刀阔斧推行第二轮土地承包，解决了不少历史遗留问题，但仍然拖下尾巴。其间，在谢庆的协助下，邹堂就供销社案子向东市中院提起上诉，中院终判河村败诉，随后村里展开一系列动作，成功应对法院强制执行。2004 年 8 月，邹堂因身体不适及家人重犯脑溢血，将支书一职让与谢庆。谢庆口才极佳，但只承诺不兑现，以满意上级为能事，且以精通法律自许，动辄建议出现纷争的村民诉诸诉讼，“上访专业户”更添“八哥支书”之名。在普通村民中间失去口碑，加上遭到吴忠、谢林等各股势力的联合抵制，谢庆最终在 2006 年的新一轮两委换届选举中，被踢出支部之外。在谢庆的短暂任期内，供销社案子出现重大变故，村主任邹堂被铐，其老伴犯病身亡，村民大规模上访。谢庆一边与上级配合设法安抚村民，一边继续就案子与外界斡旋，递出申诉与抗诉申请，并发出各种各样的上访信。

自 90 年代中期之后，盛章、吴忠等人逐渐淡出村政，同为从村集体企业起家的黄庆和邹堂成为村庄不可或缺的两大重量级人物。邹堂为人相对正直，性情忠厚，不乏管理才能，但是略显古板；黄庆心高气傲，但处事温润，善结人脉，同样富有管理才能，却稍流于圆滑。[①] 在村民眼中，两者皆属有德有才之人，在村里享有威信，非谢庆之流所能比。加上又有拜把之谊，村民本期待二人能够同心协力，联手为村里打拼，然而事与愿违，尽管两人从不曾撕破脸面，至今还不时同桌喝酒打牌，但是在对待村庄事

---

① 年轻村民曾才国和包村干部唐春都认为，若置身当下社会比较二人，则黄庆要更胜一筹。“在当今的社会形势下，黄庆这个人物要比邹堂有人、有权、有势、有钱，邹堂斗不过他。是这个社会形势就是这样。”（曾才国访谈，2006 年 7 月 21 日）“从实际影响力来说，黄庆的影响力绝对比邹堂要大，到现在还是这样。为什么呢，黄庆当干部，没有树过强敌，他处事比较圆滑。另外，从外边关系说，他有几个哥哥在外头工作，他的亲哥哥分别在教育局、交通局，他们的社会关系比较广泛。他的母亲先前在村里行医，也铺下了人缘儿。而且他当干部期间兼任过他们村餐具厂厂长，兼过造纸厂厂长，所以他有良好的关系网。河村这个大村，每年都出事儿，一出事儿谁去找他，他都能摆平。”（唐春访谈，2006 年 11 月 19 日）

务的态度和处理上，终至于南辕北辙，渐行渐远。年轻村民曾才国分析，2004—2005 年村里分地卖树，村干部从中获益颇多，二人分赃不公，遂生心结。（曾才国访谈，2006 年 7 月 21 日）包村的常务副乡长唐春则表示，并非一两件具体事，而是村里一系列情势所至，导致了二人的分道扬镳。二人各擎大旗，村里随之分成两派人马，先前二人分任村主任和副支书，邹堂占优，但经由偏向黄庆一派的谢庆居间调停，三人遂达成一种微妙的均衡。2006 年 6—7 月的两委换届选举，也便成了两人、两派的较力。支部选举结果，名额七名，谢庆获票第八，落选支委，巧合的是，对头吴忠的弟弟厕身邹堂一派初次参选，排名第七，占据最后一名支委名额。颜面丧失的谢庆即刻揪住吴忠的党籍问题及其弟的所谓“假党员”问题不放①，要求乡党委废除其弟支委资格，递补自己进入支部。乡党委最终拿掉了吴忠弟弟的支委资格，但是谢庆却由于村民和两委多数的强烈反对而未能重返支部。另一方面，黄、邹两人有个共同之处，基于村里复杂的形势，两人都不愿意当一把手，但是又都想村里事务由自己说了算。此次支部选举，邹堂急于辞去支书一职，让给自己的亲信，却终未如愿，在包村干部唐春的反复劝解施压下，不得不连任。因此，支部选举一役，两派可谓各有得失。随后的村委会选举，邹堂所扶持的年轻人李中大肆拉票，频繁做小动作，终于勉强过线成为村主任，而黄庆高票当选副主任，先前被选入支委却被免掉资格的吴忠弟弟转战此役，也成功当选副主任。2009 年换届，两委成员和派系格局基本没有变动，邹堂和李中继续分任村支书和村主任，黄庆担任副支书。但是，随着在位时间越来越长，大权在握的邹堂越来越留给村人以独断专行的观感，当年笼罩在头上的为维护村里供销社土地而被铐的悲情和光环也渐渐逝去，在其治下供销社事件一无进展也越来越令很多村民失去耐心，而他欲通过扶持口碑极坏的李中延续自己对村庄的掌控的企图越来越令更多的村民心怀不满。至 2012 年两委换届，黄庆一派终于一举翻盘，大获全胜，邹堂和李中二人则一败涂地，完全被踢出两委之外。

---

① 所谓吴忠党籍问题，指的是当年吴忠被判处三年徒刑，却保留了党员资格。而按照共产党纪律处罚条例相关规定，被判刑的党员应当开除党籍。所谓吴忠弟弟的假党员问题，指的是吴忠 1992—1996 年任支书期间，为其弟办理了入党手续，但由于当时乡村社会的特点，并没有完备履行程序，因而后来被状告吴忠的谢庆抓住把柄，称其为“假党员”。

村庄权力格局及其演变对供销社一案产生了极大的影响。

其一，村干部的频繁变动和更换，对供销社事情的及时和妥善的解决有着重要的影响。比如2002年村里缺乏班子，陷入混乱，无人出面应对，所谓民不举官不究，官司就被扔在东市中院里，无人问津，事情的解决因此遭到拖延，而这种拖延自然会影响到后来的解决。又比如，2003年7月27日，市中级人民法院驳回村里上诉，终审判决村里败诉，而当年7—8月，村里正忙于两委换届，换届后新任干部又忙于开展已经延迟几年的第二轮土地延包工作，故而终审败诉这件事情，在当时的村庄会议记录中竟然完全没有出现（或者也有因败了官司无法向村民交代故而干脆闭口不谈或语焉不详的缘故）。直到当年11月底法院准备强制执行终审判决的公告传来，才有了2003年11月29日的一条两委干部会议记录：昨天（村干部）因办公室（供销社）与董发打官司的事去县委，（被告知）30日不执行。再比如，谢庆熟悉法律，又乐于此道，在他任职出面的时候，事情兴许就进展得快一些。

其二，村里分门立派，相互争斗，供销社事情就难免沦为争斗的工具和把柄，尤其是在转卖给村里人谢皮之后。由于谢皮是前村主任谢林的堂弟，而村里较多负责供销社官司的谢庆与谢林不合，两人曾在2000年因争夺村支书职位撕破脸皮，因而谢皮与董发的买卖自然受到谢庆更激烈的反对。又比如，邹堂与黄庆是目前村里两派势力的头面人物，自从邹堂担任支书以来，黄庆对供销社事儿的态度就日益模棱两可和模糊不清。另外，由于新当选的村主任与谢皮是亲家，其对立面就不断放出口风，称村委会很可能会稀里糊涂地答应或者默许谢皮对供销社的占有。①

其三，这种将供销社事情的解决利用来作为权力斗争的工具的行为，不仅会延迟和阻碍事情的及时有效解决，而且足以在形势严峻的时刻影

① 实际上，至少到笔者结束田野调查的2007年4月21日为止，村主任李中为避嫌从而免除村民诟病计，一直有意识地与谢皮拉开距离。这从谢皮的抱怨中可以清楚地反映出来："论关系，我跟李中是亲家，他的小子认给我们了。但我一问他这个事怎么着，他说他不知道，说都是邹堂弄的。有这样的事吗？村主任会不知道这事儿啊？只不过对于这个事吧，我不能说得忒什么了，你说知道就知道，说不知道拉倒。……他很有可能是，有点避嫌吧。这个事吧，我已经跟他说了，我说好与坏，这个事无论你知道不知道，都和你有关系。李中这个态度，就是模棱两可。他跟我说他不知道这个事，那不是骗三岁孩子吗？这个吧，他甭管再怎么跟我解释（我都不信）。"（谢皮访谈，2007年4月21日）

响干部们做出正确决策，从而彻底毁掉解决事情的机会。

在董发上访到国家信访局后，法院加快加大调解解决的进度和力度，县政法委书记和县法院院长联袂向董发施加压力，迫使其接受20万元要价，将分站土地转给村里，村里召开两委会商讨对策；之后因村里未及时交钱，董发加码至23万元，县法院法警队再次来村协调，村里也再次召开两委会商讨。应当说，这是县乡协调组为一举彻底解决供销社纷争提供的一个难得的有利的时机，遗憾的是，村干部们最终还是未能善用，两次讨论都拒绝接受协调组提出的条件。我们来看两次两委会论的内容。

邹堂：县政法委郑书记给意见让村里出20万，说以后再协调各单位给村里补几万块钱。郑书记一直对村里不错，这次肯出面协调，也是替村里考虑。希望两委干部转变思想，正确对待，从大局出发，把这事办了。

谢庆：要提高认识，一切为了工作，这件事无论如何处理，都难免老百姓说三道四。

黄庆：愿意接受郑书记协调。官司咱们败诉了，咱们村村民又有出来掺和的。目前地价一直在升，咱们买下来将来亏不了。

盛启洪：按黄庆说法，咱们买下。

曾文：主要干部也不愿意多出钱。再细心研究一下，实在没法，就由主要干部拍板。

谢玲：找一个合适办法平息了这个问题。

李中：供销社是董发8万块钱买的，咱们出20万，老百姓认不认可？咱们不背黑锅。

邹堂友：同意李中说法，他董发8万块钱买的，一直打官司，现在让咱们出这么多钱，指不定老百姓就把咱们开了！

邹棣堂：认可出钱就出，不认可就继续打官司。

谢庆：根据现实情况和干部发言，认可郑书记协调，认可只出18万。(2005年7月14日村庄会议记录)

谢庆：目前案情严峻，我们要正确对待。个人观点愿在法院了结此案，但不能排除个别人说三道四。

黄庆：这案子合法不合理，我们要扭转弯，我接受23万。再为此事上访也没有必要。大队花钱买下来，回头也能卖个二三十万，也基本平衡。光听老百姓的也不行。

邹堂：希望两委干部思想转弯，正确对待，做党员群众的思想工作。目前按法律对村里不利，上访还要花大钱，恐怕也难以有结果。要理解上边的工作和对咱们的信任支持。老百姓会有些说法，但是咱们问心无愧。

邹堂友：今天主要干部表态了，我重新认识，少数服从多数。

李英：主要干部表态，我也要转变思想。

李中：上边没有把咱们的意见认真考虑进去？只承认董发合理，那就叫他搬进来，让大队搬出去，还协调什么?!

邹棣堂：拿23万，我认识不通。要开党员村民代表会通过。

曾祥伯：卢队长一开始就对村委会拍打一顿，说村委会赖在这里，我对这说法不满。村里爱出多少出多少。

盛启洪：我心里不平衡，当初协议是占用，不声不响地卖给董发，又跟我们要23万，我不能理解。

黄庆：价格协议达不成，董发卖给私人谁也不行，必须给村委会。

邹堂：干部都表态发言，都不错，我也不认可23万。大家不同意这事，下来在村里再做工作。（2005年7月21日村庄会议记录）

我们看到，两次讨论经历了相似的过程和结果。先是主要干部（邹堂、谢庆、黄庆）理性陈述案情，劝解干部面对现实转变想法；接着有人（典型是李中，另有邹棣堂、邹堂友、曾祥伯等）激进表态，提出不同意见；然后氛围骤然紧张，主要干部感受到压力，急忙表态左转；结果便是众口一词不予接受。从主要干部最初言辞可以判断，他们已经意识到问题的严峻，如若这一次无法达成共识接受要价，恐怕后面再难有这样机会获得分站土地了，而要回来这块土地是全村老百姓的最大要求。但是为什么主要干部没有拍板做出决断呢？近年来村里干部派系争斗日益显现，干群关系日益紧张，大家都唯恐被人视作不积极维护村里利益，唯恐被对手抓住小辫子，唯恐在村内背下黑锅落下骂名，所以谁都不愿显得落后，各人表态遂愈来愈趋于激进。当然，这种表面上和言谈中的义正词严能在多大程度上反映内心真实想法，又能在多大程度上体现在实际行为中，那就很难说了。

（案子拖得很长，先后不少村干部参与，据您的观察，干部们是在一心一意为村里打官司吗？）不是！你甭管表面上怎么说，很有一部分不是这么想的。比如说，你我是村里的支书和副支书，咱就不说大面了，都是大同小异。因为咱们俩的私怨，我就可以在这方面给你使绊子，是吧。因为我想搞你呀。只要有机会有力量可以利用，我一定会利用它来搞你。村里肯定有这样儿的！村干部百分之百不可能一条心，哼哼。……在这供销社问题上，面对着的都是河村的老百姓，在公开的面上，不可能有向着董发的。谁也不会这么傻，是吧。但是，（实际上）不可能没有。（吴忠访谈，2006 年 8 月 18 日）

事实上，对于村干部们之间的是非恩怨，村民们也看得很清楚。例如在邹堂被铐之后，同时在场的支书谢庆没有出头阻拦，事后不仅因此受邹堂埋怨，更让村民们颇有微词。党员和村民代表当时罢免以谢庆为首的村支部和村委会，无疑与此有直接关联。

……当时在小学校围了很多人，邹堂的亲兄弟邹堂喜戳着谢庆的脑门子说，谢庆，你就没一点儿胆儿？你是一把手，你为什么不拦一拦？村主任犯法了吗？他是党员，国家是共产党的天下，共产党铐共产党，这是什么道理？这叫什么事儿？谢庆没落个好儿。黄庆还说了两句，说，凭什么铐人呀？黄庆还哼唧了两句，谢庆连一声都没吱。（邹堂访谈，2006 年 8 月 18 日）

上一次在法院，邹堂挨铐了一下。邹堂是村主任，形式上是法人代表，但是作为农村干部来说，支书是很重要的。你支书谢庆在场，你副支书黄庆在场，你们俩怎么能干瞪眼儿呢？铐了就全铐，把我们仨全铐上！不行！他是为村里这个案子挨铐的，是吧。你躲，把他推到前面。他为了这个，他就不干，是吧。哪个为他说话了呢？

这还是在小事儿上。说大一点儿，要是动刀子、动什么的事儿，谁又敢为他说话呢？（吴忠访谈，2006 年 8 月 18 日）

与村庄权力格局紧密相关的另一个因素，是家族势力与家族关系。

河村属于多姓村，少数几姓主导，多姓杂居。据村民传言，本地原属古燕国，在那个时候本村就已经存在了。燕国战败之后，本地发生重大变故，整个村庄消失了。之后，在原址之上，逐渐成立新的村庄，著名的山西洪洞大槐树下，构成作为村庄第一批成员的邹、王二姓的来源。之后陆续有其他姓氏移民进入。甚至在前几年，还有数十位原居南县山区的人们下山入籍，成为河村村民。据村支书邹堂的介绍和估计，目前村里大姓主要包括邹姓七八百人，宗、谢二姓各有 500 人，其他黄、盛、李、吴等姓各自在两三百人不等。翻阅村里户口册，情况果然大致如同村支书的介绍。尽管邹姓人数最多，但还不足以一枝独秀，操控村庄，而是由各个家族势力之间合纵连横，有交有攻，形成了彼此勾连制衡、牵一发而动全身的格局。此外，村里的婚嫁风俗是村中女孩子大多不外嫁，而是嫁给本村人，这样就形成极度繁复复杂的姻亲关系。使得相互关系本就多变的各家族间的界限日益模糊。例如，就村里干部来说，村主任李中是支书邹堂的干侄子，前支书李冬与支书邹堂是姨表兄弟，前支书李冬与另一位前支书盛章是姑表兄弟，前支书李英是现任副支书曾祥伯的亲嫂子，另一名支委委员邹堂友是曾祥伯的亲姐夫。总体而言，村庄家族势力构成了村庄政治的基础性力量①，这种力量在一般情况下隐而不彰，但是对整个村庄产生着潜移默化的影响。在谢皮购买供销社之后，与其相近的同宗村民自不必说，就连与其相近的同宗村民打交道的其他村民也不便再高声表示反对了。

被搅动起来的第三个因素，是干部腐败和干群关系。

如果说，村庄家族势力和权力格局反映的是村庄头面人物之间的是非恩怨，那么干部腐化及村民对此的怀疑和议论则凸显了村干部与村民

① 当然，尽管就总体而言，村庄政治派别与权力划分建立在亲族关系之上，二者之间却也并非完全重合。例如，支部委员邹堂友是曾祥伯的亲姐夫，但二人关系势如水火，邹堂友属于黄庆一派的成员，曾祥伯则是邹堂的铁杆。

之间的紧张关系。

河村村干部们普遍认为，20世纪90年代中期对于河村是个转折点。90年代中期之前，经济上，村集体企业发展尚算不错，磨光厂、造纸厂等几个厂子每年都能往村里交不少一笔钱；政治上，村政治理稳定有序，政治派系尚未出现，村干部们有想法，有干劲儿，在村民中也有威信；村里相继硬化了路面、建起了小学大楼、初步建成了商业一条街。90年代中期之后，受大环境影响，村企业被或卖或送或抢，村里收入锐减；干部们逐渐分门别派，竞逐私利；前两年建设步子过大，留下债务，无以偿还；加上果园续包、河套地私人挖沙等事处理不力，村里开始出现乱象。到后来，不仅村里没钱办事，就连支付村干部工资都困难。由于村子大，事情多，村干部也就相应地多（现有支委7名，村委6名，其中一人双兼）。村里规定，两委人员不分职务，每人每月补助费（即工资）为300元，另外党员和村民代表每参加一次党员和村民代表会议，补助5元。不得已，村里只好靠卖地（宅基地）换钱度日。

然而，村财政的捉襟见肘，挡不住村干部的胡乱伸手。在村民们看来，人心是越来越坏了，村干部是越来越腐败了。

> 我现在可以给你说，你要是说敢打包票说我们村哪个干部一点儿没贪，我立马把脑袋拧下来给你。我敢打这个赌。不过是有的隐蔽有的不隐蔽。有人是群众利益考虑多些，自己占的少些；有人是自己占这么一大截，群众利益占一小点儿。不一样也就在这儿了。（曾才国访谈，2006年7月21日）

就是在这种环境下，村里迎来了供销社官司。1999年7月20日法庭第一次开庭审理后，村里主要干部开会商量应对办法：

> 西乡供销社与村里打官司，当查查供销社证据，找一找法庭张志明摸摸情况……以上都需找人办事儿，必须用钱，找几家要宅基地的户（九队的邹春明7000元，五队的谢永福10000元）凑钱，地点不定，先收钱。邹堂友负责找找，收点款。（1999年7月22日河村会议记录）

官司一路打下来，没有打出理想的结果，却搭进去不少钱。据支书邹堂估计，村里为此花费了十几万了，谢庆也认为有十几二十万了。

河村为这个事儿打官司已经将近十年了，每一年都要糟进去两三万块钱。因为他们每一次往外面去，得有车，去几个人，最少得两三个人吧，得吃饭，到哪儿去还得买烟，甚至还得招待人家，其中还有律师费用，一些打印材料的费用。这一块儿，河村糟钱糟的太多了。现在无论是谁当河村的干部，如果要说供销社的事儿他不管，他也当不了。必须第一个解决这个事儿。（唐春访谈，2006 年 11 月 19 日）

打官司的事，村里百姓不大懂，一般是村干部说怎样就怎样。而且外出的开销，大部分没有正式单据，白条入账。以下是村民邹明成提供的村里白条的一部分，1999 年下半年村里以白条形式入账的部分花销。可资比较的是，村商业一条街上数家商店都雇有服务员，在 2007 年前后，月薪 300—400 元。

因村委会与西乡供销社纠纷一事，出门运作花费现金 1020 元，大写壹仟零贰拾圆整。经手人：谢庆、李冬（手印）（7 月 22 日）

去南县法院因供销社问题办事花费陆佰伍拾元整。经手人：李冬、盛章（8 月 5 日）

中秋节前去南县慰问为大队办事有关部门领导，购买慰问品共计 1390 元，大写壹仟叁佰玖拾圆整。经手人：李冬、谢庆、盛堂（9 月 23 日）

今证明：去南县给大队办事买茶叶贰斤，单价 150 元/斤，合款叁佰元整。经手人：李冬、谢庆（9 月 30 日）

因河村与董发买西乡供销社河村分站纠纷一事去法院花费伍佰元整。经手人：李冬、盛章（10 月 18 日）

因供销社应诉一事去县乡等部门买烟酒茶等，花费现金 2180.00 元整，大写贰仟壹佰捌拾圆整。经手人：谢庆、李冬（12 月 10 日）

也正因为此，毫无疑问，在村民眼中，供销社的官司成了村干部营私舞弊的机会了。①

> 就在这个供销社问题上，糟的钱儿多了！谁接手了谁挥霍。那些男的，借这个事儿吧，出去吃喝玩乐。……我花的少啊，我花多少钱车费就报多少，我没有那么样挥霍。（李英访谈，2006 年 8 月 12 日）

> 官司就甭说了，官司打得多了。光为打这个官司，村里花的钱起码得有十几万。也因为这供销社，村里干部有点什么事儿就花钱。我手里现在留了好几张条，上边都是写着“因供销社什么事儿，花费多少钱”。你看看，这干部也带了劲儿了，哼哼，就拿这一张张条就去入账了。这样的条子我这儿多的是。（您怎么拿到这些条子?）我复印来的。我是指证人，信访局来查证，那些白条儿我就复印了。我把它给县检察院，检察院不管，他们说，这白条儿，现在农村都是这个。……咱们老百姓有什么法儿呀?！已经糟进去十几万了，光是弄这个事儿。越弄这个事儿，他们贪污得越多。他即便没什么事儿，他写个条子，“因为供销社怎么回子事儿”，他就又糟进去一笔钱。还弄什么呀？越弄，越有事儿，他越捞钱。他打官司就可以捞钱，打官司成了给他制造条件了。……现在的干部就是要党性没党性，要人性没人性。（邹明成访谈，2006 年 7 月 19 日）

村民由此对供销社官司产生出一种矛盾心态，一方面寄望于村干部坚持打赢官司，以便把本就属于本村的东西要回来，或者至少争一口气；另一方面又深知参与的村干部难免借此生事，因而希望官司能够早日撤除。不仅如此，村民还有更担心的。早在与董发打官司的时候，村民就担心参与此事的村干部如谢皮那样吃里爬外，收受董发贿赂，表面上假

① 有村民反映，谢庆担任支书一年多，每每租坐其外甥的面包车外出（甚至去自己的田头或者去外地看望上大学的女儿都要租车），费用竟达 2 万多元，其中很大一部分都是打着供销社官司的旗号。（盛明庆访谈，2006 年 11 月 25 日）

意打官司，而背地里将供销社送出去。因而村里不时传出风声，诸如董发又找村里谁谁送礼了之类。如今地痞谢皮横插一杠，谢皮作为本村人更难对付，因此，不希望供销社落到谢皮手中的村民的担心就更甚。

以上所有这些因素，加上其他一些因素，彼此牵扯关联，都影响到河村村民团结一致向谢皮说“不”。

三　事情还在继续

2006 年 12 月，村支书邹堂（原被铐的村主任）派村主任去找谢皮，商议称让谢皮出几万块钱给村里，供销社的地方就归他。谢皮一口回绝，宣称“喝酒可以，出钱不行”。（谢庆访谈，2007 年 1 月 14 日晚上电话访谈）

2007 年 4 月 2 日，谢皮因私接村委会办公室电线被乡和村施压之事找邹堂，二人再次讨论供销社事儿，邹堂开出两个条件，让谢皮选择。

> 从去年夏天一直到今年 4 月 2 日以前吧，我们俩连句话都不说。4 月 2 日，我们俩坐到一块，把事说了说。一开始吧，邹堂就跟我提了俩条件（让我选择）：第一个，从这供销社土地里面，刯划出一亩半地给大队，白给大队；第二个条件，是让我给大队补偿五六万块钱。……我说，这个钱儿，我不给，一分钱我也不给，一厘钱儿我也不给。（谢皮访谈，2007 年 4 月 21 日）[①]

从最初坚决不同意谢皮从董发手中接手供销社土地，到现在同意地方归他、只让他象征性向大队交些款项，村里看来是做出了极大的让步。然而谢皮却一口回绝了。不过，尽管谢皮拒绝了支书的条件，但他也明白，没有四邻签字，没有大队盖章，自己就始终办不了土地证过户；而

---

① 邹堂证实了谢皮的上述说法，不过对两个条件内容的说法与谢皮有出入。邹称，第一个条件是让拿出一半（也就是 2 亩）土地给村委会，第二个条件是让拿出 10 万元。据对两人访谈的情况判断，谢皮的说法当更为可信。另外，邹堂表示，这两个条件是他自己斟酌提出的，并未经两委会讨论通过。他的考虑是，一旦谢皮答应条件，接下来再主持召开两委会以及党员、村民代表会讨论通过。在他看来，毕竟，“事情总得有个了结”。（邹堂访谈，2007 年 4 月 20 日）

手续不全，自己就始终无法名正言顺地占有那片地方。因此，选择某种程度上的妥协兴许是必要的和明智的。

> 最后，我提了个建议，我说，这么着，现在大队办公没有地方，我是河村的人，我可以让你们在这儿办公，要是那房子漏，你们该修就修，为了工作，是吧，咱们都缓解一步。这是我最后提出那么个意见。（谢皮访谈，2007 年 4 月 21 日）

对于这样令村委会缺乏名分和保障的提议，村干部自然不会答应。僵局未破，事情也就暂时扔在那里了。

在谢皮看来，村里之所以不放手，只不过是因为他不曾也不愿去给村干部“纳贡”。

> 现在大队呢，就是找各种理由，并不是想着处理事儿的法儿。我再给你说简单一点你就明白了，打我买了这片地方之后，我没给人送过一条烟，现在村里的干部，你找他们办点事儿吧，你要不给他们送点东西，真不给你办事。……他们现在也不办公了，也知不道他们忙什么去了，也很少看见他们人，我也懒得找他们去。（谢皮访谈，2007 年 4 月 21 日）

事情自然不是这么简单。事实上，村干部心里很清楚，供销社的事儿，村民们还是盯得很紧。

> 现在谢皮无非是想从中捞点儿钱儿。不过咱们轻易放弃不行，村民不干。村民有意见，对于村里将来的工作会有很大麻烦。咱们必须得坚持。即便高院判决我们败诉，我们还得往上走。终审判决败了，我们还得往上反映，反映到中央。现在不做这个事儿，老百姓不干。（邹堂访谈，2006 年 7 月 16 日）
>
> 这个问题是河村的焦点问题，一旦处理不好，就失去民心了。这个事儿从 1997 年开始，整整十年了，经历了七任支部。村民都在看着。（邹堂访谈，2007 年 4 月 20 日）

然而，尽管如此，除了邹堂找谢皮谈了谈之外，村里并没有其他的动作。包村干部唐春对此给出如下分析：

现在邹堂那儿为什么迟迟不见行动，我分析着，第一个，他个人没有吃亏。第二个，让谢皮这么一搅和，这个事儿越来越难办。第三个，从河村来说，经济上现在比较紧张，没钱。……再一个原因，他们不往外跑。现在的村里干部对供销社的事情可能清楚，但是吧，这些人，无论在写材料方面，还是在口才方面，还是在法律意识方面，都不具有往外跑的胆子，他们往往发怵。去法院，一二三，法律依据也好，历史事实也好，怎么一回子事儿，他说不上来。你让他到哪儿反映去，弄个材料，材料他都写不出来。（唐春访谈，2006 年 11 月 19 日）

住在路对面的谢皮时刻警惕地盯着供销社，满村的百姓则将迟疑的目光固定在支书邹堂身上。村民们开始隐隐担心，村里最终将会向谢皮做出让步，而对邹堂的非议也逐渐蔓延开来，甚至已有村民喊出："现在的邹堂已经不是原来的邹堂了！"（盛明庆老伴访谈，2007 年 4 月 20 日）

无论出于什么原因，事情就那样放下来了。一撂就是三年。

2011 年农历新年刚过，谢皮突然上门来找邹堂，宣称村民郑增以 59 万元的价码买下了供销社的东半拉地方，现在要办理土地分割，希望村里能签字同意。

邹堂的初始反应是，谢皮自己都还没有这块地方的土地使用权证，又怎么能转卖一部分给别人呢？董发当初从乡供销社手中买到分站土地，在河村还没有反应过来的时候，就已经办理了土地使用权证。董发后又将土地转卖给谢皮，谢皮去县土地局办理土地使用权过户，结果被告知，只有先征得这片地皮周围四邻的签字同意才能办理过户，而因为周边都是村里的土地，所以就需要村委会出具证明并签字盖章。谢皮之所以拖了好几年始终无法取得这片地方，主要就在于村里卡他这一关，拒绝为他出具证明。

出乎意料，谢皮表示：村里已经出具证明表示同意，分站土地使用权证也早已办妥。

村里怎么可能会为他出具同意证明呢？尽管不相信谢皮的话，邹堂还是很快召集两委开会通报此事，干部们也纷纷表示其说法不可信。最后决定还是由主要干部去县土地局查证一下。（2011 年 2 月 24 日、3 月 16 日村庄会议记录）

查验结果，土地局相关卷宗里果然有村里出的证明，上面有村委会的章，有村主任李中的签字。邹堂当即询问李中，李则坚称他根本没有签过字。也就是说，证明是伪造的。

> 谢皮说他办了土地使用权证，我已经验证了，是假的。我去土地局调了卷，跟李中一起去查的。结果上面有村委会的章，也有李中的签字。我问李中：是不是你签的？他说：不是我签的。（你认为签字是真是假？）假的，他不敢给他签。后来开大型会，他也坚持说签字是假的。验了章，也是假的，的的确确是假的，估计是谢皮自己刻的章，他这是违法。……（那村委会上的签字真不是李中签的？）不像是他的字，他的字我看得出来。（邹堂访谈，2011 年 4 月 29 日）

在访谈中，谢皮仍信誓旦旦表示，村委会证明是托前支书谢庆办的，还因此给了他 5000 元好处费。

> （你去办过户，需要村里出什么东西吗？）那个，那个，我是，当初是谢庆给我办的，大队盖章。后来据他们说，那章是假的。那时候盖章连开信，都是谢庆给我弄的。我还跟邹堂说这个事儿来着，我想着让他弄，他肯定不给弄，最后托关系找了谢庆，给他 5000 块钱。他说那么着吧，我给你负责盖这个章，出个信。（你是说你很早就办了这个事儿了？）啊，那是 2006 年吧。（谢庆当时是村支书，法人代表是村主任，应该是村主任签字才对呀？）村主任签字，这个事儿吧，那一阵儿吧，这村里，那土地局那时候吧，有大队的章，唉，村主任签字，我也不知道是谁签的，又不是我签的。上面写的是村主任的名，我当时根本就没看，就把手续拿过去了。（当时村主任是

谁呀？）你让我想我都想不起来当时村主任是谁了，多少年了。（谢皮访谈，2011 年 4 月 30 日）

很容易判断，谢皮办理土地使用权证所出示的村委会证明是假的[①]。谢庆与他本就是对头，且为了供销社的官司东奔西走多年，怎么可能为了区区 5000 元给他做这样的事呢？但是，谢庆已于两年前身患癌症去世，谢皮特意把问题推到他身上，这就死无对证了。手持虚假的村委会证明，谢皮去县土地局办理了土地使用权过户。

从道理上讲，私刻公章是违法行为[②]，既然村委会证明是假的，那就应当追究其造假行为，再撤销其土地使用权证。但是，邹堂却不打算这么做。事实上，一如先前封门事件和扯电事件的处理，不再予以追究，也是大多数村干部的意见。毕竟，村里很快又要换届了，多一事不如少一事；毕竟，村干部也是村民的一部分，做干部是做一阵，在村里生活则是世世代代。在这里，乡村熟人社会的逻辑再次显现。

既然是假的，就得追究责任。党员和村民代表坚持这个。作为我来讲，可不能太坚持这个。（是因为都在一个村吗？）就是啊。他假造了章和签字，然后去土地局办了过户手续……（那村委会证明造假的事，就不再追究了？）不再追究了，不准备再追究他了。你追究他又能怎么样？（邹堂访谈，2011 年 4 月 29 日）

村干部们的和稀泥态度显然不能令村民满意。

村里开党员村民代表会，干部说是谢皮个人弄的假章，盖的假

---

① 访谈中谢皮明显有意要支开话题，从内屋取出一份材料示意笔者看，是一份十几年前村委会与一个村民签署的村果园承包合同原件，他称这是村干部营私舞弊的证据之一。询问他从何处获得合同原件，他说有个小孩儿从村委会办公室档案袋中偷出来的，随手扔在院子里，被他捡着了。很明显这是撒谎，实情很可能是他自己潜入村办公室偷偷扒拉一些村里档案材料出来，以便要挟和揭发村干部。

② 《中华人民共和国刑法》第二百八十条第二款规定：伪造公司、企业、事业单位、人民团体的印章的，处三年以下有期徒刑、拘役、管制或者剥夺政治权利。

戳，就有党员问了：弄的假章假戳，那他不违法呀？邹堂就说，罚他5万块钱得了。他敢弄了村委会的假公章，弄了村主任假签字，罚他5万块钱就拉倒了？他违法了，那就不是钱的事儿了。……靠村里这班子，什么也弄不了，受害的都是老百姓。（黄祥访谈，2012年5月8日）

就连邹堂的儿子邹均都觉得，他父亲对此事的处理有些不妥。

在这个问题上，我爸处理软了点。谢皮办土地证，需要大队出证明信，信上面签的李中的名，李中不承认是他签的，等于说，证明信是假造的，可以推翻的。但是我爸是尽量抹和这事儿，说谢皮是村里人，这片地总算没有落到外人手里，他想这么把事情抹过去。这对他在群众中的威信起了副作用。（邹均访谈，2011年5月2日）

但是，既然村干部都不愿领头追究此事，那些党员和村民代表们，即便心有不满，谁又愿意直接出头与一个混混儿谢皮对着干呢？

造假的事按下不表，回头再说郑增购买供销社一半土地的事情。

郑增是何许人？村里一位年轻的经济能人，早在商业街开发之初，就抢占一处有利位置（供销社斜对面）建起一栋三层楼，开了村里最大的一个超市。对于供销社事情来说，郑增还有一个更重要的身份：与邹堂的儿子邹均是“一挑儿”（连襟），邹均随媳妇叫他姐夫，并曾在他的超市里打了几年工，两家人的关系很亲近，很自然地他被村民们视作邹堂的人。只是，这一次这个自己人给邹堂出了一道难题。

谢皮和邹均都提到，是郑增主动找的谢皮。

（是郑增先找的谢皮？）对。因为他跟我家是亲戚嘛，我怕别人给他设套，设一个局让他钻进去，让供销社的事不好处理，所以我问过他，到底是谁先找的谁，他说是他先找谢皮。我说谢皮的土地证有问题，你买下了能不能成。他说谢皮已经办了土地证了，合理合法。（邹均访谈，2011年5月2日）

我本来没打算卖，要卖也得看想买的人跟我合适不合适，跟我不合适的，给多少钱我也不卖。郑增直接来找我，我们俩面谈的。他一开始说是别人想买，买一半，看要多少钱。我问是谁要，他说那你就甭管了，跟我要一样。我说我们就直来直去，东边一半 60 万，西边一半 80 万，因为西边临条道儿。他说那要是我要呢，我说你要也是这个价。他说都是一个村的，你再让一点。我就让他一万块钱，59 万（谈成了）。他先给了 40 万了。（谢皮访谈，2011 年 4 月 30 日）

显然，这样一桩买卖，对谢皮来说是最划算的了，一方面可以捞到不少钱，另一方面更可增加他占有供销社地方的合法性，给村干部的反对增加难度。他心里很清楚，他为了图利而“抄村里后路”的行为很为村干部和村民所不齿，也遭到他们的一致强烈反对，所以他虽则表面上和口头上强硬，而且小动作不断地占了那片地方，又通过做手脚办理了土地权证，但是，其实他还是有着不小的忌惮，始终不敢过分造次，不敢明目张胆启用那片地方。他通过村里几个关系亲近的人对外放口风：邹堂对供销社地方也有企图，他的儿子不是在商业街租房开百货店吗，他其实想在商业街给他儿子弄块地皮做买卖，他不好直接找谢皮要，就找了郑增出头，买过去后，郑增要一半，他儿子要一半。显然，谢皮的策略起了作用。

因为供销社的事，我麻烦了很长时间，因为我大姐夫郑增给我出了个难题。今年腊月二十几号吧，我去他那边，他给我说他要从谢皮那儿买供销社一半地。我一听就激烈反对。我说我们家因为供销社伤感情伤的太深了，我爸因为这个挨了铐，我妈因此担惊受怕犯病去世。你现在这样做，让我爸背了个大黑锅，你也伤了我的心了。村里会怎么说？说我姐夫买了这片地儿就是给我买的，因为我在马路边上开买卖，没有哪片地方是我的。其实根本不是那么回子事。我说你买了这片地，可能会升值挣钱，但是给我爸造成的负面影响太大了，这么做有点太重利不重义，我心里特别难受。我不同意你这么弄，你一定要这么弄，我也没法儿，我只能把话说到这儿。

(他怎么表态?) 他说要是实在弄不了，就不弄了。但是他拧不过我大姐，买地是我大姐的主意。我大姐是女强人，在生意算计上相当高明，但是太重利了，在人情仁义上考虑就少些，她跟好多亲戚都因为利益关系搞得很僵，我们算是关系最好的，现在也落到这样。(邹均访谈，2011 年 5 月 2 日)

现在问题摆在了邹堂和村干部们面前。无论如何，谢皮的土地使用权证已经办了，郑增也已经掏了钱了。面对现实，该如何处理呢？村干部开会商量，大多数的态度是，既然谢皮的土地证都办了，干脆就把地方给他算了，毕竟谢皮也好，郑增也好，都是本村人。邹堂提出，地方归他可以，不过得让他给村里交 5 万元，算是给全村百姓一个交代，毕竟村里为打官司耗费了不少的人力物力心力，而他却半道上插杠子使绊子，应有所补偿，有所惩戒。(2011 年 3 月 20 日村庄会议记录) 两委会过后，开党员和村民代表会，邹堂讲了大队意见：让谢皮给大队拿 5 万元，供销社那片地方归他；接下来大家讨论表决，谁有不同意见谁举手。大多数党员和村民代表显然有不同意见，但是没有人举手，会场静默一片。邹堂最后宣布：既然形成不了意见，就散会；十天之内，谁有不同意见，就来找我反映，十天之后，该怎么处理就怎么处理。(邹堂访谈，2011 年 4 月 29 日；会计盛堂访谈，2011 年 4 月 29 日)

(十天内有人来谈吗?) 没人来谈。(那怎么办? 就这样定了?) 还得经过支部会讨论形成意见。……这事早晚得解决。那片地儿得利用起来，要不然浪费，也影响环境。面对实际情况，打算让谢皮交俩钱，地方归他，他终究是村里人。党员村民代表都不理解，不理解也得这么执行。(邹堂访谈，2011 年 4 月 29 日)

3 月底开的党员和村民代表会。……邹堂说，十天以后，该怎么处理就怎么处理。处理什么呀? 没法处理。这事儿呀，就那么着了。(会计盛堂访谈，2011 年 4 月 29 日)

笔者注意到，村里此次给谢皮开出的条件，与 2006 年商议时提出的解决办法相差无几。这实在是因为，村里早已退无可退了。谢皮此次能够领受这一条件吗？

> 前些天大队开会，说让我给大队交 5 万块钱，这片地儿就归我了。我始终没理他们。我凭什么交 5 万块钱呀？（如果不交钱，你或者郑增利用这片地方的时候，村里会不会拦？）我要是怕这个，当初就不买这片地了。我就不考虑那个，我想怎么干就怎么干，与大队没有任何关系！（谢皮访谈，2011 年 4 月 30 日）
>
> 依然是僵持的局面。

2013 年 6 月 8 日，笔者再次去到供销社。后头原来的一长排库房，只留着西边三间村委会办公室，前头临路的一排门店，则只剩余半堵斑驳的墙体，上面隐约能辨识出“保障供给”四个字，其余就只剩下光秃秃的一片地方了。在整条商业街最繁华的地带，突兀现出这样一片地方，就好像不小心滴在一幅画上的一处墨泽，显得分外刺目。

供销社的地方，最终会“保障供给”给谁呢？供销社的事情，究竟会是怎样的结局呢？我们拭目以待。

第八章

结论与讨论

一　规则竞争:乡土社会转型中的纠纷解决与法律实践

本书主要关注转型期乡村社会的纠纷解决与法律实践。

中国社会正处于从传统礼治秩序到现代法治秩序的转型过程中。转型社会的一个重要特征在于新旧因素的交互并存与相互影响，这里称新旧因素，似易引发争议，因为何为新何为旧，难以辨认，但是不同因素之间的纠葛缠绕则是事实，而这些因素间的相互关系及其组合模式就决定了未来社会的趋势和走向。转型时期的乡村社会，纠纷如何解决？遵循何种规则？在纠纷解决的过程中，法律所发挥的作用如何？

本书遵循韦伯的法律社会学传统，集中关注在具体的乡村社会生活实践中，法律与政治、行政等各种因素的相互勾连，以及人们对此的认知、判断与领受。为此，本书选取一起土地纠纷作为研究案例，以叙述方式呈现其解决过程，力图通过这一过程的呈现，通过每一个场景的展开以及场景与场景之间的转换，来捕捉、触摸其中的细微奥妙之处，以期管窥当下乡村社会的纠纷解决与秩序维持。

一件看似普通平淡的民事纠纷，持续近 20 年之久，其间几经波折，案中套案（村主任家中被砸，县法院调解中的铐人事件，河村谢皮的封门事件、伪造公章事件，等等），前后将村干部、普通村民、县乡政府及相关部门、县市法院悉数卷入，乃至引发一场轩然大波，迄今依然悬而未决，这本身就构成一个有待解释的问题。[①]

从供销社纠纷的初期解决来看，双方先是私下协商，协商不成再通过第三方调解，调解不成之后才诉诸法律诉讼，这倒符合人们处理纠纷的一般做法。但是从纠纷出现之后双方当事人的最初反应看，河村村委会抢占有争议的地方，董发则雇用一帮黑道混混夜闯河村村主任家打砸，送下乡、送上门的法律并没有送到当事人的意识中去。

这一点还突出地表现在一个耐人寻味的细节上：当私下协商和私人调解不能奏效时，首先是董发在乡供销社主任的鼓动下状告河村村委会，而不是河村先出面起诉乡供销社。为什么是董发与村委会而不是供销社与村委会，成为诉讼双方呢？河村村干部的说法是，供销社倒了，名存实亡了，承包给原来的社主任个人了。从供销社一方面讲，社主任鼓动董发起诉河村，固然与供销社自身的萎缩有关，更主要则是出于自保的考虑，由董发起诉河村，正是要将供销社与董发的买卖变成既定事实，这样不仅可以淡化和规避纠纷的历史缘由，更可避免自己成为与河村正面对垒的诉讼当事人。而从河村干部一方面来讲，供销社的名存实亡固然是实情，却也并不构成免于起诉它的充分理由，起作用的实则还有另外一些因素。其一，村干部和村民的下意识的反应是：土地在我村里，我可以占着、看着，你反正拿不走；因此才有村干部的放话：我们河村不买，也不允许别人买。其二，直到董发起诉河村之前，村里并没有考虑或者试图通过法律行动（比如起诉供销社）来争取对分站的权利，这一点是村干部们没有意识到的，或者即便意识到也不愿意讲出来的。由于乡间厌讼传统的存在（杨三姐告状的故事在当地广泛流传，而故事的发生地滦县，就在距离此地不算很远的地方），使得村民在面临纠纷时一般不太想到选用诉讼途径。正因为厌讼、忌讼，通常不打官司，因而通常对法律程序是不了解和隔膜的，也因为这种不了解和隔膜，进而又生出一种不信任感、胆怯感和厌恶感。在对河村村民和西乡乡镇干部的访谈中，笔者屡屡听到“生不入官门，死不进地狱”“饿死不做贼，屈死不

① 据对河村会议记录的不完全统计，在1999年3月18日至2011年11月11日之间（2000年、2006年9月至2009年3月的会议记录缺失），河村召开各种类型的会议共计359次，文字记录约26万字。当中41次会议（占会议总数的11%）涉及供销社事（其中26次为供销社事的专题讨论会），文字记录约3万字，供销社一案在村里的影响和重要性可见一斑。

告状”等诸如此类的说法。“大元宝，两头翘，吃完原告吃被告”“谁有关系谁就赢，打官司就是打关系”“官司一进门，两面都托人”等等，更是是村民们常常挂在嘴边的话。当地有一个形象的说法——“坐法院”，意思是“坐牢”，将法院与监牢对等起来了。总而言之，无论如何，村干部没有主动通过法律手段维护村民利益，终归意味着某种失职乃至无能，因而是不方便讲出来的，否则自然会影响到村干部在村民心目中的声誉。当然，村里干群之间、干部之间的复杂矛盾与紧张关系，也是对此产生影响的一个敏感话题，关于这一点，前面第七章已经予以详细讨论。

案子最初是被当作普通民事纠纷处理的，尽管它其实肇始于政府。应当看到，在社会转型期，这种将特殊案子做一般化处理的机制和策略，是有可能奏效的。如果最初是由河村民或者村集体买了这片地，尽管从性质上土地是国有的，但是一来村民不一定晓得这个，二来反正是自己占用着，所以也许问题就不大。如果初期的调解能够有效，董发接受了，那么也许也没有什么问题。或者之后的判决为双方接受了，也同样就不会有太大问题。按照普通民事案子处理成功的可能性，表明了政府置身事外、处于超脱位置，而由常规司法方式发挥其解决纷争作用的成功可能，即国家与法律的转型是有可能成功的。

但是司法机制终于没有能够解决问题。西乡供销社主任及相关人出于自身私利，没有在法院调解下变更与董发的买卖；董发也没有接受调解或者一审判决结果；而村民则拒绝接受之后的审判结果。可以肯定的是，村集体和村民不会自愿放弃这片“自家老祖宗的土地”。而乡供销社与董发之所以没有变更买卖或者没有接受调解和一审判决，除了经济利益上的考虑，其原因还在于，二者无疑抱持着一种对于国家法律的信任与坚持（这自然包含着投机利用心理），供销社相信自己有处理土地使用权的权利，董发也相信国家法律及其背后的政权力量会支持自己；而且，国家征服村庄，国家与政府的认知盖过村庄与村民的认知，国家制定法压过民间习惯法，似乎是情理之中的事儿。事情不是始于河村村委会起诉乡供销社，而是董发在乡供销社的鼓动下起诉河村村委会，就表明了这一点。

随着案子的进展，形势似乎越来越对村民不利。二审终判裁定村委会败诉，到此为止，从表面上看，是国家法和乡供销社、董发胜利了，民间认知和河村村民们受挫了。但是，转型期司法的一个尴尬和致命的弱点是执法难问题。终判之后，县法院下达执行通知，数次通知村委会要来强制执行，要把村委会从分站清出去，但是终于没有付诸实施，因为这时候村民按照自己的认知和处理问题的方式，来做出一系列回应。而稳定压倒一切以及和谐社会的提法支撑了村民们的回应。因此，现在成了一种僵持的局面：名义上判决村委会败诉，国家法和董发战胜了民间习惯法和村民，但是判决无法执行，土地事实上还是掌握在村民手里。

为了打破僵局，县法院实行和解，而执行和解，实则不过是有偏向性的调解。村里看着翻案不好翻，而董发看着判决不好执行，所以双方转而勉强接受和解。在法院的主持和协调下，双方再次斗智斗勇，讨价还价。不过，诉讼双方所处的情势是很不同的，董发个人可以自主决定自己要价多少，而村干部却不具备自由出价的权利。村干部是代表村民的，做出决定首先需要征求村民的意见。而村民最初是坚持一分钱不出地拿回土地的，因为土地本就是自己的，只是后经村干部反复解释做工作，才同意出个价“买回土地”。董发屡屡突然加码，村干部则出于村庄内部问题的局限而不敢贸然应承。执行和解功败垂成。

到目前为止，司法基本上扮演了一个不偏不倚的角色，一个纯粹的解决争端的调停者。在这个时候，它不再是阶级斗争的工具，不再为浓重的意识形态所笼罩，不再仅仅是为党委政府排忧解难（尽管很大程度上还是）。尽管存在执行难的问题，但是其扮演的角色跟改革之前相比有了本质上的不同。同时，政府和政治权力基本上置身事外，处于超然位置，尽管这个案子的肇始跟政府有着莫大的关系。这在一定程度上也反映出，与以往相比，国家权力性质和治理方式已有所变化。

另外，在司法场域的运作过程当中，法院内部各种因素的纠葛，尤其是法官在判决过程中的判断和各种考虑，颇值得留意。刘思达指出，由于法官的行政级别对案件审理的重要影响，对于有可能被上诉的案件，基层法院经常向其所属的中级人民法院寻求“指导意见”，而上级法院的指导意见到了下级法院自然就变成了决定，这便是在我国司法系统内普遍存在的“内请”的现象。“内请”的原因在于，上级法院有权改变下级法院的判决，而被改判的案件比例是中国法院系统里衡量基层法院工作质量的一项重要标准，所以基层法院会尽量使其司法判决与上级法院一致，以避免不利结果（刘思达，2005）。不过一般而言，中院不会轻易将初级法院判决驳回，因为尽管初级法院是下级，还是需要维护其脸面和权威，毕竟很多事情还是需要初级法院法官来完成，而且里边必然牵扯个人关系。而案子一旦被发回重审，重审法官自然会考虑到这些，既然被发回重审，说明上级法院对前审判决是有看法的，希望看到不同的结果；与此同时，新的法官也会考虑到与前审法官相互之间都是同事，当再审做出不同判决的时候，会对前审法官产生什么影响；当然主要还是考虑案子本身情况和如何才能恰当使用法律公正判决，因为上级对此有考核。而且，与前审相比，再审法官会更谨慎地运用法律法规，比如他会更多注意到相关纠纷的解决办法，他会发现相关案例都是将土地视作国有的，因为这是法律规定的。所以如果说前审法官也许没有太多注意法条，而是凭借直觉和在乡土社会中的经验与认知来判决，有意无意地站在民间认知和民间习惯法一边的话，那么再审法官就会有意识地更谨慎更严密地遵循法条，以避免让上级给抓住辫子，因而会更明确地站在国家法和制定法的一边。所有这些，都会对案子的审理与判决产生重要影响。

如果说执行难是法院的软肋，那么上访一票否决就是地方政府的软肋。又或者按照西乡原党委书记的说法，就像抓鱼要抠鳃一样，上访一票否决，就是地方政府和官员的“鳃”（高书记访谈，2005 年 10 月 8 日）。

先前，村干部在往上边递交材料的时候——在他们的理解中，递交书信或者拨打电话反映情况传递诉求，并不是上访，只有到访才是上访——每每不忘在最后补上一句：期盼给予一个公正满意的裁决和处理，否则村民将自发上访，难以控制。这时候，信访只是作为一种要挟，作为一种潜在的备用武器。但是即便仅仅是书信或电话信访，在讲求和谐社会的当前政治形态下，也已够政府官员们受的了。

及至董发前往国家信访局并获得回应之后，上访对当地政府和官员产生的现实压力和威胁就来了。作为回应，政法委书记出面，敦促法院加快执行和解步伐，尽快妥善解决，这时候，党政权力已经隐隐然开始显现了。不过，迄止这个时候，党政权力基本上仍然置身事外，保持态度中立。

铐人事件发生，局势非常严峻。一方面，村主任上访北京，并动用了有权有势的叔叔，无疑会对地方政府官员构成潜在的不利影响，因为地方政府官员非常注重与这样的人物搞好关系，而依赖私人关系攀援自己的仕途，这也是目前中国政治生态的一个特点。另一方面，村民义愤填膺，准备大规模上访，这就很可能导致出现严重的群体性事件，影响社会稳定，直接威胁地方官员乌纱。在这种状况下，党政部门就不得不涉入其中了。由县政法委书记牵头组织的下访工作组火速进村，一方面想方设法联系北上的村主任；另一方面安抚村民，缓和情绪，稳定局势。

村主任老伴的犯病去世，激起了更多更大的情绪反应。本是自己的一片地方，却莫明其妙被人拿走，而自己又莫明其妙成了被告，一个村主任家中被砸，另一名村主任更为此被铐、其老伴因此丧命，村民们实在悲愤莫名！在村民看来，死人是件大事情，人命关天，得了机会，不能不出一口气。而对于地方党委政府来说，出人命往往是引发社会转型期各种难以预料、难以掌控的不稳定因素的重要诱因，尤其在这个案子的节骨眼上。仓皇之间，迫不得已，安抚工作做得更多样、更细致、更耐心，安抚的代价付得更高。

可以判断，一场铐人风波，注定成为本案决定性的转折点。铐人事件宣告了以相对独立自主、不偏不倚面目出现的司法解决的失败和终结，同时也成为党政权力出场展开政治解决的开端。之后尽管司法解决途径依然开放，司法解决工作依然在开展，但是其性质已经迥然不同了。

铐人风波给县法院落下个执法犯法的口实和不良记录，为不偏不倚的司法的黯然退场留下了一个不光彩的印记，宣告了法院作为公正裁判者角色的尝试的失败。作为一个审判机构，法院的基本职责是依法办事。而就此案来讲，依照国家法规，所做出的判决必定是不利于河村的，尽管一审法官更多是依靠自身乡土经验做出了有利于河村的判决，但中院发回重审以及新的判决结果都证明了这一点。而且，案子判决之后，河村拒不执行，更引起了法院对河村的不满。铐人事件的出现，一方面源于法院人员急于迫使村民接受既定的调解条件，另一方面也不无法院人员向村民宣示立场和表达不满的意思。然而，由铐人及死人事件所引发的河村村民群情激愤及上访行为，威胁到一方社会稳定，触动了党委政府最为敏感的神经单元，促使党政权力仓促出场，向身担“保驾护航、排忧解难”之责的县法院发出指令，要求其执行和实现党委政府的意图。

一方面要依法明断是非对错，另一方面要权衡利害摆平理顺，法院就处于两难境地，是坚持依法办案，还是贯彻执行党委政府意图?

法院的判决及在执行和解时出现的铐人事件引发了村民的强烈不满与围攻，法院院长以其身份之尊亲自出面与董发协商却终遭拒绝，铐人事件与执行和解无功又招致党委政府的不满与批评，司法的权威非但不能彰显，更在相关各方皆不受待见，法院的尴尬、委屈与郁闷，由此可见一斑。

为什么会出现铐人事件?是纯粹的意外和偶然事件吗?看似意料之外，实则情理之中。首先，就案子本源于集体化时期而言，铐人之举反映出转型之中历史遗留问题的解决难度之大，竟至于迫不得已出此下策。其次，执法人员轻率以铐人相威胁，以为一介村民，一威吓就会轻易就范，跪地求饶，可以想见，这种多少视村民为无知小民的陈旧观念，还是很顽固地存留于部分执法人员的脑际，思想及行为模式的现代转型之难由此可见。再次，作为具有相当位阶的执法人员（一个政治处主任，一个法警队队长，无论在基层政府位阶中还是在普通百姓眼中，已算是不小的官儿了)，不可谓对法律不知不懂，竟至于知法执法犯法，转型期司法系统之简陋薄弱，司法体制之不健全，一叶而知秋矣。

铐人事件的发生，使得供销社案子溢出民事纠纷的范畴，溢出司法的范围，演变成为一个具有社会政治敏感性的事件，在这种情况下，地方党委政府的超脱地位和中立态度也随之不复。在作为争端解决机制的司法权力之外，党政权力的解决手段由此出场。河村是3700多人的大村，而董发只是单个人；从情理上说，河村的确占有优势；从局势上说，法院铐人是个极大的错误，随时可能引发村民大规模上访闹事。基于几个方面的考虑，党政权力在伸出了手之后，这只手有所偏倚地伸向了河村村民。而如果说在铐人事件之后，党政权力的天平开始向河村村民一边倾斜；那么在死人事件之后，这一倾斜的天平就完全倒了过去。

在这过程中，党政权力对待村民的态度耐人寻味。政府从原先的不涉入的超脱转为偏向于河村村民，这是基于避免村民集体认知导引出集体行动的考虑，并不意味着完全同意了村民们的认知。从县长的出面和县法院院长提出的解决办法看，无疑是体认到了村民们的集体认知，并在一定程度上予以尊重。既然村民都认为这片地方应该掌握在他们手里，那就尽力满足这一点。但是，这种让步是有限度的，并没有如村民们期望的那样：既然是我们的东西，那就直接归还我们；而是在承认了国家征地制度和董发与西乡供销社的交易的前提下，由河村村民与董发做出新的交易，将土地买回来。政府的这一态度与做法，既在一定程度上满足了村民们在实际上占有土地的诉求，又消除了违背法律与政策所可能带来的潜在问题。毕竟，正如下文还要提到的，法治已经成为新的意识形态，法律至少需要表面上的尊重。在摆平理顺的举手投足之间，丰富的政治智慧蕴含其中。

在党政权力开始出场的时候，司法权力就退后了，退后而不退场，而是卑微地退到后面，随时听候使唤差遣。在安抚住河村村民之后，县长亲自责成县法院院长协调解决供销社纠纷，法院院长再次出面重新调解。不过，这一次的调解跟之前的法院调解相比，性质已经不一样了。现在的调解受到党政权力的指使，是一个政治任务，目的在于想方设法摆平理顺、消除不稳定因素，所履行的已经不是明断是非、解纷止讼的职责。这个时候，司法权力成为党政权力的附庸和一部分了。正因如此，才会有各种正式和非正式的方式并用，才会有县法院院长的说法：我法院一把手亲自出面，你董发还不给一个面子？

但是，毕竟法治已经成为意识形态，具有很大的合法性了。所以即便是在听从党政权力安排的时候，司法还是坚持了自己的程序和做法。当董发申请执行的时候，法院就执行和解；当董发主动撤销申请的时候，案子也就此终结；董发终究没有给法院院长一个面子，而后者在不满之余，却也无可奈何。尽管法律受到种种非法律因素的影响和制约，但是没有人明目张胆地违抗法律的程序和权威。这一点不是无意义的，它反映了法治进程在一定程度上的推进。

需要指出的是，政府由原来的超脱事外到后来的不得不出场，正体现了社会转型期的一个特征。它竭力想依靠法律来解决问题，但是想法终于不能实现。一方面，很多问题的出现都肇因于权力；另一方面，转型期的难以预料的因素太多，模糊之处和矛盾之点太多，单纯的司法难以独自承担维持秩序保持稳定的重大任务。国家权力不得不一次又一次出面，对纠纷和问题的解决施以援手，但是悖谬的是，它的每一次出场，都对脆弱的司法造成了伤害。

既然董发不接受和解，村里只好将四处借来送到法院的钱领回来。在这个时候，村里对法院解决此事的能力已经不抱希望，村民心里隐隐有些后悔，为什么不趁上次被铐和死人事件，继续对政府施加压力，以使得纠纷一气呵成地得到解决呢？现在，维护对这片土地的控制权、合拢村庄认知的边界的希望，似乎遥遥无期了。从董发那边来讲，他也知道，县法院跟政府一样是站在河村民一边的，即便自身拥有一定人脉，但是大势似乎难以扭转，通过司法判决及其执行来获得那片土地，可能性不大了。董发主动向县法院申请停止执行和解。双方的纠纷作为一个民事案子到此终结。

一桩民事案件是终结了，然而纠纷本身并没有终结。急于甩掉包袱并欲借机报复河村村民的董发与企图从中渔利的河村边缘人谢皮一拍即合，倒手将供销社转让给后者。

在经历了旷日持久的官司和种种的是是非非之后，在河村村民心目中，“供销社”三个字具有了特殊的含义，不再仅仅是村里的一片地方，更成为村庄共同体的象征，象征着村民曾经的共同经历和共同感受，象征着村庄的边界。村民们所争的，不仅仅是一点经济利益，更是村庄共同体的价值和尊严，共同体边界的维持，共同体身份的认同，每一个人都是这个共同体的成员，这是每个人的根基所系。在这个时候，村庄共同体意味着迪尔凯姆所说的集体意识，具有强大的凝聚力和归属感，具有鲜活的灵核和生命。然而，正如黄宗智所提醒的，村庄共同体并非铁板一块，其边界不是严丝合缝的。在谢皮接手供销社后，村庄共同体脆弱的一面暴露无遗了。

土地是河村的，只能由河村人占有使用，所谓村庄成员权，这是村民们的基本坚持和根本道理，也是村庄的主要武器，村庄能够一步步动员起来，成为一个强有力的共同体，一致对外，正源于此。当土地转卖给村内人之后，即便买卖掺了假，即便卖给的是为村民所不齿的村庄小混混儿，村民们的上述坚持和道理也就失去了目标，成了无的放矢。在村民眼中，董发是外人，他与河村的矛盾是“敌我矛盾”，而谢皮哪怕是地痞混混儿，其与村里的矛盾充其量只是“人民内部矛盾”，村里可以与董发对簿公堂，与谢皮则万万不可。

在村民们同仇敌忾的激情和荣誉感消退之后，村庄内部的矛盾、纷争和复杂面向开始显现。事实上，在村民们眼中，供销社事从来都不是单独存在的，始终都与村里其他事情其他因素纠葛杂处。乡村中的情面和私人关系、村庄权力格局与派系纷争、家族势力与姻亲关系以及干部腐败与紧张的干群关系，所有这些因素彼此牵扯关联，都影响到河村村民团结一致向谢皮说“不”。所以，尽管谢皮“抄村里后路”的做法无疑遭到了村民们的反对和谴责，谢皮之后一系列蚕食鲸吞供销社地方和威胁撒泼的举动也无疑令其成为村里舆论的众矢之的，但是一如董发所预想和期待的那样，面对一个处于村庄边缘的痞子，村民们束手无策、毫无办法。

正如村民们普遍做出的悲观预期那样，村委会代表广大村民要回供销社的可能性是微乎其微了，尽管表面上供销社回到了村里。事情演变至当下局面，耐人寻味。一方面，土地终于没有直接回到以村委会为代表的河村，尽管先前村委会反复表明这宗土地只能由村委会来接。以国家相关法规为支撑，董发通过这一转手倒出的动作，一定程度上贯彻了自己的意志。强大的司法体制和政府都未能令村民屈服，然而一个人的搅局却令村民犹如被点中穴道般束手无策，这表明国家的法律最终否决了村民的地方认知。另一方面，土地毕竟落在了河村村民手里（尽管是个边缘人式的村民），民众的认知尽管没能完全实现，却也在一定程度上得到了尊重，国家法规在这里体现了某种妥协。在法理与情理的纠葛中司法判决没有被推翻，但是也没有完全照此执行，河村百姓总算将分站土地留在了村内，却是在表面上承认了司法判决的前提下和基础上得到的。无论如何，这也算是一种解决了，尽管这是令所有人都感到不能满意的一种解决办法，在这一办法的后面，拖着沉重的包袱：村民的不满在郁积，村庄被进一步撕裂了。

从纠纷出现的原因看，民众对国家相关法规的隔膜与不认同是至关重要的因素。国家法规与民众普遍认知的情理相背离，需要检讨的，便是国家法规的内容及其制定了，“到什么山上唱什么歌”，任何的法律文本都无法脱离具体的时空和制度背景。法律如果要发挥实效，就必须首先成为一种适合当时当地情势的“地方性知识”。简单的法律文本和操作方式是不合适的，毕竟法律是需要实施的。法律的制定和实施，需要考虑民众的认知、意识、情感和态度。体制与法律的变革可以是跳跃的、间断的、急剧的、刻意人为的，而农民的认知固然也在发生变化，但是这种变化却是平缓的、连续的、自然而然的，有着极强的前继性。

从纠纷解决的途径和过程看，我们可以辨识出多种方式和规则的相继出现与交互并存：协商、强力（武力或武力威胁）、非正式调解、信访、司法审判与调解、党政权力，等等。

协商。协商是当事双方的初始反应和纠纷解决的首选尝试。河村干部与乡供销社的交涉，董发最初通过亲戚熟人向河村干部递话示好，打官司过程中双方之间直接或间接的沟通尝试，谢皮接手后在蚕食鲸吞供销社土地的同时与村干部的对话，都是试图通过协商化解纷争的例子。

强力。河村干部抢占供销社作为办公室，村民围攻强轰董发，董发打压欺负谢文，董发雇佣黑社会打砸前主任家，县法院强铐村主任，村民围攻县法院和政府，谢皮放话威胁村干部、围堵老年人活动中心、掀翻部分供销社屋顶，等等，皆属此类。

信访。董发在不同等级部门的上访，村干部在申诉信中发出的村民大规模群访威胁，铐人事件后的邹堂上访，等等。信访在实质上可算作制度化的矛盾纠纷解决方式，信访本身通常无法直接解决问题，但是通过此途径可以引起上级相关部门的关注和重视，成为促进和加快问题解决的诱因和推动因素。

司法判决与调解。董发起诉河村抢占供销社，以为自己胜算在握，事实也的确如此，胜诉后董发申请强制执行，但是法律判决遭遇了执行难，县法院继续开展调解工作。铐人事件发生后，基于社会稳定考虑，县乡党委政府倾向于将土地协调给河村，天平显然倾向于河村村民一边。董发意识到无法通过司法途径达到目的，只好申请终止执行。

党政权力。董发上访至国家信访局，来自上边的压力与信访一票否决的制约因素，促使党政部门领导露面发声，表示关切；及至铐人事件发生，乃至村主任老伴病发猝死引发河村村民大规模围堵党委政府，形成一场声势浩大、严重危及稳定局势的群体性事件，使得党政部门不得不直接出面，仓促应对，深涉事中，党政权力的政治性解决尝试就出场了。

在村民眼中，以上各种途径和规则相互之间并无严格的区分，司法审判、调解、信访、党政涉入等等都属于“上边”“政府”的“断案”，都是为老百姓解决问题的。

纠纷出现后，其解决过程固然如本书开头所述，具有一定之规，而一旦初始的常规尝试无法奏效，当事者就面临下一步采取何种途径、何种行动策略的选择了。在纠纷之初，一些解决途径尚未尝试的时候，当事双方均对对己一方有利的解决办法有所期待。在经历了一些尝试之后，各自发现事情解决并未如己方预想的那般容易，在认清现实不再抱有幻想后，对各种解决途径和手段的有效性和成本也有所了解，然后又重新捡起先前使用过的一些途径和手段。

民众对各种途径和规则的选择、使用，取决于其对各种规则的熟悉和接受程度，各种规则选用上的方便程度，规则是否管用和管用的程度，等等。对规则的选择是权宜性的，目的只有一个，以对自己有利的方式，在朝向自己希望的方向上解决纠纷，获得自己最满意而对方亦能接受的解决。从对途径和规则的选用看，这种对规则的偏好、比较、排序、筛选显示了各种规则机制在被用来解决问题时存在竞争和互斥。

与此同时，转型中的社会事实过于复杂难料，而任何一种规则各有其利弊长短，都不能一下子一劳永逸地解决问题，都只是在将问题推向解决（或复杂化）的过程中起到部分作用。从这一方面来看，各种途径和规则之间又存在着相互促进和合作的关系。

如此一来，转型期的纠纷解决，就如同通竹竿，不求务必一下全通，不求毕其功于一役，而是通一节算一节，一截截通下去，直到通完为止。至于每一节如何通、在通的过程中采用何种方式并无定规，全在当事者权宜性地权衡何种方式有效有用，有效则用，无效则扔。

经历了权宜性的选择和尝试，事情进入似是而非的模糊之中，但是这不是一团乱麻的模糊，而是有迹可循的模糊，乡村社会的某些特征蕴含其中。每一个阶段和场景都存在模糊之处，每一方都有部分道理同时各有其软肋，每一条规则都只是部分有效，每一种解决途径都只能发挥部分作用。

多元规则“竞合”（竞争合作）共同作用的结果，便是一个折中、妥协和权宜的解决办法，由此形成一个所有当事人都不满意同时却又都不得不勉强接受的结局，一种表面看去和谐但是危机蕴含其中的结局。转型时期的社会秩序就生成和存在于这种似是而非之中，这是一种多元规则并存竞争进而相互糅合的秩序。

我们看到，在这样一种多元规则并存竞争的过程中，司法途径虽然被寄予了解决问题的期望，却并未被赋予相当的信心。在民众眼中，它只是解决问题的一个可能途径，与其他解决途径相较并不享有优先或者权威的地位。这固然与民众的认识有待改变有关系，却也与司法自身存在的问题和缺陷不无相关。瞿同祖认为，传统中国社会中的法律曾经经历过一个极为重要的“儒家化”的过程，“表面上为明刑弼教，骨子里则为以礼入法，怎样将礼的精神和内容窜入法家所拟订的法律里的问题”。（瞿同祖，2010：378）我们可以以此类比，在当下中国社会，被“窜入”法律的则是以维稳为最大宗旨、以摆平理顺为主要内容的东西。

二　余论：国家公共角色转型

从大的社会背景看，正如朱苏力等人的研究所揭示的，“送法下乡”其实是作为国家政权建设的一部分而被加以推行的。也就是说，法治代表了一种新的治理模式，借助于这一新的模式，国家意图扩展自身对社会的统治范围，并增强统治的有效性（赵晓力，1999；朱苏力，2000；强世功，2003）。

参照美国学者蒂利（Tilly，1975，1990）的分析，张静指出，以往借助“国家政权建设”框架研究中国社会的学者，往往将政权建设等同于政权机构的下沉和扩展，而实际上政权机构的下沉和扩展固然属于政权建设的一个重要部分，国家的性质与角色的公共转变，才是国家政权建设中更具实质意义的内容。然而，这一更具实质意义的转变，迄今尚未在中国社会中实现，就此而言，中国国家政权建设的任务并没有完成（张静，2001a，2007）。那么在当下的社会转型过程中，这种国家公共角色的转变能否有机会实现，或者能在多大程度上实现？乡村社会“有法无治”的现实，或许可以为我们提供某些有益的启示。

简而言之，“有法”，显示了国家实现这种公共角色转型的有意识的努力；“无治”，则表明这种努力在乡村社会遭遇的困难。通过本书的研究案例，可以更好地理解这一点。

以往计划体制的基本特征，在于国家几乎覆盖和操控一切，构成了一种孙立平所说的“总体性社会”。反映到乡村社会，便是无所不包的人民公社体制，国家时时处处作为当事人出现。具体到研究案例，在六七十年代公检法被砸烂的“无法无天”的环境下，公社基于“一大二公”的社会主义意识形态，搞“一平二调”，从河村手中拿出 4 亩土地，转给隶属于政府一部分的公社供销社。尽管早在新中国成立初期，国家征地办法就已经制定出台，但是基本上被束之高阁，成为一纸空文。应当说，在当时特殊的体制环境下，对于这片土地在未来的归属，包括西乡人民公社、公社供销社和河村村民在内的相关各方并没有一个明晰的认识。事实上，相关的人们兴许就不曾考虑过这样一个问题，因为在当时的状况下，它根本不构成一个有意义的问题，这正如当时的人们无法预料到社会体制与环境在后来的变革因而在当时谈论变革毫无意义一样。但是，模糊不清的情势，隐伏了潜在的冲突。

由于维持旧的体制需要耗费巨大的社会成本，国家渐渐难以为继。改革以来，国家开始有意识有选择地从乡村社会退出，试图改变以往的由政府大包大揽、包办一切的状况，转而采用新的体制和做法。倡导依法治国，推行“送法下乡”，正是在这种背景下提出。但是国家的退出产生一个问题：以往的遗留问题如何处理？按道理讲，解铃还须系铃人，后续的事情仍需政府出面。但是改革之后，旧的规矩和做法不再，政府逐渐自乡村社会撤出，转而置身事外，撇下原先的一摊子事，留待乡村社会当事人自行解决，由此往往导致当事人之间纷争的出现。表现在案例中，就是由人民公社主导进行的征地，在新的时期成为矛盾和纠纷的缘起。时代转换，人们的认知随之改变。在新的形势下，供销社地方的经济价值凸显，与此同时，人们权利意识逐渐提高并开始伸张自己的诉求。于是，潜在的矛盾趋于公开，成为现实的冲突。在供销社和董发看来，依据征地办法，土地既已被征，即与村民无关，如何处置是政府和供销社的事儿；而村民则坚持认为，土地只是暂时被拿去占用，当时并没有买卖土地一说，用完之后即应返还村里。

新时期的国家在初始试图通过常规的司法途径和经过改造推出的信访途径来解决问题。对冲突各方诉求的评判需要依据，自然而然地，评判者援引当时的规则，以图今天之用，哪怕这些规则在先前只是停留在纸面上而从不曾在实践中被遵守。但是，由于所援引的规则不符合先前的实际，缺乏对以往历史的尊重，因而难以获得今天的人们的认可。这种历史遗留的性质——历史遗留问题是转型国家中普遍而重要的现象，再加上新的相关体制的不健全，使得常规的司法途径非但不能解决问题，反而经由一个转折性的铸人事件，进一步激化了矛盾，加大了问题解决难度。另外，需要指出，转型期间，本就新旧交错，矛盾重重，困难多多，因而构成“稳定压倒一切”的需要，这本身就为诸多问题的解决增添了难度。

在这种情况下，党委政府不得不改变先前抽身退出后一直试图保持的超然的和置身事外的立场与态度，重新作为一个当事人出场，以以往的解决办法来化解。铸人事件之后，村民大规模上访，县乡政府一齐出动，意图通过政治途径化解危机。然而，鉴于社会情势已经发生很大变化，市场经济体制逐渐确立，个人利益与权利意识凸现，自组织社会处于形成之中，以及新的法治治理模式的推行，各种因素综合影响，使得政府与权力的出场并不再能够通过旧有的方式来解决问题。政府出面之后，与法院联手，问题却依然没有能够解决，就表明了这一点。

政府由原来的超脱事外到后来的不得不出场，正体现了社会转型期的一个重要特征。问题的解决首先被寄望于常规法律途径，但是由于很多问题的出现都要肇因于党政权力，而且各种因素彼此纠葛，模糊和矛盾之处甚多，因此，司法难以独自承担维持秩序、保持稳定的任务。不得已，党政只好再次出面，置身事中，对问题的解决施以援手，但是，它的每一次出场，非但未能如转型之前那般有效解决问题，反而对新的脆弱的司法体制造成伤害。

新的办法尚不大管用，旧的办法却也已经失却功效，而且新旧办法因替代关系而构成矛盾。不得已，心有不甘却又难有作为的国家只好放弃，索性任由相关当事人去寻求其他可能的解决方式和途径——往往是当事人自行解决，或者通过协商，或者通过强制乃至暴力。

不过，在国家转型所面临的困境中，也蕴含着一个可能的契机，那就是通过当事人的协商，设法平息事端，化解矛盾。国家公共角色的转型，需要民众的响应和参与，在上下互动、协同努力的过程中生成和实施新的规则。毕竟，民众的社会认知在规则形成和秩序达成的过程中起着基础性的作用。诚如托克维尔所言：“法律只要不以民情为基础，就总

要处于不稳定的状态。民情是一个民族的唯一的坚强耐久的力量。”（托克维尔，1997：315）

需要指出，本文关于乡村社会纠纷解决的讨论是对一个有限范围内的单一案例进行微观考察的结果，这一考察无疑具有局限性。但是转型社会的最为复杂也最为引人入胜之处，便在于“实事”的多个面向，任何研究所揭示的都只是复杂面向中的某个或某些方面的内容。本文无意否定既有研究所涉的事实和所作的贡献，而只是尝试提供和补充复杂“实事”的其中一个方面、一点内容。就此而言，笔者并不讳言指出，本文案例在一定程度上也具有较广泛的意义，因为存在着大量类似的纠纷案例，它们有着共同的过程、机制和逻辑，我们可以由此触摸转型期乡村社会纠纷解决与法律实践的某些特征。

附　录

附录一
西乡供销社河村分站纠纷事件资料目录

第一批：直接相关材料

1. 西乡公社供销社、河村大队革委会，《协议书》，1976 年 3 月 15 日。

2. 南县革命委员会（76）南革字第 31 号《关于国家建设征用土地的批复》，1976 年 10 月 1 日。

3. 西乡公社供销社、河村大队革委会，《协议书》，1978 年 3 月 10 日。

4. 西乡公社供销社、河村大队革委会，《关于河村大队承建西乡供销社河村门市部的合同书》，1979 年 8 月 12 日。

5. 《西乡供销合作社章程（草案）》，1983 年 4 月。

6. 河村大队，《供销合作社联合社社员证》，1983 年 3 月。

7. 河村村民，供销社社员股份分红单据一份。

8. 西乡供销社、董发，《契约》，1997 年 3 月 8 日。

9. 南县土地管理局，南国用（97）字第 03—3918 号《国有土地使用证》，1997 年 3 月 21 日。

10. 河村村委会，《河村村委会发给西乡供销合作社的通知》，1997 年 8 月 14 日。

11. 南县供销合作社联合社（97）南供销字第 32 号《关于收回西乡供销合作社河村分站的决定》，1997 年 8 月 15 日。

12. 河村村委会、谢文，《租赁合同书》，1997 年 8 月 16 日。

13. 南县供销合作社联合社，《关于撤销（97）南供销字第32号文的决定》，1998年4月5日。

14. 董发，《起诉书》，1998年8月25日。

15. 河村村委会，《答辩状》，1999年3月25日。

16. 河村村委会、谢文，《租赁合同书》，1999年10月1日。

17. 南县人民法院（2000）南民初字第10—31号《民事判决书》，2000年3月14日。

18. 河村村委会，《民事上诉状》，2000年3月25日。

19. 河村原会计邹堂林，《证明》，2000年7月30日。

20. 河村原副支书谢桂，《证明》，2000年8月4日。

21. 南县人民法院（2000）南民初字第10—31号《民事判决书》，2002年1月22日。

22. 河村村委会，《强烈请求中共东市人大依法公平的解决南县西乡供销社与河村村委会关于买卖河村分站的纠纷一事》，2002年1月29日。

23. 河村村委会，《强烈请求东市市委书记依法公平的解决南县西乡供销社与河村村委会关于买卖河村分站的纠纷一事》，2002年1月29日。

24. 河村村委会，《民事上诉状》，2002年2月2日。

25. 东市中级人民法院（2003）东民终字第1173号《民事判决书》，2003年7月27日。

26. 河村村委会，《关于撤销南国用（97）字第03—3918号国有土地使用证的申请》，2003年8月5日。

27. 南县人民法院（2003）南法执字第07—168号《南县人民法院公告》，2003年11月18日。

28. 河村村委会，《抗诉申请书》，2004年2月1日。

29. 河村村委会，《再审申请书》，2004年11月4日。

30. 谢文，《关于购买河村分站的经过》，2004年12月16日。

31. 河村原村主任、现支书邹堂，《上访信》，2005年7月26日。

32. 董发、谢皮，《协议书》，2006年1月4日。

33. 董发、谢皮，《补充协议》，2006年1月5日。

34. 谢皮，《收款条》（董发签写），2006年1月4日。

35. 河村村委会，《强烈请求东市市委书记依法公平的解决南县西乡供销社与河村村委会关于买卖河村分站的纠纷一事》，2006 年 1 月 9 日。

36. 河村村委会，《强烈请求东市市政府代市长依法公平的解决南县西乡供销社与河村村委会关于买卖河村分站的纠纷一事》，2006 年 1 月 9 日。

37. 河村村委会，《强烈请求东市市委政法委依法公平的解决南县西乡供销社与河村村委会关于买卖河村分站的纠纷一事》，2006 年 1 月 9 日。

38. 河村村委会，《再审申请书》，2006 年 1 月 9 日。

39. 河村村委会，《南县西乡河村全体村民致东市国土资源局的意愿书》，2006 年 1 月 9 日。

40. 河村党支部、村委会，《关于供销社一事及两委现状的情况报告》，2006 年 1 月 11 日。

41. 河村村委会，《强烈请求南县人民政府撤销一九九七年为董发错发的国有土地使用证》，2006 年 1 月 17 日。

42. 东市中级人民法院（2005）东民监字第 25 号《驳回再审申请通知书》，2006 年 3 月 6 日。

43. 河村村委会，《再审申请书》，2006 年 3 月 11 日。

44. 谢皮，《契税单》，2006 年 12 月 8 日。

45. 谢皮，《房屋所有权证》，2006 年 12 月 13 日。

第二批：间接相关材料

1. 河村档案，1955—2005 年。

2. 河村两委会会议记录：

1999 年 3 月 18 日—12 月 5 日

2001 年 1 月 1 日—2002 年 1 月 27 日

2003 年 1 月 26 日—2006 年 7 月 8 日

2009 年 3 月 13 日—2011 年 11 月 11 日

（注：1999 年 3 月 18 日之前没有会议记录；1999 年 12 月 6 日—2000 年 12 月 31 日会议记录没有找到；2002 年 1 月 28 日—2003 年 1 月 25 日河村没有开会；2006 年 7 月 9 日—2009 年 3 月 12 日因记载会议记录的村会计落选此届村两委，故无会议记录。）

3. 河村户口册，2008 年。

4. 河村村委会，《河村领导人沿革名录》，1986 年。

5. 河村村委会，1997—1999 年河村部分账目，1997—1999 年。

6. 河村村民邹明成，《呼唤正义，谁为我们老百姓说句公道话》，2000 年 4 月 20 日。

7. 河村村民邹明成，《1997—1999 年河村白条子入账情况（不包括非正式单据）》，2004 年 1 月 13 日。

8. 河村村民邹来明、曾录、曾贵，《反映材料》，2005 年 3 月 11 日。

9. 河村村民邹明成、邹来明、曾贵、曾录，举报，2005 年 6 月 27 日。

10. 河村村民曾才国，《反映材料》，2005 年。

11. 河村村民谢皮，《关于河村主要干部大搞腐败的举报材料》，2006 年 2 月 20 日。

12. 其他村民上访信若干。

附录二　访谈录音资料目录

单位：分钟

	姓名	访谈日期	访谈时间	备注
西乡人员	高书记	2005 年 10 月 8 日	105	1963 年生，西乡原党委书记
		2006 年 6 月 30 日	100	
	姜发	2006 年 8 月 14 日	160	西乡原政法委书记
	方力	2006 年 8 月 14 日	120	西乡土地所所长
	唐春	2006 年 8 月 18 日	140	1972 年生，西乡原常务副乡长，后任政法委书记
		2006 年 11 月 19 日	130	
	姜民	2006 年 8 月 16 日	150	西乡党政办主任
	杨实	2006 年 8 月 16 日	100	西乡司法所所长
河村村民	谢庆	2006 年 7 月 15 日	200	
		2006 年 7 月 17 日	15	1951 年生，河村原支部书记（供销社案子村里主要负责人）
		2006 年 11 月 11 日	70	
		2006 年 11 月 21 日	120	
		2007 年 1 月 14 日	15（电话访谈）	
	谢皮	2006 年 7 月 15 日	50（未能录音）	河村村民、地痞
		2006 年 11 月 14 日	15（未能录音）	
		2007 年 4 月 21 日	130	
		2011 年 4 月 30 日	80	
		2012 年 5 月 2 日	36	
	邹堂	2006 年 7 月 16 日	150	1952 年生，河村原支书（被铸时任村主任）
		2006 年 7 月 22 日	30	
		2006 年 11 月 11 日	210	
		2007 年 4 月 20 日	60	
		2008 年 3 月 10 日	160	
		2011 年 4 月 29 日	110	
		2013 年 6 月 8 日	108	

续表

	姓名	访谈日期	访谈时间	备注
河村村民	盛宝庆	2006年7月16日	50	河村村民
		2006年7月17日	30	
		2006年7月18日	30	
		2007年4月4日	10（电话访谈）	
	邹增元	2006年7月17日	260	1923年生，河村村民、老地下党
		2007年4月21日	120	
	盛明庆	2006年7月18日	190	河村村民、村民组长
		2006年11月25日	70	
		2007年4月4日	15（电话访谈）	
		2007年4月20日	120	
		2011年4月29日	152	
		2011年5月2日	16	
		2012年5月3日	125	
	邹明成	2006年7月18日	90	河村村民、上访户
		2006年7月19日	20	
	邹堂宾	2006年7月18日	40	河村村民
	吴军	2006年7月19日	90	1964年生，河村副支书，原副主任
		2006年11月17日	100	
		2012年5月4日	180	
		2013年6月11日	170	
	黄尊国	2006年7月19日	75	河村村民、上访户
	曾才国	2006年7月21日	100	河村村民
	谢生福	2006年7月21日	60	河村村民
	盛堂	2006年7月22日	20	河村村会计、原村委委员
		2006年11月14日	200	
		2007年4月21日	60	
		2008年3月11日	105	
		2011年4月29日	15	
		2011年4月30日	52	

续表

	姓名	访谈日期	访谈时间	备注
河村村民		2011 年 5 月 2 日	123	
		2012 年 5 月 1 日	154	
		2013 年 6 月 9 日	148	
	盛才	2006 年 7 月 22 日	20	河村村委会收发员
		2006 年 11 月 14 日	40	
	李英	2006 年 8 月 12 日	105	河村原支部书记
	邹堂友	2006 年 8 月 13 日	70	河村副支书
	曾录	2006 年 8 月 13 日	80	河村村民、上访户
	曾祥伯	2006 年 8 月 14 日	90	河村副支书
	吴忠	2006 年 8 月 18 日	140	1952 年生，河村原支部书记
		2006 年 11 月 15 日	180	
	邹堂在	2006 年 8 月 18 日	90	河村村民
	邹明全	2006 年 8 月 18 日	100	河村村民
	盛洪庆	2006 年 11 月 12 日	70	河村村民、回乡工人
	曾文	2006 年 11 月 13 日	140	河村治保主任
	魏晋章	2006 年 11 月 21 日	30	河村村民、回乡工人
	吴琪妻	2006 年 11 月 23 日	70	河村村民、大棚户
	马月	2006 年 11 月 23 日	30	河村村民
	邹平	2006 年 11 月 23 日	60	河村村民、大棚户
	邹坡	2006 年 11 月 23 日	50	河村村委委员
	黄庆	2006 年 11 月 24 日	120	现任村支书
		2006 年 11 月 25 日	50	
		2008 年 3 月 11 日	66	
		2012 年 5 月 2 日	40	
	吴顺德	2006 年 11 月 25 日	90	河村村民、大棚户
	邹堂喜	2007 年 4 月 20 日	10	邹堂弟弟
		2011 年 5 月 2 日	42	
	邹均	2011 年 5 月 2 日	127	邹堂儿子
	邹堂军	2011 年 4 月 30 日	39	
		2012 年 5 月 4 日	23	
	邹雨	2012 年 5 月 2 日	17	

续表

	姓名	访谈日期	访谈时间	备注
河村村民	盛宪文	2012 年 5 月 4 日	150	2012 年当选支委
	盛启洪	2012 年 5 月 6 日	24	片会计
	黄祥	2012 年 5 月 7 日	295	片会计
		2012 年 5 月 8 日	38	
		2013 年 6 月 7 日	180	
	曾水文	2012 年 5 月 7 日	80	理财监督小组组长
	李冬	2012 年 5 月 9 日	84	1997—1999 年任支书
	谢生福	2013 年 6 月 10 日	90	1971—1997 年任村民兵连长
	曾福文	2013 年 6 月 10 日	120	1999—2013 年任第四片片会计
	邹明全	2013 年 6 月 11 日	60	
	谢栓	2013 年 6 月 12 日	120	2012 年 1 月 25 日当选村支部支委
县法院人员	贺院长	2006 年 11 月 20 日	20	县法院院长
	夏副院长	2006 年 11 月 20 日	30	县法院副院长
	张明	2006 年 11 月 22 日	20	县法院政治处主任
	高庭长	2006 年 11 月 22 日	20	县法院民一庭庭长
	吴文	2006 年 11 月 22 日	60	法院民一庭副庭长
	杨审判员	2006 年 11 月 22 日	20	法院民一庭审判员
	何颖	2006 年 11 月 24 日	65	县法院研究室主任
其他人员	李钧	2006 年 7 月 22 日	70	南县律师，河村供销社案辩护律师
	杨光	2006 年 11 月 22 日	5	南县土地局工作人员
	徐仁	2006 年 11 月 26 日	32	南县种子站河村分站工作人员
	王军	2012 年 5 月 6 日	127	南县律师

附录三 部分访谈记录

1. 原乡党委书记的访谈记录（访谈日期：2005 年 10 月 8 日、2006 年 6 月 30 日）（节选）

关于供销社的事。河村是个大村，村里县道两边的地皮很值钱。村里以前有个供销社，地皮是征的村里的。那时候“一大二公”，平调呗。地上附着物是乡里供销社投资建起来的。供销社破产之后，就把地皮卖了。卖的时候，搞暗箱操作，偷偷卖了，那时候制度也不太健全。村里边不干，就占了那片地当办公室，说你卖了不算，那地皮是我们的。可是那个买的人呢，说我是花了多少多少钱买的，你占了就算是侵权。他就开始想法儿，找了黑道儿上的人，要去打村主任，那个村主任跳墙跑了，就把他屋里打砸了一通。这事儿，就是合法不合理，老百姓有意见。他这个，从法律的角度说，我花了钱买的，是供销社卖给我的，政府也办了土地证了，我就享有使用这片地的权利，法律上是认可的，你不给我，我就起诉你。可是老百姓不是这么认为。他们说这地皮是我们的，不通过我们就把它卖了，那不行，而且我们还在供销社入有股份。可是这老百姓呢，应该去告供销社，是供销社先侵了村民的权。买地皮的人，知道通过法律上去解决事儿，去找法院，法院接手这个事儿，接手了，就缠着它了，它就推，说这事儿我管不了，涉及土地我管不了。法院说土地的事儿归土地局管，土地局说这得找法院。来回推来推去，没人儿管。他花了钱，但是村里占了地皮不让出来，他就想邪招儿呗，找了几个打手，去打村主任，村主任跑了，后来不干了。后来又去村里，这村里人多，挨着公路，一听说有外人来，就几百上千号人来把他围上了。事情就慢慢升级了。我一看，这事儿得摆平它，是吧。摆不平，肯定是个事儿，说不定哪天就闹到县里去。县里也来人说，你想个法儿解决了。那个人是花了钱的，他花了 8 万块钱，其实咱们也知道，加上送礼什么的，他怎么也得十五六万。我就跟他说，我说这么着，我知道你花了钱，就让村里给你出钱买下那片地得了。他问给多少钱，我说给你 18 万块钱。他不干，要 20 万。20 万就 20 万吧，后来又加到 23 万。就这样处理这事儿，处理过程中村里协助，村里哪有这些钱呀，是吧？村主任也在积极运作。法院是想着，一鼓作气，把事儿了了得了，庭外调解，是吧。村里刚筹到 20 万，还差他 3 万。这时候法院想着，要给村里干部施加压力。你说你有话好好说，是吧，结果他法院的人说，这么着，啊，给了 20 万，还差 3 万，你是村主任，是河村的法人代表，三天之内你要是拿不出 3 万块钱来，就铐你，拘你！这个村主任也是走南闯北见过世面的人，很有头脑的一个人，他说凭什么铐我呀？我这边还在积极帮你们运作这个事儿呢，你要铐我！凭什么铐我？法院的人说，你别不服气儿，说铐就铐你！结果说蹬了，还真给铐上了！一铐上，村主任就不让解开了。找了我去了。我一看，我就火了。本来老百姓就感到窝屈，我们的地方，我们得出钱，我们的人还给铐了！我一看我就火儿了，我说，你们怎么好事儿不找我们，这事儿净找我们呀？谁让你们铐的？我就给他解开了，村主任说，高书记，你给我解开了，我看着表哩，铐了我一个小时零三分钟，铐我的人，我要不砸了他的饭碗，我不姓邹！法院觉着事儿闹大了，赶紧道歉，说要请客。我说你们也别请了，先让消消气儿再说吧。结果气儿没消，反而越来越大了。村里老百姓知道了这事儿，就嚷嚷着：找他们去！砸了法院去！什么破法院啊！结果第二天就去了二十几号人，把法院给围了出不来，进不去。把县委的门也堵了。哎呀呀，县委书记就呲我呀，书记平常开会讲话都是文质彬彬的，骂起人来，什么都骂，怎么搞的？咋办的事儿？要你干什么吃的？我说，书记呀，这事儿赖我呀？我事先也不知道呀，本来我就快要协调好了。我说我想法先让他们回去再说。第二天他们就要上东市去，我一看不行了，就说你县里配合一下吧。纪检委、信访局、检察院就来人了，法院开始没有来人，先让检察院来了。他们不是要上访吗？咱们就变上访为下访，去让他们骂两句，消消气儿。结果一大早就去了，在他们小学校里，很多人，说的骂的都有。我们就说，你们别骂我们啊，我们是帮你们的，咱们是一伙儿的。就像小时候玩过家家似的。这不，纪检委、检察院都在这儿了，检察院就是管法院的，检察院两把剑，一把打公安，一把打法院！就这么说呀说，老百姓的气儿就快要消了。这时候，村主任上北京住院去了。什么住院呀，就是去找人儿告状。村主任去北京，把法院的人吓坏了，托人捎信儿，说你可别告呀。我就派了个村干部，一个村副主任，说你去找你叔去。他说不知道他在哪儿。我知道他肯定知道，我说你去吧，我们出路费，再给点儿补助。就这么着，找回来了。这个时候吧，又出了事儿。他媳妇儿吧，半身不遂，一听说他被铐在法院了，不就急嘛，一急就犯病死了。她死的可真是时候哇。这一下可就没法儿收拾了。村主任说：把我给铐了，把我媳妇儿给逼死了，饶不了他们！这样一来，老百姓就上了县城了，好几百号人，县委、县政府、县法院全围上了！他们要把死人往法院里抬，这人一死，事儿不就大了不！拿死人压活人不！实在没法儿了。现在要是处理人，除非把法院的人给依法处理了，不过这也不合适呀，他们本来也是为了工作，一时冲动，是吧。要想保护干部，那就用经济手段吧。我提出给他补5万块钱，后来说到8万。这个事儿就这么过去了。可是这8万块钱怎么补哇？得有个名分呀，乡里就写了个申请，说这里老百姓生活困难。钱就拨到了乡里，算是生活补助。可是一个人补给他8万，这叫什么事儿呀？一旦出问题，他们县里没事儿了，我这可就受不了了不，就又想了个法儿……后来我说，这8万块钱给他了，也得给他们村里出点儿，给老百姓补点儿，是吧。就给了村里几百吨水泥，堵老百姓的嘴。后来又给村里班子开了几次座谈会，咳，算是摆平了。这是我今年经历的一道大坎儿。

……现在就是这法律太绕，管不了老百姓。乡村就怕解决这样的事儿，说不清楚，从法律上是一套，合法，但是不得民心，按照法律，就会引发群体事件。反过来，得民心的，却又不合法。在控制的时候就不好弄，一旦出乱子，就要找替罪羊，像我们这样儿的，很容易出问题。

现在老百姓就是，你要是不怎么怎么，我就上北京！这一说上北京，谁不害怕呀？那可真丢乌纱帽哇。怎么别的地方都管得住，就你这儿管不住呀？所以乡镇和县里都在北京设有点儿，拦那些信访的。信访局成了热门了，就是信访局里的一个普通干部，我们县里也得好好供着，到时候得指望他给你销号啊，他要是不给你销号，给你发个通报，你就受不了呀，你就通不过呀，你就得受处分呀，那就白干了。都是想进步嘛，是不是，就是不进步，也不能让给处分啊。中国是这个，戴乌纱帽的，能不能升官是未知数，能升上就升，升不上就凑合着，但是怕摘你乌纱帽呀！那观音菩萨，咱给拜拜佛，给俩钱儿，能得点儿好处就得，得不着也无所谓，起码不能让给弄掉了。

关于乡村工作。我在县里待了三个地方，三个乡镇，干了十来年了吧。这个乡镇工作呢，总的来讲，对这个乡镇干部要求的素质越来越高了，而且这个责任越来越大，权力越来越小。我们是无限责任有限权力，时刻都在走钢丝，我们很容易倒台，甚至很容易进监狱。为什么呢？因为你的责任太多了，上边千条线，下边一根针。从开灯，忙到熄灯，没完没了的事儿。主要是什么事儿呢？最要命的是稳定。你这稳不住，老百姓呀，现在是法制社会，法制社会它应该有问题去打官司，可是打官司现在是要钱，老百姓他又拿不起，找律师他有的根本找不起，是不是？他跟大款打（官司），人家找个好律师可能就赢了。现在最大的问题就是稳定。因为稳定（问题），我们县的几个党委书记就倒了。这个稳定的问题呢，现在很不好说。为什么不好说呢？现在，不论什么问题，老百姓啊，老百姓说理的地方就是通过上访。他通过司法机关很难求得正义，一个是他的经济实力，二是他的个人素质。是吧！老百姓从古代就学会了怎么去喊冤，进京上访告御状。杨三姐告状啊，这个，杨乃武小白菜，一下子告倒了100多个官。老百姓就信这个。不上访白不上访，大闹大解决，小闹小解决，不闹不解决。这些都是人所共知了。北京那儿盖个章，回来就好办。这些东西呀，这告状这个法儿，上访啊，见效快，成本低。是吧？这个，他很经济呀，他为什么不用这个法儿？他没理也能成为有理。就有这样个事儿，他就是个刁民，这2亩地，他就是说是我的。本来是大队的，他就说是他的。他就到处乱告，告来告去，告的我们的上级要贬我，我们就给村里支书说，你给他不就得了。什么原则呀？现在讲不了原则呀，不就一句话嘛，先保乌纱吧。还有个事儿，是我们县前一段土地管理的事儿，打官司，一共打了11年了。这个土地管理呀，这个村儿里边，两家因为耕地，80公分……当时是一个常务副镇长包着这个村，常务副镇长正值班呢，村支书打电话来，说我们协调这两家的矛盾，协调不了了，你过来吧，帮着协调吧。村里解决不了，乡镇就得上呀。常务副镇长去了。去了一说，这个地方应该怎么做，他说先拿一个意见吧，拿意见，那边不同意，不同意的那个老头是心脏病，发了。赶紧让他吃药，吃完药，还没等到发效了，他死了。这一死了，村里家族势力、宗族势力很严重啊，家里院里三亲六故的全都来了。山区里边更是严重，是吧，那你这外人成了敌人了，马上就把你包围了，出不来了。出不来了，他就赶紧给派出所打电话，他说我这儿出了事儿了，出了事儿了，你赶紧过来吧。派出所所长去了，你说你打乡镇干部，你这是错误的，是犯法的，就把打人者摁那儿了。他们要上北京上访啊。要是上了北京，我们的书记、县长都得免了，免了乌纱帽。那当个书记、县长也是多少年一步一步熬出来的呀，所以领导们赶紧上去了，是吧，你必须得解决，解决不了不行。这个，解决这问题，老百姓要求，就是把这副镇长和这派出所所长一起铐上，从这村里带出去，铐着带出去。开始是走着出去的，不干，还得回来铐上，带出去，押在派出所了。追究这个镇党委书记的责任，这么长时间为什么没有解决？确实他也有责任，可是这个胡搅蛮缠他怎么解决掉啊？他的责任就是说你久拖不办，但是他不是没办，而是久办没成！这个党委书记现场免职，现场免职。这样的事儿呀，好多地方都有。乡镇党委书记在这改革期间呀，就是一个替罪羊的身份……

乡镇现在这个责任无限权力有限在哪儿呢？这个人调皮捣蛋，你叫派出所把他抓起来，派出所不听你的，他说我是公安局的派出机构，依法办案，我认为该抓他就得抓他，你说不行。派出所跟镇政府还算是一个支部，从党内，从块块上还是接受党委的领导。但是，更多的是听公安局的。为什么呢？公安局决定着他的升迁，决定着他的平调。我们也能决定，我们要决定，就得是跟他拼了的那种决定。啊，你不给我抓小偷，我把你拉到公安局去，我不要你啦。你爱上哪儿上哪儿，你去哪儿我都不管，但是我这儿是不要你了。但是，一回两回行，谁老是给他要这个土匪呀？是吧，不能因为工作伤了个人感情，那公安局长说什么他是什么。啊，我就是把人抓来，抓到拘留所，拘留所不收，那也白搭，我是白得罪人，最终我还引火烧身。所以说，原来这一大块儿，公安派出所，财政所，什么土地所，都归乡镇。我可以任免，我可以管人嘛，你党不管人了，党不管党了，党管干部，你要体现不了党管干部，你就体现不了领导。是不是？你只要从经济上解决你给我抓他去，回来我给你拨 10 万块钱经费。他为利，他也去冒险。他这个什么都图不到，光担那么大责任，干吗去呢？

再一个，你像土地所，农村最多的矛盾，是土地矛盾，土地所管着土地纠纷的排查，土地法的落实，宅基地的批示，是吧，这个，邻里土地纠纷，都归土地所。可是土地所以前还在我们乡里边，现在也划归土地局了。人、财、物全不归我们，他这办公地点人家都是出钱儿买的，啊，你管不着人家，这也很要命啊。

再一个就是，这个财政所，归财政局呀。你现在你就说，我行政是管不了了。这个事儿摆平了，给他点钱儿，摆平了，是吧，就别闹了，就把它抹过去了。你说现在这个财权，如果你要是把这个财政所长抓住了，捏住他，抠他的腮儿，这还行，他还得听你的。他胆儿小，攥住他的把柄儿，是吧。可是人家把你的攥住了，你攥不住人家。啊，你说要出钱，这个钱不符合财政政策，出了我得犯错误，我不给你出！你一点儿法儿没有。我们这儿有几个党委书记给财政所长闹翻了，把财政所所长送到财政局，财政局又把他送回来了，你爱要不要！不要不给你拨工资了！啊，最后党委书记给财政局局长说好话了，有的给（财政所）所长妥协了。啊，就是说，就好像过去那，咱们这儿是乡一级，就好像那过去县官给那师爷妥协了，还得听他的了，就是说，针对乡镇，有什么？乡镇就唯一有一个信访办公室，一个党政办公室，下来就是一个计划生育办公室，都是有责任的！啊，就不拿你当回事儿。

我来这儿之后，我在这儿撤过一个派出所所长，也不算撤，就是搞“非典”，不是要隔离嘛，有个人不听，我说给我铐起来，啊，他（派出所）不铐。最后，我们县委一个副书记在这儿，他火了，轰他走了。轰他走了，他又被安排的那个乡比我这个乡还富！啊，再见面的时候他就说：谢谢你啊，你啥时候有空儿到我那儿喝酒去！啊，你说怎么办？气得我，一副肝子脸。就是说，他那儿是局长给他做主，是不是，有局长给他做主啊，你这个乡党委书记怎么不好伺候？只要有责任的，都在下面。稍微有点权力的，电力所、派出所、税务所、工商所、土地所，有点权力的，有实惠有油水的，都在上面。所以说，现在这个，就是说，它强调部门利益，它不顾整体利益和统筹这个这个……大局。是吧，这就很难……就好像咱们支部一样，都条条管理了，都经线了，没纬线了，连不起来，是吧。连应该是我们连，我们又管不住。全国都是这种情况。为什么上访越来越多，是吧，前一段不是把温家宝总理的车还给截了。啊，北京经常有上访的，一旦上访，他就会通报，啊，通报你，不行摘你的乌纱帽。但是他不想想，你四五万人，一年要是说不抓几个，那其实也不正常。老百姓就是素质很低，有的就是无理取闹，有的从监狱里出来就胡来，啊，坐了监狱就好像是要摇头晃脑了，那就是资本，跟上了大学一样，我在里面待过了，怕什么呀？就像有人说的：我是流氓我怕谁？

民不举官不究。不知道逮不住也就无所谓。现在就是说，远一点的地方好待。比如在云南，是吧，要（到北京）上访得好几千块钱，他没钱到哪儿上访？你这儿，十块钱坐上车到北京了，到国家计委去一趟然后他到西单买一件衣裳回来啦。（众大笑）啊，那就给你记上了，记上了，通报你省里，省里一挨剋，我们市里县里就受不了，写检查，我们弄不好就丢官儿。你就说我们这儿，说什么也是熬了二十来年了，乡镇干部的职位也不愿丢。现在岁数也大了，当小工也没劲了，也不愿干那个了，是吧，混吧。起码儿得保这个。啊，这个稳定，是一块，责任无限，权力有限。

像这些，就是乡镇的责任。再一个是计划生育。超生了，或者是漏报了，咔的查出你来了，你漏报，超计划生育了，那你党委书记就免职，一票否决；社会治安，出了重大恶性事件，一票否决；宗教，一票否决；邪教，一票否决；稳定，一票否决。我们一开会，领导就说：啊，不行撤了你们！我们就说：这句话我们都知道来着。

原来三提五统的时候是乡里管。原来乡里的财政收入每年是320万，现在这个税费改革之后呢，我还有七八十万。啊，七八十万，我再有些农业税收不上来，他就扣我的。是吧，你说80万，有20万收不上来，有些特别困难的，他不交，你还不能打死他，不让他吃饭；有的就是刺儿头，你让我交就上访，我给你捣乱。村里不怕他，不跟他较真儿。收不上来有个十万二十万的，你这80万里头还有个五六十万。五六十万，你乡里边以前借的债，到期就转金，从财政上扣你10万。再一个，就是每年有报刊费，订报。你从下边收，老百姓说我不看报，什么《人民日报》这个那个的，我又不看，我不出钱。那还得扣你经费。啊，扣经费扣走五六万。你乡里的人儿又要靠它发工资，又要养车，又要电话，又要用电用水，又要修房，还要还账！主要还得还账。以前每年收入320万，借个百八十万不在乎，你现在呢？你还！他追着你跑，啊，追着你跑，你越没钱他越要的厉害。是不是？所以说乡镇这个财政很紧张。财政很紧张。

粮食直补，每个老百姓一亩地补十块钱。补十块钱你应该通过乡政府给呀。你收农业税，本来不是乡镇的事儿，你通过乡镇办，乡镇得罪人呐，得罪人的事儿都送到乡镇，是不是？你这维持人儿了，你通过乡镇给发，让村干部给你发，也提高一下村干部的威信。要不说我们就是催粮要款，刮宫引产，光干这个缺德损人的事儿。你说，老得罪人的事儿，拆房，折腾，抓人，是吧。老说我们形象不好，这一次给一点面子不行呀？他让直发，直接发到老百姓的每一户。他不信任这乡镇政府。他不信任乡镇，有什么事你别找我呀，他还必须得找你。我给财政局的局长说，我说哪有那么干事儿的？上面政策就是，保大共产党员牺牲这小共产党员。我们这些都是虾米。你说咱们都是乡里乡亲，谁愿意干这得罪人的事儿呀，谁不愿意维（持）人呀？政策逼着你，你不干就免了你，就砸你的饭碗。我们这儿砸了饭碗，我们干什么去呀？你不得不干。你干吧，干事儿，好了，行，应该的；坏一点儿，那就是，不是抓你就是免你。这，就这些事儿。现在已经蔓延到县一级了。县这一级也很麻烦。

大闹就能大办啊。前一段时候出了个事儿，什么事儿呢？有个小子，他媳妇偷人家的苹果，偷苹果被逮住了，逮住了就把她铐起来，算盗窃。当时就把他叫来了，叫来说，你是让你媳妇去蹲拘留所，还是你交罚款？两条路，让你选。他说，哎呀，交罚款吧，不过是这么回事，我们家是我媳妇说了算，钱是她藏着的，我说了不算，啊，就这么着，你先把我铐上，把我媳妇放了，让她回去拿钱，拿钱把我赎回去。他说行！所长也是混蛋，最后把他铐上了，把他媳妇放了。他媳妇拿了200块钱来交罚款了，他不让交。说，不行，我媳妇犯了错了，你为什么铐我？你这叫乱用警具。所长说你不是说让铐着你嘛。他说我让你铐你就铐了我呀？他说，我这就给温家宝写信，我上北京天安门广场，扛个大牌子绝食去。不撤了你我不干！把那所长吓得直给他说好话，最后给他5000块钱。你说，这种事儿呀，法律越条块多呀，越管不严。是不是？中国这个老百姓的素质呀，还没到这一步，这法制是不是进展太快了？是吧。再一个我们头疼的就是选举。每三年一次的换届选举，换届选举动摇了基层权力的基础。三年一次换届选举，选村委会，就是村干部啊。选村主任是三年一次，这个村主任是选上来的，村里面应该是管事儿，党管一切，管着村主任，是吧？村委会是村民自治组织，可是他选上来，他就说，你代表几个呀？你代表几个党员，我代表着全村老百姓！我得说了算。闹来闹去就两张皮。两张皮呀总产生矛盾，支部这一拨人，就卡；他这边就上访告状，村里是乌烟瘴气，甚至打击报复。选举过程中的另一个问题，就是行贿受贿。就是乱拉票，这个农村穷，你比如，我想当，我就拿一条烟，给你一盒，啊，你就把你的票给我，我写了交去。就干这个。啊，上边都知道，很清楚，全国都这样儿，但是上面没办法。啊，说不算受贿，不算行贿受贿。你这不算行贿受贿算什么呀？你现在这个，还影响干部情绪，尤其是村干部。三年一换，太频繁。是吧？他们都说是，第一年刚选出来，一年干，二年看，三年等着换。他就不敢得罪人啦。现在村里每选举一次，就产生一些矛盾，每选一次都产生矛盾。你搞得农村呀，本来呀农村比较稳定，搞来搞去呀，这个算什么。五年一次，或者六年一次，是吧，你这也可以。你要是老不换届也不合适。但是太频繁了，像现在，绝对是弊端。每一届选举都是我们过关，头都大了。上面说啦，两个月之内，必须给我完成选举，合理合法。都是问题，出了问题就撤你。有的两个月能完成，有的就完不成。比如，他选举没成功，选了，没过半数，啊，你还得过半数。可是你要选不出来，你啥也没法交代。逼着你胡说八道啊。有的记者就说，为什么那么多瞎话呀，他有时候就是逼你，满嘴瞎话。有人说，人人都有丑，不露是高手。反正就这么着吧，摆平了就行。现在是反贪官不反皇帝。可是，上边不知道下边的难处。比如说吧，收农业税，一个月必须完成。完成不了，这个要上报，但是完成过程中不许出问题，必须合理合法。可是你真要合法，他不交，你合法起诉他，三个月之后才执行，半年之后才能完成。可是他就给你一个月的时间，还必须叫你合理合法把它完成，你怎么完成?！你不得不想土办法，那些土办法我就不说了。这个在农村基层，有时候是连哄带吓，有时候拿链子拘呗，是吧。前几天，有一个上访的老太太，她在村里开了20亩沙滩地，本来村里是承包给她的，她开荒开出来的。后来村里就把地收回来了。她说村里没用的时候就不用，村里有用的时候就收回来，她不干。现在还有地，……那钱儿也不少，就给你耍无赖。上我乡里去了，啊，弄了绳子到我的一个副书记那里，往门框上一扯就要上吊！吓得副书记赶紧说：哎呀，你可别上吊呀，你，赶快下来吧。说好话。到乡长那里，骂街。到我那儿去了呢，拿烟。我老是给她瞎侃。她跟她老公公打架，她都脱光屁股，啊，就是她老公公！就是这样儿一个主儿，年轻时打架有一手儿。撒泼，打滚儿。来了，咳，我说你又找组织来啦？哈哈，我说给你拿出烟来，我知道你老家伙有烟瘾。我就得闹着玩儿。这烟抽完了，你得哄她乐儿。我说你回去吧，要不在这儿吃（饭）吧。弄什么我还得管她叫婶儿。我说婶儿你在这儿吃吧，这儿有瓶酒，喝一盅。回去就烧起来啦，高书记怎么了，一口一个婶儿，喝一杯倒一杯！吓得他们乡里滴溜滴溜的！是啊，她那么大岁数，你怎么着她呀？她是个老党员，她有心脏病，又不能骂她又不能打她。那派出所来啦也不敢碰她，碰她，死了，马上就得把他们开了。啊，我就怕这样儿的老头老太太，年轻的我不怕。气了我，你敢打我，我都敢打你！那老头老太太，得给说好的，我在那儿，她就不闹。那一天我没在那儿，她上我们乡长那儿去了，我们乡长躲她，她有气，跑到办公室去了。骂街，啊，拿我那儿 20 亩地，不让我活着了，不让我老婆儿活了，我们……什么时候，还没有你们呢。——她说得也对呀。（众大笑）我们那个办公室主任，说你看我们乡长不在，我们在这儿办公呢，你在这儿骂。她不管。把办公室一个小伙子说得上了火了，说你给我出去骂去！我就在这儿骂！跳了高了。小伙子说别人怕你，我不怕你！上去撑住她的胳膊就把她撑出去了。她又回来，一屁股下去，躺下了，打脸，把脸往地上蹭。一会儿，她的心脏病犯了，哆嗦，口吐白沫。办公室主任说我们闯了祸了，老太太要死这儿了。我说绝对不能让她死在乡里，赶紧打 120，把她弄县医院。你说那样儿气候，真死了，还非把我们免了不可。啊，弄去急救，乡里没钱儿，我媳妇在银行里，我说先拿一万块钱儿来！啊，就给她瞧吧，输上液，输上氧。瞧，瞧，待会儿，过来了，我看她没事儿了，啊，我媳妇给她买点西瓜买点这个那个的，我说婶儿呀，啊，你可吓我一跳哇。她说我死了也不能冤你呀。我说可不是啊。她仨小子都在北京哩，包工头，都回来了，开着小车，回来气势汹汹的，嗯，谁打我妈啦？……我们得上访！我说你问你妈吧，谁打她啦？谁理她了，怎么理她了？是吧。（他们说）你们扣我妈的地不行！我说你妈的地是你妈的。全村一人一亩二，你妈种了几亩地？人家一人种一亩二，你问你妈种了几亩地？嗯，她种了三亩二。最后没意见，反正我妈死了就冲着你们说！要无赖。——可把我忙坏啦！别人谁去了骂谁，我去了她给我面子。她抽烟，就给她弄点烟卷儿。以后，没再骂了。这二亩地，我说——你这一给，那老百姓他又不干。最后我说你写个申请，我给你张罗点儿钱儿去，你说要 500 元吧，我给你 100 元，扣除你 400 元，那 400 元算承包费了，履行三年合同，还不能免。她说，行了行了。抹住了老百姓的嘴巴，最后一说，得了钱儿了。其实那钱儿是我的！你不变通你怎么能下台阶呀？像这个事儿，我就没敢给县委书记、县长通报，这事儿是大事儿呀。得想法儿刀切豆腐两面光，那老百姓说不出什么来，一看把这块儿地拿过来了，还让她出了400 元承包费，闹了半天没捞着便宜吧。这边儿也觉得书记还不错，不但弄了点补助，地还白种了。所以说，现在我老是给下面说你知道什么是夹着尾巴做人吗？夹着尾巴做人就是不能让人家看出尾巴来！

现在的老百姓是，你给他十块钱，你再给他要回来，他就骂你姥姥。就是说，你从这大锅里给他倒到他的饭碗里，你说倒多了，再拿回半勺来，他就是骂你。是吧，你索性就甭给他，他什么意见没有！是不是？你就说这乡村干部，你把这乡村干部都牺牲了，你这大树，光一个大主根儿，一点小毛毛根儿都没有，一刮风还不刮倒你呀，是不是？现在搞的这一套，强干弱枝，啊，树干很大，树枝儿很差，那怎么进行光合作用呢？谁保着你？对不对？啊，一说就是基层干部素质低，什么都是素质不行。现在不说基层的乡村了，本来低就低了，搞不好，现在开始说县级干部，市级干部。再过几年啊，都素质低了，我给你说！是不是中央素质低呀?！毛主席时候那穷帽子，还干出了这么惊人的事儿，你这儿哪儿都素质低，对不对？谁都可以欺你，我们都该得忍，我吃错药了?！我们非揪着人家让人家去刮宫流产去，非让人家拿农业税，怎么总让干这事儿呀？而且有时候，老百姓逼急了，他拿着大扁担，扪死你！是不是？这些事儿。干部有时候挨骂，有个干部刚把庄稼种上，树刚种上，第二天庄稼就被拿刀的削了，把那树砍了，他媳妇跟那干部闹离婚，你这事儿乡村干部他不干不行！你是乡村干部，你也是这个村儿的呀。

2. 包村干部唐春访谈（2006 年 8 月 18 日、11 月 19 日）（节选）

关于乡村工作。现在提和谐社会，什么叫和谐社会？如果对违法乱纪的不加大打击力度，那叫和谐呀？对于那不违法的公民，这是一种不公平呀。现在对于这违法的，打击力度太小。比如说原先派出所抓人，说抓就抓。现在，一个村拆迁过程中，好多人故意捣乱，光组他们的材料就得组三天，等组完这三天的材料，他早跑了。你怎么着？现在计划生育超生，经常失控，没辙儿。（咱们现在有没有执行权？）有。有违法的，我们组他材料，到公安局法制科，缺一点儿材料都不行。我们一点儿执法权都没有。而且现在我们国民的素质是相当低。现在很多法律都是想当然制定出来的，在素质很高的人中才能实行，认为他能自觉遵守。咱还说这个选举。为什么不一定能选出合适的人。他行使他的选举权，他的这一票值多少钱？给他一支烟就行，就可以决定他的意志，选谁不选谁。或者说句好话就行。他本身没有意志，说他愚昧一点儿都不假。而且像有些村儿，有贿选现象，的确有贿选现象。他也不分析分析，那些花钱的，是不是想在选后从集体上捞回来。不然的话，他投入那么多钱干什么？他就不动这个脑子。

所以，现在，中国的老百姓是又可怜又可气。绝对是又可怜又可气。什么条件也不行，也没有什么致富门路，这样看起来很可怜；但是看他办的那点儿事儿，又实在令人可气。

现在那些上访的，在村里捣乱的，都是家庭条件不好的，他不是自己去寻找致富门路，他就是去找政府，赖在政府身上。找碴儿，最后吧，好多事情并不是通过法律就能解决。即便是通过法律途径能解决，他也不通过法律途径。我打不起官司，我就是上访。上访的结果是什么呢？最后政府拿钱，把事情抹过去，他得到好处。现在已经养出了一部分这样的人，刁民，绝对的刁民。我就是上访，我有理没理就是上访。现在对于有理上访、无理上访没有明确区分。一些无理上访的，提出一些无理要求，得不到满足，就对我们的接待人员进行侮辱。骂也好，折腾也好，拍桌子也好，甚至有一次把我们的办公室都砸了。你拘他吧，等你把材料做齐，他人已经不在了。你怎么着？

现在的乡镇工作就没法儿干，如果把这乡镇取消了，那就好了。解放我们一大批人。再一个，从工资福利待遇上，县局的经济条件好，每个局都有每个局的收入，除了咱们国家拨的钱以外，都有小金库。过年过节也好，都有福利发。星期六星期日，人家该歇就歇。像我们乡镇这些人，周六周日就歇不了，我们不但周六周日不歇，而且经常加班加点。工作完不成还要我们自己借钱垫上。而且我们没有任何福利。发了两盒蒸馏水，就是今年夏天的福利。就按劳动法来说，周六周日我们正常上班，你得给我双薪吧。谁提过这个？谁想过这个？从“五一”到现在，我们一天没歇。“五一”那几天，是我们修路最紧张的几天。书记是修路的组长，我是副组长。基本上这一块儿都是我牵头。修这条路很费折腾，先后抓了六个人。现在是你给老百姓干活儿，老百姓都不说你好。因为达不到他个人的利益。抓那几个人，就是受人唆使，给我们捣蛋。他们给我们捣蛋，后边的人一天给他们发 20 块钱的工资，他为什么不捣蛋呀？关键是在这儿捣蛋没什么后果。到最后实在不行了，我们经过请示县里书记、县长，把他们抓了。他们认为，这样做一点儿后果都没有。白闹，闹了还有工资。给我们造成的损失特别大。

现在，比如有人到县政府上访了，信访局一个电话，我们就得去接人。出了问题都是我们的。而且还记账，你们这儿来了多少个上访的了，你们的工作是怎么做的。其实好多都不是我们的责任。安全生产，你要负起责任，保持稳定，你要负起责任，邪教防控，你也要负起责任。什么都是我们弄，你说我们弄得过来吗？我现在包着八个村，14000 多人。我现在就是一个副科。下边还有六个人跟着我。这六个人从素质上也是参差不齐。现在这八个村儿，还不够一个村儿一个人儿。再加上有些干部不行，好些事儿都得我亲自管。所以现在的乡镇工作真是干不得了。现在要是把我安排到一个县局，把我的副科免去了当个一般工作人员，我都愿意。那多自在呀。现在是一点儿权力都没有，光是受气。

对于上边来说，不好的问题都是下边造成的。对于稳定问题，应该全面排查，及时调解，将问题控制在萌芽状态。他上边就这么布置，这些理论上都可以讲得过去呀。问题是我怎么排查，怎么调解？我们在高速公路征地拆迁中出现什么情况呢，有两家，原来为了种地方便，两家换了地了，你种我的，我种你的。但是这一次征地，他又要求换回来，有矛盾了。让我们调解，我们怎么调解？按照法律，三十年的责任田允许经营权的互换、转让，但是有一个前提。他们这个呢，也没有找第三方，就是两个人说的，而且也形成事实了。要从法律来说，不受法律保护，应该换回来。有的农民，有点儿法律常识，或者人品好一点儿的，想着当初换地就是图个方便，现在有事儿了，要求换回来就换回来。村里大多数换田的都换过来了，就剩下三户，就是不换。我们去调解。他们对乡镇干部破口大骂，说你们调解不行！其实我们调解是有道理的，第一个我们保护原来的土地承包，他们换地没有形成文字，也没有征得村委会同意，所以法律上不予保护，应该换过来。但是考虑到农村的实际，换回来，给他按一年或者两年的产量补偿一点儿。这样应该说是比较合理的。（接交通局一副局长电话，讨论因高速路拆迁牵扯到的宅基地的事儿。）高速路的事儿完成一大半儿了，春节前可以完成。刚才电话里说的是宅基地的事儿，宅基地这一块儿，补偿政策也是一亩地一万四千二加上五千块钱的平整费，因为宅基地需要平整一下，这跟耕地不一样。这种情况下老百姓不认可，嫌钱儿少。这是其一，再一个，上边规定，等量置换，原来有多少宅基地，还安排多少宅基地。他上边认为这是很容易的事儿。但是我从哪儿给他再找一块儿宅基地？而且，他需不需要走路？需不需要架电？最起码儿得通电吧？他上边根本不给你考虑，一点儿都不考虑！他们认为，我征你这点儿地，给你的钱儿不少了！他认为不少了。但是我们老百姓没有一个说钱够了的。这高速路是省里重点工程，我们负担的是最艰苦的活儿。（乡里有没有交通所？）没有，到县局就没有了。现在有油水的部门都垂直了，像土地所，工商税务，派出所，都垂直了。现在没垂直的有安检所，司法所，司法所垂直了但是还是乡里管，民政所。

现在稍微有点儿关系的人，他的人事关系都在乡镇，但是都想法借调走了，咱们乡里借调走了十几个，工资在这儿领，在县局上班。（在一个乡党委书记与一个县局局长当中选择的话……）绝对选择当局长啊。要是一些比较大的有实力的局，去当副局长都愿意。……现在山区有些乡，一个乡的人都没有河村一个村的人多。他们也是一样配置，书记，乡长，办公室，各个所，也是这么多人儿。还有乡镇的副科，不够一个人一个村，因为它一共五六个村儿。如果是七名副科，还不够一人一个村儿。但是我们这儿，像我是负责八个村儿。你看这工作量的差别有多大！（您下乡的时间在一年工作中占多大比重？）最起码也得三分之二以上。

（谈谈您的个人经历吧。）我是 1972 年出生，1991 年师范毕业，在一个乡的中心校干了12年，当会计。2002年招考公务员，我才出来。市里公开招考，我考的副科，考上后在山里一个乡镇做组织宣传委员。我是2005年2月份过来的，过来就是做常务副乡长。（报考公务员对您是一个很要紧的决定。）对。在中心校的时候，我走的是专业职称，是中学一级教师，相当于中级职称。中心校校长是正科待遇，但不是实职。我出来就是副科，当时组织部对我印象很好，乡里一把手对我也比较器重。一开始是我和另一个人，我们两个一块儿过去做副科，那个人现在还是在那儿做副科。……你看我现在包八个村，其实工作量比一个小乡镇的书记都大，只是没有权力，但是工作量大。那些小乡镇也就五六千人，我这八个村14000人，小乡镇一天天没什么事儿，我这儿没有一天没事儿，好多事儿都是稍微考虑不到都不行。

（您包河村，恐怕处理过不少事儿。）河村事儿多了，光这一个村，讲两天也讲不完。要充分利用干部，有些事儿，支书不一定能办，但是一个副支书就能办。得考虑村里的社会关系，亲属，家族，甚至帮派。……像那一天你看到的那个副书记，他给我顶，但是第二天选举时他去了，还工作得挺积极。在这种情况下，我就不能再说什么了，我这儿也就接受了。那个事儿就像没有发生一样，以后也不会再提它了。但是对于他来讲，有了那件事儿，他就不敢再对我怎么着了。最多什么时候在一起吃饭喝酒，他端杯酒过来表示一下，说那天喝多了。（要是一个村干部镇不住，后边的工作就不好干了。）对。特别是像我这样年轻的，关键时刻，你该翻脸就得翻脸。不翻脸不行，我不能给他说好话啊。我在山里乡镇的时候，埋死人的事儿都处理过。当时闹“非典”，不允许聚集，不允许大操大办红白喜事。但是，有两口子闹别扭，女的喝毒药死了。娘家来闹，不让埋。就做工作，做解释。第一是验伤，没有伤口，不是打的。第二个，她喝毒药，肯定有原因，得弄清楚原因。再一个，男方对于女方父母，得尽赡养义务。说不可能每一年给钱，就一次性给多少钱。然后安葬这一块儿，根据男方家庭条件，按最好的条件安葬。这些都谈妥了。最后出殡，女方提的条件非常苛刻，他们要求男方在出殡的时候一步磕一个头。男方没答应，他们就拦着不让出殡。我就找他们村里办这个事儿的总理，总理一般就是村里比较德高望重的人，说再不出殡，就更不好办。第一次让他们走，他们不走；第二次他们要走了，我就出面，把他们骂一顿。我说，我这儿还没有说话呢，你们就走，谁也不能走！他们抬脚就往外走。……办事儿得提前安排好了，关键时刻还得把握住。做工作，得抓住人情。……河村的干部在工作上还是比较配合的。……乡镇工作，很关键的是执法不严，执法不力。对于社会上一些违法乱纪的，打击不够。现在讲和谐社会，他上边以为一团和气了，就是和谐了，其实那不叫和谐。还是高速公路征地，有人就抢占了地，还不缴费，像这样的本来地就不属于他，但是现在这地被征了，他还来要补偿，而且少了还不行。从道理上，一分钱都不能给他，因为本身他就是白种的地，白受益，本身就是无理。但是还得给他点儿，这样对于那没有抢占的人就不公平。遵纪守法的人什么都没有，违法乱纪的人倒是捞了不少。但是你怎么办？没法儿。你只能是谁占着这块地，就给他一点儿，你得让他满足了。这就是所谓和谐！（他无理，没有给他吹鼻子瞪眼？）他不干呀，他还给你吹鼻子瞪眼呐。以前都说乡镇工作方式粗暴，但是它就管用。话说得不好听，中国的老百姓就得用这种方式来统治。现在的国民素质太低。像收这计划生育款。他就明说，我有钱，但就是不交。我们去了，连大声说话都不敢。像以前，他不听，打他，还得他自己看伤，现在呐，你没挨着他，他就讹上你了，上边就会说你方法不对。现在受的约束，第一个是构建和谐社会，带着感情做工作。这一句话就堵死了。带着感情做工作，这句话是提了又提。再一个，执法力度不够。当然，大多数人都是遵纪守法的，但是就有少数几个人，大家都看着他。比如计划生育，村里就是一两个钉子户不缴费，就造成平常很老实的人也跟着不交，他会说不要光向我要，那谁谁谁都没交。该打击的不打击，给老百姓造成一种感觉，就是谁遵纪守法谁吃亏。所以，老实人也变得不老实了。现在我们做工作，绝对是打不还手，骂不还口。一旦有了事儿，政府一点儿也不给你做主，只会狠狠地批评你，批评你方法简单，把握不住局势。我们去收计划生育罚款，有人就把孩子一把推给我们，说给，你抱走吧，你把他摔死吧，我不要了。我就不给钱，你就是把孩子摔死了，我也不认罚。碰上这样儿的，你怎么办?！没法儿。想让他拿钱，让他交社会抚养费，没门。结果只能是不了了之。有的会说：我没钱，我给你们借钱去。但是他今天借，明天借，他总说借不上来。从来不说不给，但就是不交。一个中心两个基本点，就是不拿钱。要是以前，你交不交？不交，噼啪打一顿，不用十分钟，五分钟都用不了，就交了！说没钱，我一个小时后借来。一个小时？不行，半个小时！半个小时就借来了！你只能是用这种方法儿。（河村有这样的事儿吗?）就是河村的，我去的，就是前两天发生的。是什么情况呢？孩子是老太太抱养的，但其实是她丫头生的。她丫头生的第三胎，不敢要，就让老太太养着。老太太本身有儿子有媳妇有孙子，她已经不符合抱养条件了。允许抱养是什么条件呢？没有生育能力的，或者自愿不生的，到了一定年龄，夫妇在 30 岁以上，允许你抱养。而且首先你得办理抱养证。她这个吧，一是不符合抱养条件，二是没有抱养证。她就说是从路边捡的孩子，说你们是人不，就看着孩子没人要也不管？我这把孩子捡回来是做了好事儿了，你还罚我的款？你看，她还挺有理！（你们怎么应对?）只能给她说，再怎么着，你这是违法，因为你不符合法律抱养条件。说孩子是捡来的，你不符合抱养条件，你应该找民政部门或者抚养院。尽管知道孩子是她外孙女，我们也只能这样给她说。（然后呢?）然后就不了了之呗。她不交钱，我们只好把钱替她交上了，上边有任务，必须得完成。我自己从家里拿了 6000 块钱。不够，又从外头借了 2 万块钱，向一个村儿的支部书记借的。（以谁的名义借的?）以个人的名义，以乡里名义人家谁借给你呀？为什么我这一片儿几个干部今天没来呀？每人都要垫钱，一人 3000 块钱，所以都不来了。这工作不是我一个人的工作呀。（要是挨罚的人一直不交呢?）再想法儿呗。实在不行了就找领导，让乡里财政出。问题是，现在乡里也没钱。（咱们片儿这次的计划生育罚款任务是多少?）全乡任务 40 多万，定的任务是完成一半，20 多万，但是一半也没有收上来。这任务已经是压了又压。这些都是要上缴县财政的。咱们片任务是 52000 元，实际收上来 24000 元。而且这 24000 元里边也有村干部垫的，因为我们也分配任务给各村了，村里收不上来，村干部只好自己垫上。我下边这些干部，按说应该有难同当吧，但是谁也不垫。我们片儿，算上我，一共十个人。我前天就给他们布置了，没人拿。（难道他们不怕您这个常务副乡长处理他们吗?）我处理不了他们，我没有那个权力处理他们。我要有法儿处理他们，他们就都拿了。现在是好多人出工不出力，没法儿管。平时下乡也是，本来是他包的村儿，出了问题应该他负责，但是他处理不了，所以还得我出面。（一般处理一个人，要开党委会讨论吗?）开党委会讨论也免不了他。因为他有国家编制。而且他也有说法，我凭什么要拿钱?现在我们手里一点儿约束办法都没有！平时干一般工作，可以齐心协力，但是涉及钱的事儿，一人一个心思。而且这次垫上了也不算完，自己垫上这些也还是不够，因为剩下的另一半任务不可能不要。（您刚才提到，您是以个人名义借的钱，而不是以乡政府名义。也就是说，乡政府信誉还抵不上您个人信誉。）绝对。现在不光是乡里，就是村里，以村委会名义借钱也借不来。就是去贷款，以政府名义也贷不出来，只能以个人名义贷。我现在借钱，以我个人名义，在各个村里都能借来，但是以乡里名义就不行。现在是以个人身份来给公家做事儿，政府没有什么公信力。（乡党委书记借钱也只能以个人名义?）对。（以党委名义借不来?）借不来。（他是以个人名义借的，但还是靠了他的书记身份?）对。包括好几个支书、村主任，他们计划生育罚款收不上来，我也是以个人名义给他们压任务。以什么名义呀?反正这个任务是分给我了，现在是你们不垫，就由我自己垫，你们看怎么合适。在这种情况下，他们才答应下来，说我们想办法垫上。也不是心甘情愿，就是靠平常关系不赖，有点儿个人感情，有事儿了相互帮忙，相互体谅。但是这只能是暂时的，一次两次行，总是这样就不行了。那时候就没法儿了。（工作是不是越来越难做?）越来越难做。没法儿呀。把乡镇撤了也合适，解放一大批人。但是如果取消乡镇政府，农村基层肯定比现在还乱。因为很多问题都是在乡镇一级想方设法化解了。这也是乡镇撤销不了的原因。……中国的情况跟外国就是不一样，人家是一户经营一个大农场，咱们是一个人不到一亩地。没法儿比。所以政府运作、资金投入都不会一样。……所以我觉得，现在可以说，乡镇干部生活在社会的最底层，某种程度上连老百姓都不如。比如说，在我们面前，老百姓可以拍桌子骂娘，可以胡来，从我们来说，没有这样的机会。我们给老百姓骂的场合多了，而且绝不是因为我们对政策把握得差。比如这高速路拆迁，政策我们了解得很透，方式也很委婉，但就是挨骂！你怎么办?有人说我们像孙子一样，我说你说错了，我们现在连孙子都不如！我说哪一家里不是孙子说了算！我们连孙子都不如，我们生活在社会的最底层。……什么福利都没有。你看，冬天就烧这么个小煤炉。（我看有些屋子里有暖气片。）暖气现在也不用了，那是原先用的。就是一个小炉子，这就是我们的办公条件。我们的工资，以我现在的职务，要是在北京，一个月怎么也得有两千多吧，我现在满打满算不足1000块钱，九百多一点儿。我爱人在县城边儿，一个小学教书，她现在的工资扣完住房公积金、医疗保险等之后剩下960块钱，比我拿的多。这900多块钱是什么概念？还不如建筑工地一个小工！一个小工干一天活儿还有40块钱，而且人家管饭。你可以说这没有可比性，但是钱的多少可是可比的，难道我劳动一天，还不如一个小工干一天活儿？所比的小工是最低的了，稍微有点儿手艺的泥瓦匠，一天得有六十、七十，他一个月的工资抵我三个月的工资。你想想这是什么概念！我们这点儿工资现在只够图个生活，我一个月下来工资基本剩不了多少。好在我现在不抽烟，上师范的时候偷偷抽过，别的时间就没抽过，始终没学会，没上瘾。要是抽烟的话，这儿一般抽五六块钱的烟，一天一盒，一个月就是100多块钱。（您今后有什么打算，对自己是什么预期?）哈哈，走上了这个道儿了，就只能这么混吧。其实我现在很后悔，后悔报考了公务员。当初为什么考了呢？从我们家庭来说是农民家庭，我们毕业的同学有很多转行转到行政上的，混个一官半职，表面一看很风光。所以有了机会自己也考了。如果我在教育上没有出来，现在最起码也是正科校长，而且教育局领导对我也不赖。我在师范时就是优秀毕业生。（不过现在说让您回去，您恐怕不愿回去。）要是让去当校长，就回去，那工作太轻松了。……（您从政的同学里边像您这样的多吗?）多，升的最快的已经是五六年的副处了。不过他和妻子双方都有人。一开始就是县团委副书记，接着书记，下来就是乡镇书记，再下来就是副县长。很快就是正处了。（您是入道有点儿晚了。）太晚了。到40多岁能到乡镇一把手已经很不错了。（假如说，现在您有机会去一家公司，不说给您五千，一个月给您三千，您去不去?）绝对去。如果有那样的机会，如果能胜任工作，我肯定去。（您真会选择去?）真去！……刚才说了我们一般工作人员不容易，其实书记更不容易。有人总是抱怨乡镇书记一言堂，对这个事儿吧，我的态度始终是，我很能理解。为什么呢？各种压力都在他身上，各种一票否决随时都有可能把他的书记免了去。安全生产也是一票否决，党建也免书记，可以说好多把利剑都在头上悬着。你不要只看到他打主意那一会儿，花钱签字那一会儿。他是好多责任好多压力在肩上。我觉着权利与义务应该对等。现在的乡镇书记，除了花点儿乡镇的钱的权力，他还有什么权力呀？对于人事，他没有什么权力。对于我们这些副科，他只能向组织部门建议，谁谁我用着不合适。（一般来说建议有用吗？）有用，可以调整一下，但是，比如说把我的副科免了，他免不了。要免我得上县委常委会研究。比如一个一般工作人员提拔为副科，书记只能是推荐，他提拔不了。你说现在的书记有什么权力？所以我很能理解。他担那么大的风险，为什么不能打点儿主意，为什么不能花点儿钱儿？

关于供销社的事。供销社的事儿，我了解不是很多。在铐人之后，出现了一些插曲，而且这些插曲很不好办。（你是说谢皮的插手？）对。现在县里都比较重视，县法院一名副院长，还有一名律师，是县政府找来明确帮着河村的。因为现在市中院已经裁决了，所以必须往省里跑。从村里来说，实事求是地讲，支部书记邹堂没有吃亏。他挨了一下铐，他老伴部分是因为这个死了。他老伴吧，说白了，活着也是个累赘。她死的是时机，她就在那两天死了。她提前几天或者往后几天死，都没有问题。她就是那两天死的，所以就成了事儿了。平心而论，这个事儿，他挨了下铐没有白挨。但是这个事儿现在为什么难弄，就是因为谢皮横插了一杠。他说他和董发之间有协议，他买了供销社那片地儿了，要村委会搬出去。大队肯定不搬呐，因为这地儿没有完全属于董发，他没有权利转让。即便是法律判了这地儿归了董发了，河村与董发的官司打下去村里仍然输了，他这么卖也不行。因为这个买卖土地，都有个四邻签字原则，国家土地买卖，至少这块地儿的四邻都得认可了，没有纠纷，这种情况下才可以办。它四面都是咱们河村的人，四邻签字他绝对签不了。这是一个因素，再一个呢，因为董发与村里的官司还没有最后判决，县政府已经插手处理这事儿，责成县法院一个副院长帮着河村打这个官司。……而且谢皮这个事儿，他把原来那个门给封了。原来办公室的路没有从西边走，是从东边老年人活动中心那个门走的，他把那个门给封了，插死了。因为那个事儿吧，我也比较气愤，当时找了派出所，决定把他抓了，方案都定好了。但是最后是我跟他谈，这里头实事求是说也有点私人关系，他也找我，通过私人关系找我，他有点怨我，说他是花钱买来的地儿，地儿成我个人的了，为什么不让我占？我钉门是钉的我个人的门。我就给他说清那些关系。根据我们掌握的情况，第一，他肯定没有出钱，他没有这么多钱，他借也借不了这么多钱，贷款、借钱都不可能。连董发都承认，他谢皮没有出钱。为什么我们决定要抓他呀，当时政府对这一块儿也很重视，整个县委、县政府对河村的情况都比较关注。我们把所有的材料都整理齐了，可是呢，在抓他那一天，让我最后再找他谈一谈。因为他私下也找过我，通过关系也找过我。我也考虑这社会关系。当时弄得很僵，我让他去把门打开，他不干，他原话是这么说的，唐乡长，你看这个事儿吧，你们有时间你们就待着，我没有时间陪着你们了。他说这么句话他就要走，我就跟他拍桌子了。我说我看你走！这不是看你有没有时间，这个事儿你必须给我办了，而且你必须自己去做！他们家就在供销社对过儿，我跟他说，从你家里拿锤子、撬杠，把门打开。把这事儿做了，一切没事儿，不然一切后果你自己负责！这么跟他一拍桌子，他就软了。他就从家里拿了工具，跟他一个哥哥一起去开门。开到一半的时候，因为周围很多人围着，他感觉脸上无光啊。自个儿封的门，自个儿又来打开了。他就跟我说，唐乡长，让几个人帮我弄弄，我有事儿得去（离开）了，行不？我也考虑他面子的问题，我说你去吧。就这么着，剩下的让干部们给打开了。就闹了这么个风波。（他怎么封的门?）他用木条儿，就是前边有个修自行车的摊儿的地儿，那有个门。在这个风波完了之后，谢皮一直还在给大队捣乱。现在走的门原来是用砖弄起来的，没有用水泥。他就把那儿拆开了。绝对是他拆开的，但是我们没有证据。那墙是他拆的，现在办公室那一排房的顶瓦也是他揭开的。我们没有证据，但是肯定是他。（有人说亲眼看到他揭瓦。）肯定是他。就是有人看见，他也不会做证。而且这个事儿，邹堂他们这个班子成立之后，我也作为一项任务压给他们了。我说这个事儿必须得尽快办。因为我接手之后了解到，河村为这个事儿打官司已经将近十年了，每一年都要糟进去两三万块钱。因为他们每一次往外面去，得有车，去几个人，最少得两三个人吧，得吃饭，到哪儿去还得买烟，甚至还得招待人家，其中还有律师费用，一些打印材料的费用。这一块儿，河村糟钱糟得太多了。现在无论是谁当上河村的干部，如果要说供销社的事儿他不管，他也当不了。必须第一个解决这个事儿。现在邹堂那儿为什么迟迟不见行动，我分析着，第一个，他个人没有吃亏。第二个，让谢皮这么一搅和，这个事儿越来越难办。第三个，从河村来说，经济上现在比较紧张，没钱。头一年，我没有因为这个事儿去找邹堂谈，因为头年过大秋，他们花了十几万块钱，还了一些账，办了一些事儿，我始终没有找到合适的机会去跟邹堂说。像这样的大事，财务上的大运作，都得由我来控制一下。今天乡里还没有这个意思，我还不能下这个打算。以后村里大一点的收支，收也好，支也好，必须得通过我，不通过我不行。因为这个很容易出问题，出了问题都是我的。老百姓上访，村里乱了，都得我去处理。所以有些大的事情，我得把握一下。再一个原因，他们不往外跑，现在的村干部对供销社的事情可能清楚，但是吧，这点儿人，无论在写材料方面，口才方面，还是在法律意识方面，都不具有往外跑的胆子，他们往往发怵。去法院，一二三，法律依据也好，历史事实也好，怎么一回子事儿，他说不上来。你让他到哪儿反映去，弄个材料，材料他都写不出来。这一块儿，原先咱们的支书，谢庆，他对供销社的整个事情最清楚，因为他也是村里多少年的干部。而且哪年哪月哪日发生了什么事情，最后的结果是什么，他都有记载。而且他平常对法律研究得比较多，口才也比较好，写个材料能拿得出手。再一个呢，他是多少年告状出家，这个人，按我的分析，本质说不上坏，但也的确说不上好，也是属于刁民之列，但是这个人可用。他当支书期间，我包这个村儿，乡里面的中心工作，没有一项完不成的。而且他这个人，比较擅长协调关系，他当支书不独裁，你这村主任、副支书、副主任，都让打主意。我认为他是一个比较好的（支书）人选，可是这一次支部选举，由于村里的势力也好，还是帮派也好，他落选了。他落选，其实从某种程度上也不算落选，因为他的选票也过半了，过半了就能当选。但是在过半的人中他的票最少，支部取七名，他排在第八位。然后谢庆又上访，因为（支部当选者）其中有一个人，党籍有问题，入党程序不对，不符合要求，把他弄下来了。所以准备把谢庆提上来。谢庆当选之后，最起码，这一项事儿他能去办，可以让他牵头，靠着他，或者让别人，比如支书、主任，牵头也好，他可以去办这个事儿。谢庆能去办些事儿。供销社事情迟迟没能解决，跟村里干部有关系。要不为什么上他呢。老百姓也有这种担心。有一两个村干部，跟谢皮像一个人儿似的，关系很铁。再加上邹堂个人儿没吃亏，人们都很怕供销社这个事儿不了了之。现在谢皮已经搬进去住了两间了，而且还有一间当库房，相当于占着三间。大队占不着地儿了，自然而然地会搬出去，老百姓也有这种担心。为什么我给邹堂施加压力，让他赶紧去找。结果他说没钱，他弄了点儿钱也没有干这事儿。我很不满意呀。（邹堂不会太主动去做这事儿？）哎。一来他得了实惠了，再一个他现在的班子构成让他觉得不太好去做。（问题是，他难道不会考虑到，在经历被铐事件之后，他个人已经跟供销社的事儿紧连在一起了……）现在无论是谁找邹堂，他也是义愤填膺：这个事儿，不算完！谢皮那儿，我找他！他绝对会这么说。他现在跟谢皮关系也可能是真的很僵，但是呢，他不太希望再往下走一步了。往下走的态度不是很积极了。为什么呢，如果他是真正义愤填膺地要把供销社要回来，他在大秋收了十来万块钱吧，他不应该先还了部分账，先发了大队的工资，他应该全力以赴地打这个官司！而且已经选举完了这么长时间了，就应该在供销社的问题上一步一步往下走，但是他一步都没有走。（您的分析很有道理。但是，因为他被铐，村里差一点儿闹出大规模上访，这样的话，他其实现在面临一个坎儿，如果他不尽心办这个事儿，就有可能被老百姓抛弃。）他被铐的当时我不在，我在山东学习，我曾经给主任打过一次电话，说不要太过于胆儿小，怕河村起来炸了。我说不要怕，河村的乱，跟任何村都不一样，河村的乱是有秩序有组织的乱。老百姓要大规模到县城上访，那只是表面现象。河村与别的村不同，即便有供销社这样的事儿，即便这样的事儿不解决，河村仍然可以保持稳定。

（村里有人评价说，谢皮不是个正经人，跟黑道有关联。）咳，他算不上。他这样儿的，也就是跟着跑的，小喽啰。（不过他现在一点儿一点儿地快要把地方占完了。）现在的村里干部也是不实心办这事儿：我凭什么去办呀，对吧。（对于供销社的事儿，我们政府是什么态度？）政府没有态度。（是不是应该区分县政府与乡政府？）我们的态度就是按照法律程序走。（如果按照法律程序，案子翻过来的可能性就小了。）翻不了就翻不了呗。（那最后就给了谢皮了？）给不了他。永远也给不了他。（但是他明明快占完了。）他占着是占着，但是给不了他。他始终是占着，原先没归董发的时候他就开始占了。（原先不是谢文在那儿租着吗？）是租着，不过租金是谢皮收了的。（为什么呀？）咳，说不清这个事儿。（在邹堂被铐之后县政府不是态度很明确，专门派一个法院副院长帮着村里打官司吗?）是呀，肯定是偏向河村。……慢慢看吧。没准儿，过个三两年我走了，这个事儿也弄不完。这个事儿已经弄了十年了。（政府现在是偏向河村的。）绝对。因为这个事儿吧，真正从情节上考虑，还得尊重历史事实，应该是这片地方归河村。即便不归河村，因为他有个国有土地使用证，即便是国有土地，出让了也应该先给河村使用。毕竟这是人家的地块儿。另外，河村有一个集体入社的股权证，你就是把它处理了，河村也有个优先购买权。但是供销社是在没有事先告知河村的情况下私下卖给了一个外人。（在您看来谢皮占也是白占?）咳，占也是白占！归不了他！（但是一般村民都是胆小怕事的，要是他各个去分化……）不怕，他没那么大的能耐。他做这件事，可以说是跟全体村民作对，村民中有点儿正义感、有点儿集体荣誉感的不可能跟他走得太近。他完全是为了私人，他也是想转手卖掉。他曾经找过买主，人家不跟他合作。他现在是钱也没借着，也没贷着，他跟董发就是一个假买卖。董发亲口承认的，准备拘谢皮时做的材料。（谢庆是在一心一意打这个官司吗?）他是一心一意打这个官司。不过他这样做也有个前提，谢皮的一个亲叔伯哥哥，也曾经当过支书，也是被谢庆告下去的。这也是造成谢庆这次选举下去的一个原因。现在是几股势力联合起来，反对谢庆，在这种情况下，谢庆过了半但没有进支部。（有部分村民怀疑，尽管谢庆表面上是在大张旗鼓地打官司，但是背地里是与董发一条路的。）绝对不可能。一点儿可能性都没有。那只是谢庆的对立面那样说。

3. 被铐村主任访谈

访谈一，2006 年 7 月 16 日（节选）

关于个人与家庭情况。9 岁的时候，我父亲去世了，只有 38 岁。他是怎么去世的呢? 他原先也是村干部，是咱们村的大队长，也就是村主任。1960 年，咱们正兴修水利。我父亲买了个自行车，骑车的时候不小心把腿磕破了一块儿，之后他领着村民挖水沟，水太脏，感染了，血液中毒。当时医疗条件不好，没检查出来，待检查出来已经晚了，他得病七天就去世了。我父亲去世后，家里情况就不太好了。我有两个姐姐，两个弟弟，我排中间。我父亲去世的时候，我小弟弟只有 1 岁多点儿。我父亲去世一年后，我奶奶也去世了。当时我上二年级，就休学了两年。

我三四年级几乎没上，休两年学后直接上了五年级。1966 年我高小毕业，“文革”刚开始。接着就去生产队了。（当时村里有派系斗争吗?）我没有参加派系，但是我的家人参与了，我父亲跟当时的村支书肯定是一派的，都属于走资派。这里当时有工农学和红色造反派两派。前者是保皇派。我属于工农学。（没有参加活动?）没有。那时候家里比较困难。当时的同学有的就去搞串联了，复课了嘛。我家里条件不允许，我就没有复课。他们上北京去串联，我没去，一直参加劳动，拿工分，一天拿四分半，算半劳力。什么活儿都干，推土，推小车，刨地。然后就在村里当保管员，拿全劳力的分，八分。当了四年保管员，然后开始当队长。当时就数我这个队人口多，有 270 人。队里搞得好，一天多的可以挣到七毛钱，其他有的队一天几分钱。也搞集体副业，搞醋坊，搞豆腐坊。干队长也是拿八分，我当时是村里最年轻的队长。（后来就去办企业了?）对，我干了 15 年的企业。从事村里重要职务到目前为止是七年。1989 年至 1992 年，2002 年到现在，现在是第三任。我第一次当支书那会儿，村里还是不错的。

我是 1952 年出生，从 1966 年高小毕业开始，就是“文革”初期，就开始在生产队劳动，用小推车，一个轱辘的小推车，每天推土，去造粪。我从 18 岁开始当干部，从 1969 年开始，在生产队（六队）干，当了三年的保管员，之后当队长，22 岁开始当队长，当了四年队长吧，到 1977 年。当了四年队长后进入村里，当了三年的一般干部。下来村里搞集体企业，可能是在 1982 年，大队搞集体企业。搞了个造纸厂，从河南一个乡镇机械厂进机器设备，建厂用了两年时间，从建厂开始，我就负责，一直到 1988 年。1985—1986 年建厂，1986—1988 年当了三年厂长。1989 年我就回村了，回去班子调整，当支部书记，那时候 38 岁。从 1989 年的 3 月 8 日当支部书记，到 1992 年 5 月 5 日。之后我就走了，上县城建设局下属的一个厂子，担任了九年厂长，到 2000 年。那时候由于集体、国有企业都朝个人企业倾斜，我的一个业务员就搞了个体企业，那 × × 集团的董事长就是我原来的一个业务员，当时分出来之后他就搞个体企业。2001 年我家属有病，突然脑出血。前后三年（治病）花了 18 万，去年的 8 月 1 日去世了。就是在这段时间里，村里没人管了。从 2001 年开始，村里就出现了无政府状态，无人管了。至 2002 年 12 月份，可能是

12 月 8 日，乡党委多次找我谈话，根据党员座谈、村民座谈情况，动员我回村任支部书记。当时我家属有病嘛，雇着个保姆。我考虑到家里有困难，一直拖到 2003 年 4 月 22 日开始出现“非典”。当时考虑，“非典”不是个小事儿，要是再没人儿管，村里就可能会出现问题。所以从 4 月 22 日就算正常上班了，一直到 6 月二十几号吧，全国“非典”结束以后，进行了换届。先是支部换届，之后村委会换届。当时村委会换届也是在这个时候，也是在 7 月份。通过党员和村民的选举，我是支部书记和村主任一肩挑了。当时的全村班子成员 12 名，6 名支委，7 名村委，我双兼。

关于村庄土地调整。换届后，在 9 月 27 日进行了土地调整。按照国家政策，村里土地调整应当从 2000 年开始，但是一直没能调整，没人管，造成村民意见不小。所以从 2003 年 9 月 27 日，开始下力气调整土地。土地调整费了整整一年时间，基本把土地调整了，算是平稳过渡了，调整完了，解决了人地矛盾突出的问题。（怎么个调整法？调整以前是什么样子？）1996 年调整过一次土地，在 1992 年之后，我的下一任支部书记调整过一次土地。每五年调整一次。2000 年也调整过一次。由于 2000 年国家有个政策，1999 年中央对于土地家庭承包就已经下政策了，土地 30 年不变。1999 年村里就提议，土地全部调整。那时候村里班子比较薄弱，不敢动土地，动不了，一直到四年后。这四年当中，有的一家几口人只有一个人有地。娶个媳妇，生两个孩子，却只有一个男人有地，人地矛盾就比较突出了。所以就下大力气调整土地。到去年，咱们村总面积在 8000 亩左右，宅基地，加上耕地，加上非耕地，加上河流。村里的耕地面积是 4200 亩，村庄有 1000 多亩，非耕地有 1000 多亩，加上道路、河流，咱们总面积共 8000 亩多一点儿。

乡里从 2002 年就开始找我，动员我任支部书记，直到 2003 年“非典”，我才接受。……村里土地不调整，好多事儿就没法儿弄。调整土地之后，就有些人对我有意见。但是该调整还得调整。（我注意到，在 1999 年李冬、盛章那会儿，就有土地调整。）那是假的。为什么村里工作不好做呀？他们糊弄上头，搞假分地，不是真分。实际上没动，一点儿都没动。（后来李英和黄庆也没有分成。）分不成。（不过到您这儿就分成了。）不弄不行呀。（是不是大部分村民还是希望调整土地？）都希望。为这

2003年分地，大型会议开得多啦！盛章弄的假的分地合同，最终通过县里才废除了。把那合同废除了，重新分地。

（当时分地时是以什么为单位分的?）以生产队为单位。原来地块基本不动，生产队里边要是地不够的话，就从其他有富余地的生产队里拿。大队统一安排，多退少补。（有没有这样的，生产队里人口还是那么多，但是队里的地打乱重分?）不行。大稳定，小调整。（您是属于九队的，那九队所种的地是属于九队所有还是属于村里所有?）都是属于村里所有。（全是村里所有?）对。你只有使用权。土地都是集体所有。（"文革"中不是实行"三级所有，队为基础"吗?）对。河村不存在这个了，全部给打乱了。我1989年当支部书记那会儿，全把它打乱了。（是从您那会儿开始打乱的?）对。"三级所有，队为基础"已经不存在了，全归村里了。（在您之前呢?）之前地是属于生产队的。现在有的村还是这样的模式。这种模式不合理之处太多，问题太严重。自留地还保留着。毛主席在五六十年代，不是有口粮地、自留地嘛，百分之七、百分之十八。到现在为止还有些村保留有自留地。

为什么村里党员干部对我都有感情啊，我在1989年至1992年当正职当了三年多，干事情太多了。1990年调整过一次土地。之后1995年吴忠调过一次地，之后就一直到2003年。1989年到1990年，我对村里宅基地进行了统一安排，大规模地安排，拿出了400亩地作为宅基地，包括现在公路北边的200多亩。包括学校规划，学校是我组织规划的。学校原先在村里面，都是老房子，危房。因为我调整宅基地，县里风波不小。（宅基地在哪一片?）就是现在东南那一片，往西一直到学校，再往西还是。400多亩，全是宅基地，400多亩包括学校的14亩。当时的公路已经修了，但公路两边全是耕地。原先村里三分五、二分五的宅基地很多，通道也只有五尺。到1990年，家家户户都买了小三板，开拖拉机了。我考虑原来的宅基地适应不了了。我就给上边请示，扩充宅基地，由原先的三分五，改为半亩。（原来是固定的三分五吗?）三分五，三分，还有个别的不到三分。那一阵儿，乡里都是（比较信任），你看着合适就干去吧。咱们的街道，胡同道，都重新安排了一下，由原先的1.7米，改为3米。（与调整土地同时?）所以，现在一排一排的胡同道都是3米了。有一部分人看我干的忒顺当，什么工作都可以顺顺利利去干了，就想尽一切办法告我，哈哈。告我也不是告的我，告的盛章，我是支书，他是村主任。他那时候要了两块宅基地。盛章支部书记干了好几年，也不错，他当时家里地方小，一个寡妇妈，确实给村里做了不少贡献。我说这样不行，就又给他批了块宅基地。有人告了之后，他就给我做工作，说跟你无关。我说河村一切工作，都是我干的，牵扯到其他干部不行。我办的，我负责任，你处理就处理我，但牵涉其他干部就不行。你处理其他干部就不行。我批的宅基地，你不能找其他人。他们就不好处理了，没词儿了不，末了村里拿出 1 万多块钱，我说该拿钱拿钱，给了 1 万多块钱，把事情抹平了。（批宅基地的费用?）对。批一块地多少钱，都有政策，我说该拿就拿。（其实之前批的都没有问题。）没问题。（就是后来给盛章批的一块，有了问题。）对。（批给他多少地?）也是半亩地。不过他原来有块宅基地。就是要告他嘛。（就因为他这一块地，把 400 多亩宅基地都牵扯进来了?）对。为什么盛宝庆他们的房基比较挫（矮）呀?就是我批了宅基地之后，考虑我们一排一排的房，高高低低会有影响，必须统一规划，叫你多高就得多高。你在前头的就得挫一点儿，后头的高一点儿。农村情况执行太差，再一个农村干部换得太频繁了也不行。盖房，两委干部一律限高。结果盛章一盖把房子盖高了。我一看气炸了。我说非拆你不可！你还是主要干部，咱们开会时怎么规定的?非拆你不行！我说干部形成的意见，你又是主要干部，况且已经有人把你告了，村里和县里肯定有人有意见。（最后怎么处理了?）最后是不了了之呗，他已经盖好了你不能就给他拆了。农村工作不好干，方方面面都得照顾到。（就是在您的任上，宅基地延伸到了公路边。）嗯。（那时候已经规划了要盖现在的学校?）对。我找人设计的，找县建设局的人进行的规划，搞什么的楼，以及相关预算。

（那商业街呢?）那是吴忠当支部书记时办的。公路以南我没办。公路以南是 1994 年办的。（客观而论，这算是吴忠的一个政绩?）对。吴忠这个人不软，做支部书记不软。有些事情他没有把握好，但是他有些素质。他做支部书记的时候，黄庆是村主任，我当支部书记那一阵，吴忠当纸厂的厂长，还是副支书。黄庆当时抓磨光厂，同时是副村主任。都是主要干部。那时候对乡镇企业还比较重视，效益也还不错。我跟吴忠说每一年给我（大队）拿 3 万块钱来，他就拿来 3 万块钱。黄庆有事业心，对问题把握比较好。那时候磨光厂也在村里边，磨光厂比较脏，扰民比较厉害。就下决心把它搬出去，花了10万块钱，用两年功夫把它搬出去了。（黄庆那时候就在磨光厂了？）黄庆在磨光厂20多年了，他一直都在磨光厂。那时候磨光厂一年给我交7万块钱。1990年那会儿7万块钱很算钱呀，比现在70万块钱还多呀。

（到2003年决定要把土地动一动的时候，实际上已经有几成把握了，毕竟积累了不少经验了。）那得有决心，没有决心不行。前边两三任没有动成，就是没有决心。（或者不仅仅是决心。因为如果别人不听的话，也做不成事儿。）就是呀。（您主持分地的过程是怎样的？）根据河村的需要呗。（好像是从2003年9月份开始的？）嗯。从2003年9月27日开始分地。从6月份就开始搞分地方案，召开了一系列的会议。在这之前进行的支部换届改选。支部换届之后我就一肩挑了，之后马上开始动地。（我听谢庆讲过分地方案的制订，说是制订出来后还拿到县农工部，让他们提些意见。然后就按这个方案，以队为单位开始分地。）对。（1995年分地时每人一亩一分地，之后扩宅基地和建厂矿用去不少地，到2003年分地时还是每人一亩一分地，地从哪里来？）原来我们有300多亩的机动地。也就是在每人一亩一分地之外还有300多亩地。这次分地就用这机动地弥补承包地。（正好够用吗？）不，算下来还富余100多亩地。经全部统计，还有170多亩地。（什么时候统计出来的？）半个月前，我开大会，把所有土地全部统计上来，多余的地都张榜公布，要求人们监督。（人口有没有增多？）从1995年到现在，抛除移民人数，基本上人口没变，甚至还少了点，呈现下降趋势。（计划生育起的作用？）对，计划生育起作用了。（原来的300多亩地不是都承包出去了吗？）它都是有年头的，承包三年、五年，陆陆续续都到期了。我就可以动了。人口没有大的变化，有相当部分的地就不用动了，为什么叫大稳定小调整呀。（八队的地有些问题？）八队有些刺儿头，想占些便宜，地多了不愿往外拿。不过这次全部清理出来了。全村清理出170多亩地。分四片张榜公布，多拿的，该举报举报，不管是谁。之后考虑承包费的问题，这100多亩地，不能白种，得收承包费。现在还没收呢。（170多亩地是怎么分布的？）地都是零星多出来的。比如原来一份地由哥儿俩种着，其中一个去世了。多出来的半亩地就由另一个种。这不是1995年分地留下的尾巴，1995年分地还算彻底。不存在干部营私舞弊多量多给的情况。原来谁种还接着种，不过得拿承包费。（农村的事儿，说起来承包期是几年，但是到期把地收回来，恐怕不容易。300多亩地的回收不是小事儿。）那就采取手段呗。我还动用法院了呢。我砍树都砍了好几千棵。很多人在承包地上栽了树，他觉着这承包地种上树，就没有人敢动了。（这些地都是纯粹的耕地吗？不是不让种树吗？）是耕地，他种了你有啥法儿呢。（村里耕地都分布在哪里？）村东、村北有一部分，大部分在公路南。村北有1000多亩耕地。沙岗以南有700亩的非耕地，沙滩地，其余南边的是耕地，往东一直到练台，有大致1400亩耕地。沙岗以南170米有条东西道，以道为界，道北是沙滩地，道南是耕地。（规划中的养殖小区就是在于堡道东沙岗南170米内？）对。（就为这300多亩地还动用法院了？）可不嘛。工作组在这儿，工作组动用法院了，我还拘了几个人。我就在场，他霸占地，不让分。就拘了他们四个，不拘不行啊，素质太差了。……我因为调地，犯了心脏病，花了1万多块钱。我在办公室待着，一坐12个小时。我得接待。从2003年9月27日，一直到2004年5月1日。（半年还多。）半年还多呀，土地调整是大事儿呀。土地调整之后，马上就是你说的那个刨树的事儿。又是一场极大的风波。部分人员有意见。（在调地过程中每天都是那样吗？）我每天都是。早晨吃完饭就走了，一般干部下去执行任务，我在办公室坐镇，有事儿来给我反映。都是麻烦事儿呀。各队同时进行，每个生产队都安排有人。其他的副支书、副主任全部下去。我还包着一个队，我自己属于六队，就包着六队。九队是曾文。到种上小麦，土地调整就告一段落。接着就开始搞河套。就是在2003年10月20日，就转向河套地。（土地调整还留着个尾巴。）对。到2003年10月只是完成了一部分，留了个尾巴。到2004年5月1日之前调整了大部分。地种了一季，在2004年春天下大力气，先砍的树，不砍树地就分不下去。（那时候拘的人？）嗯。不拘不行啊。他说我就要这儿的地，地还没分，你随意挑，那还行呀？拘的一家子四个人，就是黄尊国兄弟和他们媳妇。没有别人。（其实拘人是工作队干的。）工作队干的，我得负责任呀。（别的还算顺利？八队和三队不是也有事儿？）对。李英负责八队，邹术负责三队。邹术是一个保卫。三队重分了。（是因为他们不够尽职尽责吗？）可不嘛。政策尺度掌握的比较差。（十二队没有什么问题？）十二队大方地在村北，虽然是耕地，但地质比较差。我上去后，将一亩二分按一亩分给他们。这样一来他们就比较满意了。（十二队上访是在 2001 年的 8 月 8 日。）嗯。八队没有重分，三队重分了。黄尊国属于七队。地还没分，他看中了一片地，他就要那地，他就抢种。他占的地在村南，商业街南边。（占的是他原来的地吗?）不是，是机动地。七队的地也动了两块。黄尊国的地也动了。他原来的地太次，的确太次。所以就将他的地也拿出来。重新抓阄。他不按这一套，他抢占。去分地的时候，他拦着不让分。当时县工作组在这儿，就拘了他半个月。（我访过黄尊国。）他不说我好吧？（他讲了他父亲，被划为地主，因为反攻倒算被判刑，之后一直为此上访。之前我从乡政府办公室主任姜民听说了他母亲因为赡养问题上访的事儿。我还听说他父母前些时离婚了。这一家人就有好几件事儿。）对。（后来地是怎么分的?）还是抓阄分呗。（他阻拦分地算是妨碍公务。）可不。（但是村里还是给了他些钱。）给了他 1 万块钱。（不是给两万?）咳，给 1 万块钱，还是他打了借条。为什么给他呢，他媳妇有心脏病，他家里钱凑不齐。被拘的时候就开始输液了。他兄弟媳妇来找，说病得厉害。我说先让她瞧病，没钱儿大队先垫。算是借给他 1 万块钱。（后来村里不是通过决议把钱给他了?）没有没有。还算是他借的。

调整完土地以后，紧接着就着手将咱们村的河套地，非耕地，沙土地，进行承包，社会公开招标。通过招标的形式咱们收了 130 万元，由于前一阵的混乱，造成村里欠户、户欠村里的债务就没法弄了。总共我应当付村民的有 90 万元，村民欠村里 50 万元。咱们用那 100 多万元，基本上把这 90 万元都还给老百姓了。这样最起码咱们村里不欠户了，村民的思想情绪基本上就稳定了。到 2004 年 8 月份，咱们欠老百姓的钱就算基本上还清了。不过老百姓欠村里的钱，收上来的寥寥无几，只收了几万块钱。以前的后遗症太多，一收钱，人们怨声载道，到目前为止，户欠村里还有 40 万元。

关于供销社的事情。（供销社是怎么回事?）供销社！他这全国供销合作社，都算是股份制企业。在入社当中，咱们村民都有入股，有钱的拿钱，没钱的拿粮食。它是个股份制企业。后来，全国的供销社系统可以说是不存在了。它是在八几年建的供销社，嗯，我想想，是七几年。1976 年第一批建设，1978 年第二批建设。1976 年建的是门面，1978 年建的是咱们（现在用的）办公室。供销社在处理掉的过程中，没有召开股民大会。（当时办供销社，在“文革”中就是股份制吗?）当时村民都入了股，有钱的拿钱，有粮的拿粮。这个河村分站有一部分钱是咱们村民入股建起来的，大部分还是供销社在新中国成立后的积累，他们出了大头。七几年以后村里又入了一次股，当时在全乡系统内都让入。（是村民分散入股还是村集体统一入股?）刚建入社时是村民自愿入股，七几年以后咱们大队又掏了1000块钱入股。乡供销社在1996年处理这个分站时没有召开股民大会，而且咱们村里两委当时还找到了乡供销社，说你们卖，我们要。（这个分站一直运营到1996年？有分红吗?）分过红。后来村里拿出的1000块钱也分过红，分过一次400多块钱的。他们当时卖的时候就把咱们村里撇在一边了，没有通过村里就卖了。村里知道以后呢，就要制止呀，你得讲理呀。通过法院判决，第一次判决他们的买卖合同无效。（您能否讲详细些?）他们在1997年卖给了一个外人，不是咱们本村的人，卖了8万块钱。他买了以后就要启用这个院子，他想用这个院子卖生产资料。（这个人叫董发?）对，他也算是供销社系统的职工，一个县社系统的职工。当时的村里干部知道后就去制止，就把办公室搬过去了，一直到现在。是1998年吧，他要来用这地盘，村里就把办公室搬过去了。（老年人活动中心不是当时成立的?）不是，老年人活动中心是去年，不，是前年开始启动的。办公室搬过去之后，董发肯定要上诉啊，县法院第一次判决，咱们胜诉。第二次是他胜诉。1998年1月份分站的所有权就给他了。咱们不知道啊，他要来启动这儿、使用这儿，咱们才知道。启动当中咱们才知道。知道以后咱们不干了呗，村民意见极大，村干部也不干。（第一次咱们胜诉?）第一次胜诉了。董发这个人肯定送礼了。咱们没有把握（证据），不过我琢磨着他肯定行贿受贿了，不然第二次不会判给他！第一次判他败诉，买卖合同无效，要求把钱退了，分站还属于乡供销社所有。第二次判他胜诉，理由是乡供销社已经把钱花了，没法支付给董发了，买卖合同有效。县法院第二次判决后，咱们上诉到市中院。上诉那会儿，我已经回村里任支部书记了。那是在2003年6月，4月份咱们开始上诉。6月份开始，我的一个姓谢的副支部书记，如今在××公司，他去了市里。（去干什么?）去汇报情况，送材料。董发也是通过关系。咱们只是去了一次，第二次咱们没有去。他们打来电话说，别来了，中院已经判决了，驳回上诉，维持原判。那是在2003年六七月份。从那以后，一个是咱们村民有意见，不行。县法院就几次强制执行，也包括给咱们做工作。（怎么做工作?）就是跟你说呗。我是支部书记、村主任，他不得找我嘛。我就说了，我们为什么不搬。我说你们强制执行了，把我的办公桌扔到马路上去，我没意见。搬我是不搬。我要是搬了，没法给河村的父老乡亲们交代，我交不了账。他们也不好弄啊，你说你要8万，我拿不起，你给别人了也行，你偷偷给了别人了。你是股份制企业，我是股东。咱们呢，就把方方面面的关系和咱们的理由进行陈述。也汇报给了县委。考虑到咱们的理由比较充足，最后县委就下决心，给咱们调解。原先是董发出了8万，现在让咱们村出20万，买回来。县委责成法院协调这个事儿。考虑中院判决已经是终审判决，向高院上诉不太可能。（咱们也接受了调解。）县委调解以后，最后法院让咱们拿20万。20万块钱，当时召开了几次村民代表会议，代表们意见很大，不同意，要一分钱不拿，就这么待着吧。当时我就给代表们做工作，我说这个事儿呢，中院已经判了，咱们是个大村，咱们要保持稳定，现在出了钱，将来可以把地儿卖出去。结果20万块钱应了以后，董发不干，要25万，经法院调解为23万。当时谢庆是支部书记，我是村主任，黄庆是副支书。当时就把我们叫到县里去做工作。当时是去年7月二十几号。随后的7月26日，他们采取强硬措施。他们叫我们去县法院，说是要调解。（当时董发也在，所以也叫你们去?）不是，我们就是对着乡供销社，我们对董发没意见。当时他们实行恐吓，说今天你们三个来了，下午5点之前，必须把这事儿调解成，拿出23万。我说，我们是给河村办事的，我们是给河村的老百姓当的官，我们得召开村民代表会议，现在村民意见太大，我们得回去做工作。我说做通工作之后23万我们拿，不然拿不了。法院的人当时就说，今天你别走了。叫他们俩走，我是村里法人代表，他们就要把我铐上。当时他就不让我走了，说你们俩回去，老邹在这儿，有烟抽，有饭吃，有水喝，就先扣押在这儿。当时我就烦（翻）了，烦（翻）了后他们就动硬的了。（动硬了你怎么表示啊?）就把我给铐上了。（谁下令铐的？不是法院院长?）不是，县法院院长当时没在。一个是刑警队队长，一个是什么主任。铐了后，我说你们看着！看你们是从什么时候铐的我，这个事儿我们没完！我说，谢庆、黄庆你们先回去，你们别管这事儿了。铐了我一个钟头零三分钟。之后，我就跟他们烦（翻）了。我说马上走，你不是铐了我了吗？马上你把我送到拘留所！他们说不送你。我说，不送，你为什么铐我?！当时我们的乡党委书记高书记就去了。谢庆给他打电话，他当时就去了。法院马上请示院长，院长又马上请示政法委书记。政法委书记我们俩的关系相当好。他一听把我给铐了，说你们赶紧（把铐子）拿了吧。法院要给我解铐子，我说你不要解，说清楚了再给我解。他们就说好话。最后我说解开吧。他们俩当时就乱神儿了，不住地说我们错了。我说你们光认错不行，非得把你们清除出法院队伍！非得把你们清除出去不行！你们这是知法犯法！这是7月26日出的事儿。当时我就压着村民，回村里后跟谁都没说。(要是）一说，他们就翻了锅了！绝对得到县里闹事儿。（当时铐子解开你说了那番话后就回村了?）我在县城吃了顿饭，吃顿饭就回来了。高书记请客。法院系统非要请客。(是法院系统还是那两个人?）他们俩非要请，我说你们俩请不行，我说你们俩要去，我就走。末了他们俩没去。第二天我进了城，跟我的一个副主任李中一起进城，找到法院院长，我说这么着，你给我个答复，究竟我是哪里错了，他们两个为什么铐我?我把理由摆了摆之后，他说是我错了，是我让铐的。是他签的字儿呀。他说怎么着吧？我说，第一个条件，让那两个人上我们村，直接通过村里广播公开向我赔礼道歉；第二，县里下通报，给他们严重警告，清除出法院队伍。这些条件你们达到达不到？他说，哎呀，我错了还不行嘛。我说不行！这次非办他们不可！他说你消消气儿，消消气儿请你吃饭。我说别请我。打贺院长那儿出来之后，我就去见了政法委书记。我把情况向他汇报了，他说你提什么条件，我就把条件说了，我说我等你们两天，给我答复，答复不了，我就去上边讨论，究竟我这个条件过激不过激。当时他没有给出答复，想模糊过去。两天之后，他们也迟迟没有明确答复。事情就在河村公开了，法院对我采取措施的事儿，村民都知道了。那是在7月29日。(通过什么形式公开的？通过广播?）不是，是通过召开党员和村民代表会。我没有参加，那时候我上北京去了，7月29日到的北京。(事情还没有完，去北京干什么?）我去讨论政策去。我去问我的条件过激不过激，我去找政策去。（找谁讨论政策?）我去北京(国家）司法部。(这有些类似上访。）啊，可不！我不是上访，我是要反映问题，想把政策吃透了。出来接待的人当时就给我答复了，他们属于非法拘禁。他们两人的行为已经符合开除出司法队伍的条件了，他们是知法犯法。29 日召开会议以后，村里就乱了。党员和村民代表不干了，组织了将近 300 号人，准备上县里去，反映问题。当时考虑到，村里问题，向上不能越级嘛，于是就向乡里如实汇报了。乡里又向县里政法委书记汇报。马上，由县委牵头，派出县里各部局、法院系统等，包括县委办的、民政局的、法院的等，都下来，由上访改为下访，把咱们的人员截留在河村，反映问题，答复问题。他们 29 日就进入河村了，30 日又待了一天。来了之后，就给我打电话。我到了北京就把手机关了。他们最担心上访了，事儿闹大了，他们也脱不了身，县委书记、县法院院长都得处分。一票否决。我当时就把手机换了号了。30 日那天可把他们急死了，跟我联系不上。当时我考虑，党委其实还不错，我就把手机打开了。给我通话，我说，要稳住河村局势。（谁给你打电话，具体是谁?）县委，乡党委，高书记给我打过两次，法院打过两次。我接的是高书记的电话。我说要尽量稳定局势，我上北京，一个是看病，一个是咨询政策，不是上访，把政策咨询透了就回去了。接着，7 月 30 日，我的家属突然病了，出了这事儿后她思想上有负担，犯病了，30 日晚上就病了。8 月 1 日凌晨拉到县城，活了十多个小时。脑出血，大面积出血。我是 8 月 1 日早晨接到通知，赶到县医院时，不到上午 10 点。当时已经不省人事了，一犯病就不省人事了。当时县委派出工作组，乡里也参加，在县医院维持秩序。县委不错，立刻就打电话到市里，派专家来，立即抢救，一天花了 2 万多块钱。活了将近 12 个小时，就死了，8 月 1 日下午 3 点多去世的。这之后呢，县委书记、县长都出头了，事儿处理得还算不错，一个是，给了 10 万块钱抚恤金。我说她治病花了 18 万了，在这件事中要了命了，你们适当考虑费用问题。当时他们还说，你说吧，你说怎么着吧。我说你们考虑去。当时县长、政法委书记、高书记、赵乡长等都在，县委书记没在。就在医院谈的。法院那两个人都毛了，不知道怎么办了。那天晚上，县长和县委副书记都打来电话，他们说一个是为了咱们全县的稳定，再一个他们两个都比较年轻，在这问题上过激了，要谅解他们。我打电话到北京司法部，说我家属去世了，那两个人该怎么处理。回称将他们两个清出司法队伍还说得过去，要把他们带到河村拘留起来，到不了那程度。再一个，他们两个也一直来找，一个劲赔礼道歉，法院也安排了个场合，让他们公开赔礼道歉。这事儿处理以后，咱们又出 23 万（解决供销社问题）。我家属过世，过三七之后，大致是 9 月二十几号吧，处理这事儿。法院院长说，20 万块钱，多了不行。咱们给法院出了 20 万。最后贺院长说，不行，解决不了，再拿俩钱儿吧。又出了 3 万。结果董发又反悔，法院解决不了了，没法儿了。大年二十九，我把钱从法院支回来。法院办不了，把钱退回来了。我这钱都是借的，借人家私人 20 万，给了 2 万块钱利息。

现在董发又卖给我们村一个叫谢皮的了。昨天早上，我跟他干了一仗，在办公室。（他找你吗?）我找他来着。他随便把大门给拆了。我在办公室把情况给他说来着，我说现在村民意见都很大，村委会买可以，你出来买不行。你要买也行，你合情合理合法地办手续去。我们原则是，河村的人买，我们没意见。现在就这样撑着呢。谢皮就是黑社会中一个小混混，小痞子，始终与董发勾结着。他不算个正常人。原先我们的村主任因为这事儿还挨过一回打。突然之间，就有几个人闯入他家里，想逮着揍他一顿。结果他跳窗户跑了。就把他的家里砸得乱七八糟，把他家里玻璃全砸了。（是董发派人干的?）没把握，很可能是他。这事儿发生在 1998 年，村主任就是现在 × × 公司的党支书盛章。据后来推测，就是谢皮领人去的。他外边的人不知道盛章住在哪里，绝对有本地人（参与）。农村工作不好干，原因就在这儿。后来说是董发卖给他了，28 万，实际上是圈套，我估计他没有真买，就是他们俩玩儿的圈套。董发是外边的人，管不了，就让谢皮代管。那个门市，就是他占着，租给别人了，一年有几千块钱。

现在由县法院出头，我们已经申诉到省高院了。这是今年春天的事儿。县委派法院系统的人协助咱们搞这个案子。现在县委和县法院的态度都很明确。现在就是终审判决，靠调解不行，得通过法律判决。（有没有考虑过结果可能是什么样子?）现在谢皮无非是想从中捞点儿钱儿。不过咱们轻易放弃不行，村民不干。村民有意见，对于村里将来的工作会有很大麻烦。咱们必须得坚持。即便高院判决我们败诉，我们还得往上走。（问题是三审是终判。）终审判决败了，我们还得往上反映，反映到中央。我现在不做这个事儿，老百姓不干。有了这事儿以后，后边的工作没法干。为了这个官司，（村里）前后投入十几万了。

（这个看似一个法律案例，实际上背后很多东西。）有！一个是暗箱操作，行贿受贿现象比较严重。要不这个案子他也翻不了。（这事情不是截然的一白一黑。如果说道理完全在咱们这边的话，也就不会再掏23万，从董发那里买过来。这其实某种程度上承认了供销社与董发的买卖。）市中院判决就是终审判决了，不好翻了，翻得有理由。他们那边也在找理由，现在法院认为，土地已经被征用，成为国有土地，与河村无关了。我们找了土地局，他们有他们的理由，在“文革”中征用的土地，已经有将近20年时间了。已经被视为国有土地了。当时有个土地征用协议书。退一万步说，就算土地已成为国有，你是一个股份制企业，我是股东，你应该召开股民大会，讨论批准买卖，土地所在地也应该在买卖中有优先权。他没走公开程序，暗箱操作，偷着卖的。（什么时候结果能出来?）现在顾不过来，村里事务太多，顾不过来，没时间去。（如果去的话是不是就能看到结果了?）不可能，咱们也得督促着县法院和咱们的律师，上省高院去，督促他们解决这个事儿。（董发岂不也在活动?）他现在不活动了，现在是谢皮在活动。（他怎么活动?）他要赖呗。（他会不会以是本村人为由要求优先购买权?）那他办过户手续呀，通过合法程序办过户手续呀。他办不了！法院不给他办。土地局也不给他办。有争议的东西，不给他办。（现在一直是我们跟董发打官司，供销社呢?）供销社不存在了，有也是名存实亡了，没法找它了。它的人也只是有个名分，它不正常工作了。在这个案子中供销社成个影子了。谢庆始终都在参与这个事儿，他也一直在村里当干部，他知道的比我多比我细。那时候我还在厂里，我只是在进入村里，听他们汇报情况，了解到这么一点。

访谈二，2011 年 4 月 29 日（节选）

（供销社那边，似乎扒掉了一部分?）是。准备要处理。这事早晚得解决。打算让谢皮交俩钱。那片地儿得利用起来，要不然浪费，也影响环境。已经开了党员代表会了，党员村民代表都不理解，不理解也得这么执行。面对河村的实际情况，终究是村里人买的，让他适当出几个钱。准备把那片地面积缩小，北边、西边的道路该扩的扩，原先的4亩改为3亩多。然后再交3万块钱。（谢皮答应了吗?）我跟他谈了，勉强接受了。（面对面谈?）对。他找到我谈这事。现在主要是党员和村民代表还不同意。我就说，现在也召开大型会议了，形成不了意见。下来谁有意见，十天之内来找我谈，我来解释，然后我来拿意见，该怎么处理就怎么处理。按照政策，这是国有土地，河村没有理由干涉这事儿了。这个事儿，之所以先前坚持，是因为从情理上也过不去，当初卖的时候，应卖给河村。谢皮从中插一杠子，从道理上说不过去，从情理上说不过去。不过他在这件事上也花钱不少了，不管是请客送礼，办证也好，都花了钱了。（十天内有人来谈吗?）没人来谈。（那就这样定了？还需要经过干部会或者党员村民代表会通过吗?）得经过支部会讨论形成意见。在召开大型会议之前，我就召开了两委会，百分之八十同意，一分钱不收，那片地儿归谢皮。我说这不行，没法向村民交代。必须得收些钱。（李中是什么态度?）他跟谢皮是亲家嘛，他说他不拿意见，怎么处理他都没意见。（他表面上不拿意见，背后呢?）背后肯定支持谢皮，肯定是支持。

（谢皮办证了吗?）办了，是假的。我已经验证了。（怎么验证的?）我调出来的。我去土地局调了卷。最初是给了董发嘛，董发办的证是真的，董发转让给谢皮之后，必须由村委会签字盖章，必须有街坊四邻的签字，谢皮才能办理过户手续。村委会的签字盖章是假的。（为什么必须村委会签字?）因为那片地周边是村委会的地。东边是村民宅基地，要村民签字。我去查看，我跟李中一起去的，结果上面有李中的签字。我问李中：是不是你签的？他说：不是我签的。（你认为签字真是假的?）真是假的，谢皮不敢给他签。上面也有村委会的章，验了章，是假的，的的确确是假的，是他自己刻的章。（谢皮伪造了李中的签字，不是会陷李中于不义吗?）可不是嘛。他这也是违法。在大型会上，李中也坚持说签字是假的。既然是假的，就得追究责任。党员和村民代表坚持这个。作为我来讲，可不能太坚持这个。（都是一个村的嘛。）就是啊。他假造了章和签字，然后去土地局办了过户手续，从董发手里过户过给他。办理过户手续的时候，他已经把面积缩小了，原先的 4 亩多地改为三亩六分多了。（他为什么要改?）他不改就不行。这次还得接着往下说，北边的道还得扩一些。（那他假造公章和签字的事，就不再追究了?）不再追究了，我不准备再追究他了。你追究他又怎么样？

（听说他卖了一半给郑增?）对，把东头一半卖给郑增了。（这是他办理过户手续之后的事?）不是，那时候还没办过户。谢皮要想过户一半给郑增，也得办过户。他要不按我的意志办，他就办不了过户。即便说他们俩的买卖成立了，没有我的签字他们也办不了过户。之所以要他拿钱，也是因为这个。（据说卖了不少钱？）59 万，一半地，一亩八分地。（为这个事你跟郑增有交谈吗？）有。他已经付给谢皮 30 万了。还有 20 多万没有付。（卖一半给郑增，是谁找的谁？）那就不知道了。我估计是郑增找的他，应该是在春节之前。头一次郑增的媳妇来电话说到这事，我说你们别买，买了也不行，买了净是事儿。后来郑增来找我，说怎么怎么着，我说我告诉你，他要是不给村里交钱，这事绝对是办不了。你给他捎信，给大队交钱。我说最少 10 万以上，10 万到 15 万，理由就是把利息拿出来。（什么利息？）法院调解的时候，咱们村里借了 20 万给法院拿过去，这 20 万都是借人家私人的款，得给人家利息，2 万多块钱的利息。打官司也花了不少钱。后来让他拿 5 万块钱吧。（他不愿意，就改成 3 万块钱了？）后来北边的几户来找，他们前边的道儿太窄，让扩一些。就让他少拿 2 万块钱，把那道儿扩一点，让他拿 3 万。扩一分多地，不到二分地。

（谢皮答应了吗？）还没传话呢。李中说要不要让他交钱了。我说那不行。李中肯定跟谢皮勾着呢。（那村委会上的签字真不是他签的？）不像是他的字，他的字我看得出来。（有没有可能他们事先商量过，签了李中的字，哪怕让他在村里落了骂名，然后谢皮给他些好处作为补偿。）我不否认这个事儿。李中不会落多少好处，落好处也多不了，也就万儿八千的事儿。

（谢皮当初也就十几二十万从董发那儿买来那片地，现在一倒手一半地就卖了 59 万。）他有别的开支呀，他肯定得送礼呀，土地局办过户不是轻而易举就过的，花 10 万块钱也过不了。他不花钱不行。他现在不交钱，也可能是他有想法，想等我退了再说。（如果是黄庆接着做了书记，他是不是还是得交这笔钱？）不见得。（即是说，如果你退了，无论是黄庆还是李中上台，都会对他更有利一些。）对。（先前开两委会的时候，不是每个人都要表态吗？）黄庆先表的态，说不收钱，就归谢皮了，打官司咱们输了，那地儿就归了他了。黄庆第一个表的态。论关系，就是他们俩关系好。黄庆没少落好处。他们的关系要好于李中（跟谢皮的关系）。

（您没有想着在换届之前先把这件事办成板上钉钉，或者就算了吧，他们愿怎么办就怎么办吧。）我在干部会上已经定了，就这么办，谁说不收钱了也不行。理由是什么呢？谢皮买之前，没有通过大队。村委会在喇叭上广播后，跟董发打官司之后，河村任何人买（那片地）都不行，得村委会买。谢皮没通过大队就买了，那不行，他必须得拿钱，必须得把利息拿出来。（你打算在换届前开两委会讨论这个事吗？）那得看谢皮来不来找了。都是已经在两委会定下的事儿了，不拿钱不行。（郑增有没有来替谢皮求情，让放他一马。）咳，他说也是白说。（他有来说吗？）说也是白说。（他有来说吗？）没有。他不敢跟我说。

4. 原支书谢庆访谈（2006年7月15日）（节选）

我今年56岁，1951年生。1977年就在村里做大队支部委员。当时大队叫管委会。当了十年干部，干到1987年。由于我超生，我有三个闺女，没有儿子，农村的陈旧观念嘛。当时我老婆怀孕，乡里干部给我做工作让打掉，我没有同意。就这么不做干部了。当时给了个撤销党内外一切职务的处分，好在没有别的处分。到1987年11月份，我在林彪事件之后的1973年去参军，当了四年兵之后回来。1987年不当干部之后，我做了一阵经纪人，也就是中介，帮着买卖生猪，到现在还干着。一直到1997年，实行选举后，我重新被选成村干部。当时不是因为我工作失误、贪污腐败，是因为生孩子。2000年做副书记，到2003年换届后继续做副支书，我做书记是2004年的8月22日宣布的，正式开始干书记的活儿是2004年4月27日。当时邹书记有病，去北京医院看病。当时村里有工作组，当时的乡长也就是现在的书记就找我，给我做工作，动员我主持全面工作，盛情难却呗，我就接上了。我干支书干到2006年5月20日。

关于村庄土地调整。农村毕竟是情意和面子这块儿比较重要。就是通过熟人。现在的人，人不为己，天诛地灭。很多人都是想占点村里的便宜。为什么现在村里工作不好干呀？我的想法，主要应该走民主程序，你像办什么事儿，就要开党员会和村民代表会，我在这会上一向都说，村民代表会就是个小人大，村委会就是执行村民代表会的决议。有这个做挡箭牌，事情就好办。民主这一块儿是最主要的。要不然，个人说了算，一旦闹点事儿，群众有意见，动不动就去上访了，你怎么办？

2003年8月之后，当时老邹当书记，我们就开始酝酿这个承包地方案。那时候有个《中华人民共和国土地承包法》出台，这个法是2003年3月1日实施的，我们是严格按照这个土地承包法制订的承包方案，制订出来之后，我们将草案拿到县农工委，让他们再审查审查，谈点意见。我们把当时的人口卡在8月31日。而且对于一户的户口，姑娘外嫁了，但是户口没迁出，都不给地。在1995年调整过一次地，那次调地，只要是姑娘嫁到外村、外地的，不论你的户口是否迁出，河村一律不再给土地。当时吧，没有这一块儿的法律。我们把这一条也搬到2003年的分地方案中来了。我们把方案拿到农工委，农工委的人一看，说这一条你们得改，说这个人，只要户口在你们村，是农业户口，没迁走的，你就得给他一份地；不然的话，如果事情反映到我们这儿，我们就得给你们村处分。这样一来，立马就得改，不然村民抬脚就上城里去了。所以我们搞农村工作，得依照法律，按法律来。他老百姓也懂法，现在也搞普法教育，电视台有《今日说法》《法律进行时》，中央2台的《经济与法》《经济半小时》等都涉及法律。他老百姓每天看着，法律意识就增强了。所以说村委会得依法行事。一个是要依法治村，在民主管理这一块儿，要加强民主。再一个呗，依法治理与以德治理相结合。不然老百姓不满意，你像我们调整土地，到现在已经历时两年多、三年了吧，到目前为止，还有一小部分的地没有得到正常执行。为什么没能完成呢？我们1995年分过一次地，当时土地是五年一调，到了2000年，就应该再调整地。由于村班子战斗力不强，没人敢弄，所以这地一直没调。到了2003年，老邹任支部书记，这才制订了承包方案，开始调地。从1995年到2003年中间间隔了八年，在这八年当中，人口有增无减，土地越来越少。村里还是保持了每人的一亩一分地，免得百姓骂咱们，说把剩下的地都承包出去卖出去了。1995年调地，剩余了一部分地，以公开竞价的形式，承包给村民了。这些地也是2000年到期，但是由于班子问题，没有再重新发包。2003年土地调整，把所有这些承包地都收回来了，先保证这村里每人的一份儿地。这些地都是在上一轮承包中公开竞价承包出去的，而且也都早已经到了期，咱们村委会应该行使管理权吧？比如原来承包给你了，也到期了，现在我缺一份儿地，村里就把承包给你的地分给我了。可是你就是不搭，说该拿钱拿钱，该交承包费交承包费，说你一个儿子，该娶媳妇了，再生个孩子，他们娘俩都没地。所以你就是不撂。像这些分地剩下的尾巴，有的是通过做工作，有的我认为做不了工作的，我就将他们推向法院。咱们县法院不愿接这土地侵权案件，但是呢，由于这县政法委、乡党委积极协调法院，这才凑合着吧，说好了的，还请吃顿酒，受理了土地纠纷案件，帮助咱们化解了两起土地侵权纠纷。当时吧，是新承包户拿着土地承包合同书，以承包权被侵犯的名义向法院递交诉状。村委会已经把地承包出去了，承包经营权属于新的承包户，所以村委会不应该作为一个诉讼主体。像这土地调整承包，每一个承包户，按照法律规定，都应当和村委会签订农业承包合同书，但是这一套咱们没有完成。只是把这给你了一块儿地，地分到哪儿了，是哪一块儿，写进一份农业承包合同书（给了新承包户），不然的话，他没法起诉呀，是吧。可是呢，这新承包户，他撕不开脸面，不愿意去起诉侵害他土地的村户。而且在诉讼过程中，村委会承担诉讼费用，因为有这个义务。你是个河村村民，分地遭侵害不是因为你个人的原因引起的，别人分地没有遭受侵害，你在分承包地的过程中受侵害了，我负责给你诉讼费用。另外吧，在没有诉讼或者诉讼结束之前，耽误的生产，村里给你补偿。我们每年每亩地拿出600块钱，补给这遭受侵害的村户。当然这也不算合理，但是我为什么这样做，这是为了维护河村的利益。一亩地600块钱，一份地（一亩一分地）660块钱。有人说他打官司村里还给他拿钱，我说拿钱应该拿。这里头，也是为了防止恶性事件的发生。被侵害方气不顺，与侵害方打起来了，出了什么事儿怎么办？给他补一点儿钱，至少可以稳住被侵害方的心态。……现在有很多事儿，都是花钱儿买平安。要不然怎么办？没法儿！有很多事儿啊，较不了真儿。河村有3000多口人，有七八、三五个人给你捣蛋，就没法弄。

关于供销社。……尤其是去年和前年，一直跟法院打交道，因为这案子。他们现在没有执行，执行难。现在要构建和谐社会，受这口号影响，你执行了吧，有时候引发不稳定。你说怎么办吧？所以法院这块儿，执行难。再一个，中国的法律，受共产党的控制。要按宪法和刑事诉讼法，检察院独立行使检察权，法院独立行使审判权，不受任何地方政府的干预。县政法委书记给县法院院长打电话："哪儿哪儿应该咋办。"你怎么着吧？他政法委书记就可以指使法院院长怎么着怎么着，左点儿还是右点儿。法律还是不行。你像前一阵，美国那个总统，婚外情，还被处理了。要是在中国，你敢动他吗？

我们这村委会办公室原来是供销社，这个案子持续了八年了。这说起来话长了。这案子开始于供销社改制的时候。这供销社原来是乡供销社的一个分站，这地皮原来是属于咱们河村村委会的，当然，现在，我认为，这块地按照国家政策算是国有土地了。但是，3000 多老百姓，没有人上升到我现在的认识，都还认为这是河村的地，当初只是无偿让他们占用，占用了这么多年。这地是从 1978 年征的。它办的时候我就是村支部委员了。当时支部书记确实也给我们支委们说，这地是无偿征用。我们也认为就是这么回事儿，这就是为了方便河村老百姓，河村是个大村，便于村民购买化肥、农药，帮助村民发展生产，我们就是这么着想。1978 年建的供销社，房子是由供销社建的。后来供销社这一块儿，越来越不景气，弄不了了。弄不了了以后，它就受县联社的支持，卖这个地方。当时我们村委会就去找乡供销社，当时的村主任带人找到当时的乡供销社主任，说："听说这供销社要卖，我们是这样儿想法，你们不论是卖，还是租赁，我们村委会要。"他说："肯定是啊，肯定是啊。这样吧，等到卖的时候，通知你们吧。"他们就回来了。下来呢，他真卖的时候呢，我们村的村干部黄庆与当时河村分站的职工（谢文当时是乡供销社的职工，现在在咱们这儿租了房，办公司，卖化肥、农药、种子），他们凑够了 10 万块钱，说要买。刚开始是说 8 万，他们带了 8 万块钱去了，人家说不卖，说你们要买，得 10 万，三天以后把钱交来。结果呢，他们拿了 10 万块钱去了，那边又说不卖了！要卖给职工。结果，他们大搞暗箱操作，以 8 万块钱卖给了县生产资料公司一个叫董发的。他这买卖契约和发票，在诉讼过程中，法院都提供了。咱们提供的证据得给原告，原告提供的证据得给咱们，咱们是被告。（咱们是什么时候知道这地给卖了的呢？是怎么知道的呢？）1997 年，他们是 1996 年年底签的协议，这期间办的事儿，我印象中，是在 1997 年的 7 月份，他往这个地方，也就是现在我们大队办公室拉化肥，打算开店卖。当时村委会办公室还在村里边。那一年我是二次出山，刚进了班子。当时的支部书记就带着我们全体两委成员，把现在的办公室所有的门店全部上了锁，不让他拉化肥进去。接下来两天，村委会就抢占了这地方，占了之后，把里边两间库房收拾一下，把东西弄过来，做了办公室。你也去看过我们的办公室，很多地方都不规范。搬过来之后，那董发呗，他花了8万块钱，又没有占到这地方，他当然心里不平衡啊，他就以侵权为由，把我们起诉了。通过一审判决，判决咱们村委会胜诉。（那是什么时候?）不是1998年就是1999年。咱这儿东西都有。以什么理由胜的呢？咱们村民都入过股，这是供销合作社，是吧！一个是村委会入过1000块钱的股，而且在60年代，老百姓也入了股，都是五毛钱、一块钱，最多的两块钱，入了股。赶分红的时候呢，有时候给一点儿盐、一盒火柴。那1000块钱，咱们一共分过700多块钱的红利，到八几年还有分红。一审判决判咱们胜诉，就是因为咱们村委会有股份，而且按照民法通则相关条款，咱们村委会和供销社职工，都有优先购买权。一审判决判咱们胜诉，原告又上诉到市中级人民法院。我去过，他上诉后我去过。当时我去那会儿吧，有个民二庭的副庭长，他说这一审判决有个明显的错误，既然判了供销社和董发的买卖协议无效，却没有要求供销社将董发的钱返还给他。它应该有这样的措辞，却没有。咱们也觉得是这么回事儿。所以他们说返回去吧，发回重审。（是中院驳回重审?）让返还的那个东西咱们没有看到。返还后还让县法院重审。重审呗，重审以后，那时候呗，各方面的因素就多了。购买供销社的那个人儿呗，有钱，现在是个金钱社会。现在什么时候也是用钱说话呀。所以赶这重审，董发胜诉，判他们的买卖协议有效，河村村委会限某某日搬出。咱们不搬。不搬呗，执行庭找过咱们很多次，咱们就是不搬。要是搬，你们搬。在这种情况下，又开始抗诉，申请再审，向法院和检察院都递交了材料，抗诉申请和再审申请书都交了。交了以后呢，在前年，市执行庭，可能也是为了加大执行力度，也不单单是执行庭，执行局专门为了董发和河村村委会的土地侵权纠纷案来了一趟。来了后，通过咱们县政法委、县法院，给咱们找一些证据，以便能推倒对方的证据。同时呗，我们找市检察院，检察院称这个二审抗诉的案件，必须通过省高检才能判。这样的民事案件吧，必须是黑白分明的，才好抗诉。而且一旦抗诉，这检察院与法院就对上了，你检察院再抗诉，我法院就是这判法儿，你也不好翻案。他们都说最好是通过调解来处理。我说那就调解。我们出15万，那个人还不干。到去年年前调解的时候，我们出到23万。这23万，我们打到县法院的账上。（出钱向董发买，那不就承认他们的买卖是有效的?）也就是为了完结这个事儿吧，也少给乡党委、政府和县党委、政府找麻烦。……我们出到23万，董发还是嫌少。我们这20万，都是按银行贷款利息借来的，从这边儿找的3万，分两次交到法院，法院负责调解。最后呗，中院一个民事庭副庭长，也是建议调解，他说老谢呀，你们多出点儿钱儿。后来吧，年前，我跟老邹、老黄到了法院，对他们说，要是弄不了，河村是个大村，老百姓都要上访了。可不是嘛，要不是及时使劲儿控制事态，稍稍点一点儿火儿，可不就要去上访嘛。他说你甭管了，我找董发，你们再多出1万块钱，共24万。……现在还没有结果。这个官司纠缠这么多年，就是这么个情况。

这村民吧，对这案子都比较关注，而且呗，这是个大事儿，谁在这个问题上含糊一点儿，老百姓就说你是卖国贼，得了人家好处了。

二审董发胜诉，他背后搞动作了，咱们听说过，就是没有证据。当时的法院院长，是从一个乡镇党委书记的位置上过来的。在他任院长期间，他亲自帮助董发去找中院。你基层法院往上找，谁不给你个面子呀?他董发能搬这么个人，拿钱呗，有钱能使鬼推磨。你像咱们村委会出10万，他出8万，但是背后不知道有什么动作。为什么不卖给出10万的而卖给出8万的?我们出这10万，只能给供销社，他背后出的钱就可以拿给供销社的领导。

1976年10月1日，县革命委员会和区革命委员会，关于乡供销社在河村建分站，有一个关于征用土地的批示。这个分站是在1978年重新协议了一下后建的。至少我任村支部委员期间，我没有听说过这事儿。可是我们在2000年派人去县档案局一查，查到了这个征地批示，而且有当时的支部书记的签名，也就是被他认可了。既然有这个批示，就不好驳。另外呢，当时一平二调，上边说要什么，你敢说什么?!很多东西说不清。他们市供销社和省供销社也在探讨，但是有些东西他们也说不清楚。像这县土地局，在董发和供销社签了协议之后，一星期内就给他办了国有土地使用证。中院给我们说，你们首先得去找土地局，推翻他的土地证。我们往土地局去，问凭什么给他办国有土地使用证，第一股股长是这么答复我们的，一个是河村村委会和乡供销社有两个征用地协议，另一个是有 1976 年 10 月 1 日县革委会和区革委会的征地文件，再一个是董发与乡供销社的买卖契约，依据这些就给他办了国有土地使用证。我说根据中华人民共和国土地登记规则，土地被登记的，让公示，公示期一个月。你们公示了吗？你们不公示就办不了！他说咱们在屋里说话，全中国那时候刚刚颁布了土地登记规则，没人公示。我说你这话只能在屋里说，你说不出去。该公示就公示，凭什么不公示？一公示我们有异议，他这证就办不了。他董发是花了钱的，一星期就把证办下来了。可是法院说，我们得想法推翻这国有土地使用证。最后，我们四个，又去了土地局，局长、主管局长、第一股股长、办公室主任都出来了。他们后来说的也不赖，他们说，只要中院改判，他们立马把他的国有土地使用证收回。改判之前，他们也没有什么办法。像这个事儿吧，都属于历史事件，年限太长，从 1976 年到现在，30 年了，当时的国家政策也很难说。

（别的村没有碰上这样儿的？）别的村都是，村里哪个村民想要，给俩钱儿，就卖了。比方说，原来土地是河村的，供销社就把土地卖给河村委会或者河村村民，就没有现在这个事儿了。现在是卖给一个跟咱们毫不相干的外人儿了，确实咱们内心也不乐意，这就成了事儿了。

关于它属于国有土地还是集体土地，我始终对这个案子持有保留态度，我把这话给我们律师说，我们律师给我做工作，他说，咱们别老是纠缠这个问题了，就说是国有土地吧。我说，不行。就是到了省高院，他们也说这是国有土地，咱们也得坚持说是集体土地。我看过一份关于土地权问题的规定意见，上边就说，像咱们村这个情况，当时土地作价赔偿了 480 块钱，一亩地按 120 块钱赔偿。……都视为国有土地。

哎呀，去年我们去找人，还发生了一件事儿，供销社那个院里不是有条大狗吗，那是那个小子谢皮的，那小子现在成了董发的代理人了。打去年年前，他说那片地方他买了。如果是刚开始的时候是你买了，董发买的时候是你买了，我们没意见，不干预。现在经过七八年了，现在你来插一杠子，我们不认可。而且，他分别找我和老邹，说董发卖给他了。我说你拿出土地证来，上边写的你，拿出房产证来，上边写的你，那我们村委会立马搬出去。国有土地使用证，他办不了了。因为土地局表示，在这个案子结束之前，我们不给他过户。他们其实是在演戏，说是 28 万买了，其实没交钱。其实是，董发让他出面，把这个地方要过来之后，地方归董发，董发给他一点儿钱。可能是这么一回事儿，里边有猫腻。我们是从乡里了解到的，这情况是他们了解到的。今天上午谢皮跟老邹闹。老邹现在不愿当这个支部书记，就跟这个供销社的事儿有直接关系。以后如果省高院受理改判，还好说，如果弄不了，干部就是尽力了也好不了。老百姓肯定会骂。只要是干部，你就不是好人。百分之百是这样。

谢皮插一杠子，也就跟大多数老百姓作对了。他就是想得些好处，但是什么好处你都要啊？丧失自己的人格呀。

这个案子有年头了，七八年了，在这期间我们损失的钱也不少了，哪一年我们都得为它去跑，去花钱。直到现在我支部书记不干了，我们的律师去省里，花的钱儿，我们还没给呢。他开个人的车去的，但是他是我们的代理人，我们也不可能白用他的车呀，我们也得给钱。村里哪儿有钱呀？供销社的事儿是村里的大事儿。一旦这个事儿处理不好，你在村里的威信哗一下子就降下来了。

现在的法院办案吧，也是吃点儿，喝点儿，拿点儿。吃谁的、喝谁的、拿谁的，就向谁说话。我们最不理解的，为什么同一个县人民法院，出了两个截然不同的判决。胜诉是你判决的，败诉也是你判决的。自拉自吃，哼哼。

（所以其实不仅仅是法律问题，背后是方方面面的事情。）对。就因为这个事情，邹书记的老伴都去世了。那是在去年的 7 月份二十几号，我接到法院法警队一个电话，让支书和主任到法院去一趟。我们三个人就去了。调解不成，总得表个态，我说你们强制执行的话，把办公室的桌椅搬出去，我们保证不拦着，但是我们个人不准备往外搬。他们是执行庭的也找，法院的领导也找。我觉得他们是有预谋的，他们先拿出了拘留证，让我们看，我先看，接着老黄、老邹看。拘留证上写着老邹，他是村主任，是法人代表。老邹当时看了后就有气，越说越恼，法院的人就说：拘他！那拘留证上有法院院长、政治处主任和法警队队长三个人的签字。那么着就拘了。拘了之后老邹还对我有意见呐，老邹就说我：

要是我当书记，你当主任，我绝对不让他们拘你！咳，这事儿吧。拘了一个小时零三分钟。拘了后我立马给我们乡党委书记打了个电话，高书记马上就去了。去之后吧，这才解开铐子。解开之后就在一块儿说了说。当时解铐子时黄庆不让解，老邹说我不让解！铐着我吧！就强制给他解开了。就这么个过程。他媳妇本来就有过两次脑出血，坐着轮椅，一听说这事儿以后肯定心里有压力。（她什么时候听说的?）我觉得她在那一天就听说了。当时是政治处主任让拘的，他是一个后备干部，准备提副院长的。他也觉得这事儿做的不合适，就想请我们和高书记吃饭，表示一下歉意。我们能吃他的饭吗？我们自然不去。末了高书记说我请他们吃吧。过几天，老邹就上北京看病去了，他心脏不好。那天上午，我和老黄就召集党员和村民代表开会，出了这么大的事儿，村主任被拘了，我得通报一下呀。大家一听都很气愤，纷纷表示要上访，当时就买了布，制作了两个大横幅，要上访。但是咱们考虑着，我跟老黄考虑着，不能光点火儿，还得想法稳住。我们俩就找了个车，到乡政府见乡党委书记、乡长，及时把河村的事态做了一个汇报。我们也怕这事儿不好收拾。然后，就一起研究一个应对方案。乡长说，这么着，他们不是准备上访嘛，咱们立马通知县里，让县里领导和职能部门来下访。县政法委书记当时拍板儿说明天去吧。他们第二天上午 8 点多就来了。政法委一个副书记带队，领着办公室主任、信访局的一二把手等人来了。来之后，老百姓很气愤，说不好听的，说什么的都有。老百姓的素质你还不知道哇！本来说了第二天他们还来，接着座谈、做工作，但是就在那一天的早上 6 点多钟，邹书记的二儿子打来电话，说他妈病了，看怎么办。我给他说，你先带点儿钱儿，把你妈送到医院去，现在村里没钱儿，我随后找点儿钱儿。我立刻打电话告诉高书记，并让他带点儿钱儿。结果高书记带去了 5000 块钱，我借了 5000 块钱带了去。那时候邹书记还在北京，还不知道。县政法委说还来人，我说还来什么呀，人都去了县里了。结果前前后后人们都去了县里。当时乡里领导都去了，县长、县政法委书记也去了，还带了 2000 块钱。老邹接到电话，赶回来了。（看来病情很严重。）她这是第三次脑出血，肯定是过不去了。住进县医院是在 7 月 31 日，8 月 1 日下午 1 点左右，人就去世了。接下来就摊牌，商量后事。当时县乡领导都在场，我不在场。县政法委书记表态，拿出 10 万块钱。那天高书记给我说，说乡里出 5000 块钱，不要了，你这 5000 块钱怎么办？我说你们都不要了，我们这点儿还要什么呀！村里得有个表示呀。这么着，邹书记最后拿到了 11 万块钱。就这么个过程。（邹书记就这样接受了?）接受是一个方面，其实也没有完全接受。在问题正式解决以前，我们两委干部都没有出来干工作，目的是摆个阵势，让县里、乡里看着。县委、县政府让我们拿出 18 万块钱来，负责把这个事儿调解解决了。另外，在 2005 年 8 月 28 日上午，我跟老邹、高书记我们三个到县长那儿，就这个供销社的事儿如何摆平说了说。另外，我们要求免去村里 2005 年的农业税。县长表示要是免了今年的，恐怕对明年的农业税征收有影响。我说县长，今年是最后一年，从明年开始全国的农业税全免了。他说，你们村的农业税还有多少？我说除去粮食直补抵消的那部分外，还剩 4 万多块钱，还应该上缴县财政 4 万多块钱。他就拍板儿说：我给财政局打电话，把你们村的农业税免了，你们村干部就正常开展工作。那天中午，我们又把法院院长约出来，当时高书记给他说：县长说了，要河村出 18 万块钱，让你负责把供销社的事儿摆平。院长说 18 万不行，你们出 20 万，我负责摆平。结果呢，我们出了 23 万，这事儿也没有解决。在 10 月 15 日，我们把 20 万块钱送到法院。（怎么凑的钱?）我们向另一个村的支部书记借的，那个支书个人的钱。钱打过去之后，法院找董发，董发不干，嫌钱少，说不行，得 25 万。经过法院做工作，说到 23 万。我们就又打过去 3 万，这 3 万是 12 月份打过去的。我们先后凑了 23 万，这 23 万造成了 18000 元的损失。我们借那 20 万，第一个月的使用费是 12000 元，超过一个月，按银行贷款计息。我们双方当时签订了用款协议。结果是花去了 12000 元的使用费和 6000 元的利息，共计 18000 元。高息呀，不过不能没这个钱儿。23 万打过去之后，董发又说不行。法院也没法儿，采取不了什么措施，我们就把钱拿回来了。我们正儿八经把 20 万块钱还给那个支书是在去年农历大年三十上午……

……我现在有个体会，只要是村里边协调不了的，乡里也办不了。乡村两级功能不全。这地，明摆着，侵害方强占着受侵害方的地，让被侵害方上法院，乡政府也解决不了，法院还不接受案件！村民自治实行了还不如不实行。村支部这一块儿还好办，村民组织法规定，一旦通过村民选举产生，任何人都不能罢免。如果这个干部有问题，不称职了，乡政府还没办法。还必须通过民主程序，通过罢免程序，这才可以。……农村问题，忒复杂。做工作，还得婉转才行。反正是，你今天当，明天不当，当还是不当，你都离不了这个村儿。而且，死了也得埋在这块儿土地上。这是最现实的一个问题。这跟国家干部不一样，国家干部左点儿右点儿都行。咱们不行，你得考虑人情。现在这村里直选，当然这直选也有好处，给老百姓的权力大。可是它也有不利之处。老干部无所谓，新干部，第一年选上了，有个适应，第二年可以正儿八经的干上一年工作，到第三年，他就开始考虑了，又该选了，右点儿吧，不能得罪人。干部都考虑这个，尤其是一把手。你越干工作多，越得罪人多，下一次换届落选的可能性越大。要是在过去，指派你，你干得好，党委认同，你就可以多干几年。而且有些党员或者村民，他的要求是无理的，在他这无理要求没有得到满足的时候，他就开始给你捣乱了，在换届的时候，他就要发泄，就不选你这一票。而且，我听说，经过这多少年的民主选举，各村都出现了程度不同的派系斗争。所以有很多下台、落选干部拆当选干部的台，拆他的台，让他下去，等下去了，自己就可以干。而且据说这不是局部现象，全国都是这样。所以两委直接选举导致村庄派系的产生。而且表现越来越明显。我听别人说，我们县有一个村，户也少，人也少，很富裕，不知道是支部还是村委换届，有人花钱儿买选票，一张 1000 块钱。那是在西部山区，有矿，有钱。再一个，这直选；按照上边要求，为什么先换村委呀，通过换村委，产生村委成员，减少干部总数，降低村民自治成本。可是到老百姓那儿，他的素质没那么高，谁找他，他就选谁，他不考虑整体利益，也不考虑这个人的素质怎么样，是否能够带领群众。再一个，谁的家数多，谁的票就多。……现在老百姓的素质太低。管这底层的人也不好管，有理说不清。我上午给你说的例子，村委会的意见跟村民的意见不一致，你向上级政府反映，或者向法院起诉，都行。他会说，我哪儿也不去，我哪儿也不找，我就找你！他是这个态度。老邹为什么不愿当这支部书记，他知道当这支部书记难，不好当。现在我不在村里了，无官一身轻，挣俩儿小钱儿，比当那支部书记收入高，而且不费劲儿。为什么现在在村里当干部还愿意当，都是由于方方面面的原因。一个原因是一股气儿，别人当干部，你受不了，你就要当。问题往往是，没有得到的东西，死乞白赖想得到。

一旦得到了，也就觉着不新鲜了。尤其是这村委工作，麻烦事儿多，当你死乞白赖地给村民办事，办的不少，下边仍然有个别人指责，说三道四，这最让人受气。你不能指望所有人都说你好，能有三分之二或者一半的人说你好就不错了。

参考文献

一　中文著作

1. ［美］安德森：《想象的共同体——民族主义的起源与流布》，吴睿人译，上海人民出版社 2005 年版。

2. ［美］昂格尔：《现代社会中的法律》，吴玉章、邹汉华译，译林出版社 2001 年版。

3. ［美］奥尔森：《集体行动的逻辑》，陈郁、郭宇峰、李崇新译，上海三联书店、上海人民出版社 1995 年版。

4. ［美］奥罗姆：《政治社会学导论》，张华青等译，上海世纪出版集团 2006 年版。

5. ［美］博登海默：《法理学——法哲学及其方法》，邓正来译，中国政法大学出版社 1999 年版。

6. ［美］博兰尼：《巨变：当代政治、经济的起源》，黄树民、石佳音、廖立文译，台湾远流出版事业股份有限公司 1989 年版。

7. ［美］伯尔曼：《法律与革命——西方法律传统的兴起》，贺卫方等译，中国大百科全书出版社 1993 年版。

8. ［美］伯尔曼：《法律与宗教》，梁治平译，生活·读书·新知三联书店 2003 年版。

9. 薄一波：《若干重大决策与事件的回顾》上卷，中共中央党校出版社 1991 年版。

10. 薄一波：《若干重大决策与事件的回顾》下卷，中共中央党校出版社 1993 年版。

11. ［意大利］贝卡里亚：《论犯罪与刑罚》，黄风译，中国大百科全书出版社 1993 年版。

12. 边燕杰主编：《市场转型与社会分层：美国社会学者分析中国》，生活·读书·新知三联书店 2002 年版。

13. ［美］布迪、莫里斯：《中华帝国的法律》，朱勇译，江苏人民出版社 2004 年版。

14. ［法］布尔迪厄：《文化资本与社会炼金术——布尔迪厄访谈录》，包亚明译，上海人民出版社 1997 年版。

15. ［法］布迪厄：《实践感》，蒋梓骅译，译林出版社 2003 年版。

16. ［法］布迪厄、华康德：《实践与反思》，李猛、李康译，中央编译出版社 1998 年版。

17. ［美］布坎南：《自由、市场和国家》，吴良健等译，北京经济学院出版社 1988 年版。

18. ［美］布莱克：《法律的运作行为》，唐越、朱苏力译，中国政法大学出版社 1994 年版。

19. ［美］布莱克：《社会学视野中的司法》，郭星华等译，法律出版社 2002 年版。

20. ［美］布劳：《社会生活中的交换与权力》，孙非、张黎勤译，华夏出版社 1988 年版。

21. 曹锦清：《黄河边的中国：一个学者对乡村社会的观察与思考》，上海文艺出版社 2000 年版。

22. 《陈翰笙文集》，商务印书馆 1999 年版。

23. 陈弘毅：《法治、启蒙与现代法的精神》，中国政法大学出版社 1998 年版。

24. 陈小君等：《农村土地法律制度研究——田野调查解读》，中国政法大学出版社 2004 年版。

25. 陈小君等：《农村土地法律制度的现实考察与研究：中国十省调研报告书》，法律出版社 2010 年版。

26. 陈忠实：《白鹿原》，人民文学出版社 1997 年版。

27. 成汉昌、刘一皋：《中国当代农民文化——“百村”调查纪实》，中原农民出版社 1992 年版。

28. 迟孝先：《中国供销合作社史》，中国商业出版社 1988 年版。

29. ［美］达尔：《现代政治分析》，王沪宁、陈峰译，上海译文出版社 1987 年版。

30. ［英］道金斯：《自私的基因》，卢允中、张岱云译，科学出版社 1981 年版。

31. 邓正来：《中国法学向何处去》，商务印书馆 2006 年版。

32. 邓正来、［英］亚历山大编：《国家与市民社会——一种社会理论的研究路径》，中央编译出版社 1999 年版。

33. ［法］迪尔凯姆：《社会学方法的规则》，胡伟译，华夏出版社 1999 年版。

34. 杜润生主编：《中国农村改革决策纪事》，中央文献出版社 1999 年版。

35. 杜润生：《中国农村制度变迁》，四川人民出版社 2003 年版。

36. 杜润生：《杜润生自述：中国农村体制变革重大决策纪实》，人民出版社 2005 年版。

37. ［美］杜赞奇：《文化、权力与国家——1900—1942 年的华北农村》，王福明译，江苏人民出版社 1995 年版。

38. ［美］杜赞奇：《从民族国家拯救历史：民族主义话语与中国现代史研究》，王宪明译，社会科学文献出版社 2003 年版。

39. 费孝通：《江村经济》，载《费孝通文集》第 2 卷，群言出版社 1999 年版。

40. 费孝通：《乡土重建》，载《费孝通文集》第 4 卷，群言出版社 1999 年版。

41. 费孝通：《乡土中国》，载《费孝通文集》第 5 卷，群言出版社 1999 年版。

42. 费孝通：《皇权与绅权》，载《费孝通文集》第 5 卷，群言出版社 1999 年版。

43. 费孝通：《中国绅士》，惠海鸣译，中国社会科学出版社 2006 年版。

44. 费正清：《美国与中国》，张理京译，商务印书馆 1987 年版。

45. ［法］福柯：《权力的眼睛——福柯访谈录》，严锋译，上海人民出版社 1997 年版。

46. ［美］弗里曼、毕克伟、赛尔登：《中国乡村，社会主义国家》，陶鹤山译，社会科学文献出版社 2002 年版。

47. ［美］弗洛姆：《逃避自由》，陈学明译，中国工人出版社 1987 年版。

48. ［日］高见泽磨：《现代中国的纠纷与法》，何勤华等译，法律出版社 2003 年版。

49. 高王凌：《人民公社时期中国农民“反行为”调查》，中共党史出版社 2006 年版。

50. ［美］格尔茨：《文化的解释》，纳日碧力戈等译，上海人民出版社 1999 年版。

51. ［美］格尔茨：《地方性知识》，王海龙、张家瑄译，中央编译出版社 2000 年版。

52. 顾忠华：《韦伯〈新教伦理与资本主义精神〉导读》，广西师范大学出版社 2005 年版。

53. ［美］哈耶克：《通往奴役之路》，王明毅、冯兴元等译，中国社会科学出版社 1997 年版。

54. ［美］哈耶克：《自由秩序原理》，邓正来译，生活·读书·新知三联书店 1997 年版。

55. ［美］哈耶克：《法律、立法与自由》，邓正来、张守东、李静冰译，中国大百科全书出版社 2000 年版。

56. ［美］哈耶克：《个人主义与经济秩序》，邓正来译，生活·读书·新知三联书店 2003 年版。

57. ［美］韩丁：《翻身——中国一个村庄的革命纪实》，韩倞等译，北京出版社 1980 年版。

58. ［美］汉密尔顿、杰伊、麦迪逊：《联邦党人文集》，程逢如等译，商务印书馆 1997 年版。

59. 贺卫方：《司法的理念与制度》，中国政法大学出版社 1998 年版。

60. 贺卫方：《运送正义的方式》，上海三联书店 2002 年版。

61. ［美］华尔德：《共产党社会的新传统主义：中国工业中的工作环境和权力结构》，龚小夏译，香港牛津大学出版社 1996 年版。

62. ［美］华勒斯坦等：《开放社会科学》，刘锋译，生活·读书·新知三联书店 1997 年版。

63. 黄仁宇:《万历十五年》,生活·读书·新知三联书店 1997 年版。

64. 黄树民:《林村的故事:一九四九年后的中国农村变革》,素兰、纳日碧力格译,生活·读书·新知三联书店 2002 年版。

65. 黄宗智:《华北的小农经济与社会变迁》,中华书局 1986 年版。

66. 黄宗智:《长江三角洲小农家庭与乡村发展》,中华书局 1992 年版。

67. 黄宗智:《中国农村的过密化与现代化:规范认识危机及其出路》,上海社会科学院出版社 1992 年版。

68. 黄宗智:《清代法律、社会与文化:民法的表达与实践》,上海书店出版社 2001 年版。

69. 黄宗智:《法典、习俗与司法实践:清代与民国的比较》,上海书店出版社 2003 年版。

70. 黄宗智:《普通法》,冉昊、姚中秋译,中国政法大学出版社 2006 年版。

71. [英] 吉登斯:《民族—国家与暴力》,胡宗泽、赵力涛译,生活·读书·新知三联书店 1998 年版。

72. [乌拉圭] 加莱亚诺:《拉丁美洲被切开的血管》,王枚等译,人民文学出版社 2001 年版。

73. 强世功编:《调解、法制与现代性:中国调解制度研究》,中国法制出版社 2001 年版。

74. 强世功:《法治与治理:转型国家中的法律》,中国政法大学出版社 2003 年版。

75. [美] 卡多佐:《司法过程的性质》,朱苏力译,商务印书馆 2002 年版。

76. [匈牙利] 科尔内:《短缺经济学》上、下卷,张晓光等译,经济科学出版社 1990 年版。

77. [美] 科塞:《社会学思想名家》,石人译,中国社会科学出版社 1990 年版。

78. [英] 科斯:《论生产的制度结构》,盛洪、陈郁译,上海三联书店 1994 年版。

79. 孔飞力：《中华帝国晚期的叛乱及其敌人》，谢亮生等译，中国社会科学出版社 1990 年版。

80. 孔飞力：《叫魂：1768 年中国妖术大恐慌》，陈兼、刘昶译，上海三联书店 1999 年版。

81. ［美］拉斯韦尔：《政治学》，杨昌裕译，商务印书馆 2005 年版。

82. ［法］勒华拉杜里：《蒙塔尤——1294—1324 年奥克西坦尼的一个山村》，许明龙、马胜利译，商务印书馆 1997 年版。

83. ［法］勒庞：《乌合之众——大众心理研究》，冯克利译，广西师范大学出版社 2007 年版。

84. 李昌平：《我向总理说实话》，光明日报出版社 2002 年版。

85. 李宏图选编：《表象的叙述——新社会文化史》，上海三联书店 2003 年版。

86. 李佩甫：《金屋》，长江文艺出版社 2000 年版。

87. 李佩甫：《羊的门》，春风文艺出版社 2004 年版。

88. 李培林：《村落的终结》，商务印书馆 2004 年版。

89. 李强：《自由主义》，中国社会科学出版社 1998 年版。

90. 梁治平：《清代习惯法：社会与国家》，中国政法大学出版社 1996 年版。

91. 梁治平编：《法律的文化解释》（增订本），生活·读书·新知三联书店 1998 年版。

92. 梁治平：《法辨：中国法的过去、现在与未来》，中国政法大学出版社 2002 年版。

93. 梁漱溟：《东西文化及其哲学》，载《梁漱溟全集》第 1 卷，山东人民出版社 1989 年版。

94. 梁漱溟：《朝话》，载《梁漱溟全集》第 2 卷，山东人民出版社 1989 年版。

95. 梁漱溟：《乡村建设理论》，载《梁漱溟全集》第 2 卷，山东人民出版社 1989 年版。

96. 林耀华：《金翼——中国家族制度的社会学研究》，庄孔韶、林宗成译，生活·读书·新知三联书店 1989 年版。

97. 凌志军：《历史不再徘徊：人民公社在中国的兴起和失败》，人民出版社 1997 年版。

98. 刘健芝、许兆麟选编：《庶民研究》，中央编译出版社 2005 年版。

99. 罗沛霖、杨善华主编：《当代中国农村的社会生活》，中国社会科学出版社 2005 年版。

100. 罗兹曼主编：《中国的现代化》，国家社会科学基金“比较现代化”课题组译，江苏人民出版社 2003 年版。

101. 《毛泽东农村调查文集》，人民出版社 1982 年版。

102. ［美］麦克法夸尔、费正清主编：《剑桥中华人民共和国史：革命的中国的兴起（1949—1965 年）》，中国社会科学出版社 1998 年版。

103. ［美］麦克法夸尔、费正清主编：《剑桥中华人民共和国史：中国革命内部的革命（1966—1982 年）》，中国社会科学出版社 1998 年版。

104. ［美］梅斯纳：《毛泽东的中国及其发展——中华人民共和国史》，社会科学文献出版社 1993 年版。

105. ［法］孟德拉斯：《农民的终结》，李培林译，中国社会科学出版社 1991 年版。

106. ［法］孟德斯鸠：《论法的精神》上、下册，张雁深译，商务印书馆 1963 年版。

107. ［美］摩尔：《民主与专制的社会起源》，拓夫等译，华夏出版社 1987 年版。

108. ［美］墨菲：《文化与社会人类学引论》，王卓君等译，商务印书馆 2004 年版。

109. 莫言：《天堂蒜薹之歌》，北岳文艺出版社 2001 年版。

110. ［美］米尔斯：《社会学的想像力》，陈强、张永强译，生活·读书·新知三联书店 2001 年版。

111. ［美］米格代尔：《农民、政治与革命：第三世界政治与社会变革的压力》，李玉琪、袁宁译，中央编译出版社 1996 年版。

112. 南县地方志编纂委员会编：《南县志》，中央编译出版社 2000 年版。

113. 南县土地志编纂委员会编：《南县土地志》，2001 年。

114. ［美］诺斯：《制度、制度变迁与经济绩效》，刘守英译，上海三联书店 1993 年版。

115. 潘维：《农民与市场：中国基层政权与乡镇企业》，商务印书馆 2003 年版。

116. ［美］庞德：《通过法律的社会控制》，沈宗灵、董世忠译，商务印书馆 1984 年版。

117. ［日］棚濑孝雄：《纠纷的解决与审判制度》，王亚新译，中国政法大学出版社 1994 年版。

118. 钱杭、谢维扬：《传统与转型：江西泰和农村宗族形态》，上海社会科学院出版社 1995 年版。

119. ［日］千叶正士：《法律多元——从日本法律文化迈向一般理论》，强世功等译，中国政法大学出版社 1997 年版。

120. 秦晖：《市场的昨天与今天：商品经济·市场理性·社会公正》，广东教育出版社 1998 年版。

121. 秦晖：《问题与主义——秦晖文选》，长春出版社 1999 年版。

122. 秦晖：《农民中国：历史反思与现实选择》，河南人民出版社 2003 年版。

123. 秦晖、苏文：《田园诗与狂想曲：关中模式与前近代社会的再认识》，中央编译出版社 1996 年版。

124. 瞿同祖：《中国法律与中国社会》，商务印书馆 2010 年版。

125. 瞿同祖：《清代地方政府》，范忠信、晏锋译，法律出版社 2005 年版。

126. 全国人民代表大会常务委员会法制工作委员会编：《中华人民共和国土地管理法释义》，法律出版社 1998 年版。

127. ［美］萨义德：《东方学》，王宇根译，生活·读书·新知三联书店 1999 年版。

128. 沈以宏、廖丹清主编：《供销合作社所有制性质考察与研究》，中国商业出版社 1988 年版。

129. 盛洪主编：《现代制度经济学》上、下卷，北京大学出版社 2003 年版。

130. 朱苏力：《中国农村的市场和社会结构》，史建云、徐秀丽、虞和平译，中国社会科学出版社 2001 年版。

131. ［美］舒尔茨：《改造传统农业》，梁小民译，商务印书馆 1999

年版。

132. ［美］斯科特：《农民的道义经济学：东南亚的反叛与生存》，程立显、刘建等译，译林出版社 2001 年版。

133. ［美］斯科特：《国家的视角：那些试图改善人类状况的项目是如何失败的》，王晓毅译，社会科学文献出版社 2004 年版。

134. 朱苏力：《法治及其本土资源》，中国政法大学出版社 2004 年版。

135. 朱苏力：《制度是如何形成的》，中山大学出版社 1999 年版。

136. 朱苏力：《阅读秩序》，山东教育出版社 1999 年版。

137. 朱苏力：《送法下乡——中国基层司法制度研究》，中国政法大学出版社 2000 年版。

138. 朱苏力：《道路通向城市：转型中国社会的法治》，法律出版社 2004 年版。

139. 朱苏力主编：《法律和社会科学》第 1 卷，法律出版社 2006 年版。

140. 孙津：《转型的中国》，成都科技大学出版社 1994 年版。

141. 孙津：《现代化与社会转型》，北京大学出版社 2005 年版。

142. 唐德刚：《晚清七十年》，岳麓书社 1999 年版。

143. ［英］汤普逊：《过去的声音——口述史》，覃方明等译，辽宁教育出版社 2000 年版。

144. ［英］蒂利、塔罗：《抗争政治》，李义中译，译林出版社 2010 年版。

145. 涂肇庆、林益民主编：《改革开放与中国社会——西方社会学文献述评》，香港牛津大学出版社 1999 年版。

146. ［法］托克维尔：《论美国的民主》，董果良译，商务印书馆 1997 年版。

147. ［法］王汉生、杨善华主编：《农村基层政权运行与村民自治》，中国社会科学出版社 2001 年版。

148. 王沪宁：《当代中国村落家族文化》，上海人民出版社 1991 年版。

149. 王铭铭：《社会人类学与中国研究》，生活·读书·新知三联书店 1997 年版。

150. 王铭铭：《人类学是什么》，北京大学出版社 2002 年版。

151. 王铭铭、王斯福主编：《乡土社会的秩序、公正与权威》，中国政法大学出版社 1997 年版。

152. 汪晖：《去政治化的政治：短 20 世纪的终结与 90 年代》，生活·读书·新知三联书店 2008 年版。

153. ［德］韦伯：《新教伦理与资本主义精神》，于晓、陈维纲等译，生活·读书·新知三联书店 1987 年版。

154. ［德］韦伯：《社会科学方法论》，朱红文等译，中国人民大学出版社 1992 年版。

155. ［德］韦伯：《论经济与社会中的法律》，张乃根译，中国大百科全书出版社 1998 年版。

156. ［德］韦伯：《学术与政治》（《韦伯作品集》Ⅰ），钱永祥等译，广西师范大学出版社 2004 年版。

157. ［德］韦伯：《支配社会学》（《韦伯作品集》Ⅲ），康乐、简惠美译，广西师范大学出版社 2004 年版。

158. ［德］韦伯：《经济行动与社会团体》（《韦伯作品集》Ⅳ），康乐、简惠美译，广西师范大学出版社 2004 年版。

159. ［德］韦伯：《社会学的基本概念》（《韦伯作品集》Ⅶ），顾忠华译，广西师范大学出版社 2005 年版。

160. ［德］韦伯：《法律社会学》（《韦伯作品集》Ⅸ），康乐、简惠美译，广西师范大学出版社 2005 年版。

161. 吴晗、费孝通：《皇权与绅权》，天津人民出版社 1988 年版。

162. 吴敬琏：《呼唤法治的市场经济》，生活·读书·新知三联书店 2007 年版。

163. 吴敬琏：《当代中国经济改革教程》，上海远东出版社 2010 年版。

164. 项飚：《跨越边界的社区：北京“浙江村”的生活史》，生活·读书·新知三联书店 2000 年版。

165. 谢立中：《当代中国社会变迁导论》，河北大学出版社 2000 年版。

166. ［美］阎云翔：《礼物的流动：一个中国村庄中的互惠原则与社会网络》，李放春、刘瑜译，上海人民出版社 2000 年版。

167. ［美］阎云翔：《私人生活的变革：一个中国村庄里的爱情、家庭与亲密关系（1949—1999）》，龚小夏译，上海书店出版社 2000 年版。

168. 杨懋春：《一个中国村庄：山东台头》，张雄等译，江苏人民出版社 2001 年版。

169. 杨念群主编：《空间·记忆·社会转型——“新社会史”研究论文精选集》，上海人民出版社 2001 年版。

170. 杨善华主编：《当代西方社会学理论》，北京大学出版社 1999 年版。

171. 杨善华、罗沛霖主编：《当代中国农村研究：实证调查》，香港八方文化企业公司 2000 年版。

172. 杨善华、沈崇麟：《城乡家庭——市场经济与非农化背景下的变迁》，浙江人民出版社 2000 年版。

173. ［古希腊］亚里士多德：《政治学》，吴寿彭译，商务印书馆 1965 年版。

174. ［英］罗伯特·K. 殷：《案例研究：设计与方法》，邹海涛主译，重庆大学出版社 2004 年版。

175. 应星：《大河移民上访的故事》，生活·读书·新知三联书店 2001 年版。

176. ［孟加拉国］尤努斯：《穷人的银行家》，吴士宏译，生活·读书·新知三联书店 2006 年版。

177. 于建嵘：《岳村政治——转型期中国乡村政治结构的变迁》，商务印书馆 2001 年版。

178. 翟晓光编：《田野来风》，中国电影出版社 1998 年版。

179. 张晋藩主编：《中国法制史》，高等教育出版社 2003 年版。

180. 张静主编：《国家与社会》，浙江人民出版社 1998 年版。

181. 张静：《现代公共规则与乡村社会》，上海书店出版社 2006 年版。

182. 张静：《基层政权——乡村制度诸问题》（增订本），世纪出版集团、上海人民出版社 2007 年版。

183. 张乐天：《告别理想：人民公社制度研究》，东方出版中心 1998 年版。

184. 张曙光：《博弈：地权的细分、实施和保护》，社会科学文献出版社 2011 年版。

185. 张仲礼：《中国绅士：关于其在 19 世纪中国社会中作用的研究》，李荣昌译，上海社会科学院出版社 1991 年版。

186. 赵鼎新：《社会与政治运动讲义》，社会科学文献出版社 2006 年版。

187. 赵冈、陈钟毅：《中国土地制度史》，新星出版社 2006 年版。

188. 赵旭东：《权力与公正——乡土社会纠纷解决与权威多元》，天津古籍出版社 2003 年版。

189. 郑欣：《乡村政治中的博弈生存》，中国社会科学出版社 2005 年版。

190. 郑永流等：《农民法律意识与农村法律发展——来自湖北农村的实证研究》，中国政法大学出版社 2004 年版。

191. 中国土地矿产法律事务中心、国土资源部土地争议调处事务中心编：《土地矿产争议典型案例与处理依据》第 1 辑，中国法制出版社 2006 年版。

192. 中华全国供销合作总社编：《中国供销合作社年鉴》（1998），中华全国供销合作总社 1998 年版。

193. 周其仁编：《农村变革与中国发展（1978—1989）》上、下卷，香港牛津大学出版社 1994 年版。

194. 周其仁：《真实世界的经济学》，中国发展出版社 2002 年版。

195. 周其仁：《产权与制度变迁：中国改革的经验研究》，北京大学出版社 2004 年版。

196. 周其仁：《收入是一连串事件》，中国发展出版社 2004 年版。

197. 周晓虹：《传统与变迁——江浙农民的社会心理及其近代以来的嬗变》，生活·读书·新知三联书店 1998 年版。

198. 周晓虹主编：《中国社会与中国研究》，社会科学文献出版社 2004 年版。

199. 朱勇：《中国法律的艰辛历程》，黑龙江人民出版社 2002 年版。

200. 孙立平：《现代化与社会转型》，北京大学出版社 2005 年版。

二 期刊论文

1. 腾彪：《话语、实践及其变迁：当代中国司法的关键词》，博士论文，北京大学，2004 年。

2. 王仲云、张涵：《中国的法律社会学研究》，《法学论坛》2005 年第 3 期。

3. 姚映然：《受苦人——骥村妇女对土地改革的一种情感体验》，硕士论文，北京大学，2003 年。

4. ［法］布迪厄：《法律的力量——迈向司法场域的社会学》，强世功译，载《北大法律评论》第 2 卷第 2 辑，法律出版社 2000 年版。

5. 毕向阳：《从“草民”到“公民”——当代北京都市运动》，博士论文，清华大学，2006 年。

6. 陈春声：《乡村的故事与国家的历史——以樟林为例兼论传统乡村社会研究的方法问题》，载《中国乡村研究》第 2 辑，商务印书馆 2003 年版。

7. 程为敏：《关于村民自治主体性的若干思考》，载《中国社会科学》2005 年第 3 期。

8. 董磊明、陈柏峰、聂良波：《结构混乱与迎法下乡——河南宋村法律实践的解读》，《中国社会科学》2008 年第 5 期。

9. ［美］杜赞奇：《为什么历史是反理论的?》，载黄宗智主编《中国研究的范式问题讨论》，社会科学文献出版社 2003 年版。

10. 方慧容：《“无事件境”与生活世界中的“真实”——西村农民土地改革时期社会生活的记忆》，载杨念群主编《空间 · 记忆 · 社会转型——“新社会史”研究论文精选集》，上海人民出版社 2001 年版。

11. 方慧容：《真知识与假知识——一个社会科学工作人员的自白》，载《费孝通文集》第 5 卷，群言出版社 1999 年版。

12. 冯象：《秋菊的困惑》，载《读书》1997 年第 11 期。

13. 傅华伶：《后毛泽东时代中国的人民调解制度》，载强世功编《调解、法制与现代性：中国调解制度研究》，中国法制出版社 2001 年版。

14. 傅华伶：《从乡村法律制度的建设看法律与发展：纠纷的解决与经济发展》，载《洪范评论》第 1 卷第 1 辑，中国政法大学出版社 2005 年版。

15. ［法］福柯：《治理术》，赵晓力译，《社会理论论坛》1998 年第 4 期。

16. ［美］格尔茨：《地方性知识》，邓正来译，载梁治平编《法律的文化解释》，生活·读书·新知三联书店 1998 年版。

17. 郭丹青：《中国的纠纷解决》，载强世功编《调解、法制与现代性：中国调解制度研究》，中国法制出版社 2001 年版。

18. 郭德宏：《旧中国土地占有状况及发展趋势》，《中国社会科学》1989 年第 4 期。

19. 郭于华：《“弱者的武器”与“隐藏的文本”——研究农民反抗的底层视角》，《读书》2002 年第 7 期。

20. 郭于华：《转型社会学的新议题——孙立平“社会断裂三部曲”的社会学述评》，《社会学研究》2006 年第 5 期。

21. 郭于华、孙立平：《诉苦：一种农民国家观念形成的中介机制》，《中国学术》2002 年第 4 期。

22. 贺雪峰、仝志辉：《论村庄社会关联》，《中国社会科学》2002 年第 3 期。

23. ［美］华尔德：《1949 年共产主义革命后中国的社会变迁》，载涂肇庆、林益民主编《改革开放与中国社会——西方社会学文献述评》，香港牛津大学出版社 1999 年版。

24. ［美］华尔德：《现代中国国家与社会关系研究：从描述现状到解释变迁》，载涂肇庆、林益民主编，《改革开放与中国社会——西方社会学文献述评》，香港牛津大学出版社 1999 年版。

25. 黄家亮：《法律在基层法院中的实践逻辑》，载郑也夫等编《北大清华人大社会学硕士论文选编》，山东人民出版社 2006 年版。

26. 黄宗智：《中国革命中的农村阶级斗争——从土改到文革时期的表达性现实与客观性现实》，《中国乡村研究》2003 年第 2 辑。

27. 黄宗智：《学术理论与中国近现代史研究——四个陷阱和一个问题》，载黄宗智主编《中国研究的范式问题讨论》，社会科学文献出版社

2003 年版。

28. 黄宗智：《中国的“公共领域”与“市民社会”？——国家与社会间的第三领域》，载黄宗智主编《中国研究的范式问题讨论》，社会科学文献出版社 2003 年版。

29. 黄宗智：《悖论社会与现代传统》，《读书》2005 年第 3 期。

30. 黄宗智：《认识中国——走向从实践出发的社会科学》，《中国社会科学》2005 年第 1 期。

31. 黄宗智：《中国法律的现代性？》，《清华法学》2007 年第十辑。

32. ［美］霍姆斯：《法律之道》，许章润译，《环球法律评论》2001 年冬季号。

33. 季卫东：《法律程序的意义——对中国法制建设的另一种思考》，《中国社会科学》1993 年第 1 期。

34. 季卫东：《从边缘到中心：二十世纪美国的“法与社会”研究运动》，《北大法律评论》第 2 卷第 2 辑，法律出版社 2000 年版。

35. 季卫东：《调解制度的法律发展机制——从中国法制化的矛盾情境谈起》，载强世功编《调解、法制与现代性：中国调解制度研究》，中国法制出版社 2001 年版。

36. 江平：《市场与法治》，载《洪范评论》第 1 卷第 1 辑，中国政法大学出版社 2004 年版。

37. 江平等：《土地立法与农民权益》，载《洪范评论》第 3 卷第 2 辑，中国政法大学出版社 2006 年版。

38. 强世功：《乡土社会的司法实践：知识、权力与技术》，《战略与管理》1997 年第 4 期。

39. ［美］科恩：《现代化前夕的中国调解》，载强世功编《调解、法制与现代性：中国调解制度研究》，中国法制出版社 2001 年版。

40 李连江、欧博文：《当代中国农民的依法抗争》，吴国光主编《九七效应：香港与太平洋》，香港太平洋世纪研究所 1997 年版，第 70—141 页。

41. 李康：《西村十五年：从革命走向革命——1938—1952 冀东村庄基层组织机制变迁》，博士学位论文，北京大学，1999 年。

42. 李猛：《从“士绅”到“地方精英”》，《中国书评》1995 年总第

5 期。

43. 李猛：《日常生活中的权力技术：迈向一种关系/事件的社会学分析》，硕士论文，北京大学，1996 年。

44. 李猛：《如何触及社会的实践生活?》，载张静主编《国家与社会》，浙江人民出版社 1998 年版。

45. 李猛：《拯救谁的历史?》，《二十一世纪》1998 年 10 月号总第 49 期。

46. 李猛：《在日常生活与历史之间》，北京大学社会学系《五音》1998 年总第 5 期。

47. 李猛：《论抽象社会》，《社会学研究》1999 年第 1 期。

48. 李猛：《布迪厄》，载杨善华主编《当代西方社会学理论》，北京大学出版社 1999 年版。

49. 李猛：《除魔的世界与禁欲者的守护神：韦伯社会理论中的“英国法”问题》，载《韦伯：法律与价值》（思想与社会第一辑），上海人民出版社 2001 年版。

50. 李猛、周飞舟、李康：《单位：制度化组织的内部机制》，《中国社会科学季刊》1996 年秋季卷。

51. 李培林：《巨变：村落的终结——都市里的村庄研究》，《中国社会科学》2002 年第 1 期。

52. 李强：《国家能力与国家权力的悖论》，载张静主编《国家与社会》，浙江人民出版社 1998 年版。

53. 李宇飞、杨沼畔：《谁把上访者关进精神病院?》，《南方周末》2002 年 6 月 6 日第 956 期。

54. 李芝兰、吴理财：《“倒逼”还是“反倒逼”——农村税费改革前后中央与地方之间的互动》，《社会学研究》2005 年第 4 期。

55. 梁治平：《乡土社会中的法律与秩序》，载王铭铭、王斯福主编《乡土社会的秩序、公正与权威》，中国政法大学出版社 1997 年版。

56. 刘倩：《书写真历史，研究真问题——一个田野工作者的方法论实践与思考》，《开放时代》2004 年第 2 期。

57. 刘思达：《法律移植与合法性冲突——现代性语境下的中国基层司法》，《社会学研究》2005 年第 2 期。

58. 刘小京：《谁在调解？——华北农村家族纠纷的调解过程、策略和一般模式》，载杨善华、罗沛霖主编《当代中国农村研究：实证调查》，香港八方文化企业公司 2000 年版。

59. 刘小京：《秀儿之死——一项有关村庄工业化中家庭冲突的调查报告》，载罗沛霖、杨善华主编《当代中国农村的社会生活》，中国社会科学出版社 2005 年版。

60. 卢晖临：《革命前后中国乡村社会分化模式及其变迁》，载黄宗智主编《中国乡村研究》第 1 辑，商务印书馆 2003 年版。

61. 卢晖临：《迈向叙述的社会学》，《开放时代》2004 年第 1 期。

62. 卢晖临、李雪：《如何走出案例？——从案例研究到扩展案例研究》，《中国社会科学》2007 年第 1 期。

63. 陆思礼：《毛泽东与调解：共产主义中国的政治和纠纷解决》，载强世功编《调解、法制与现代性：中国调解制度研究》，中国法制出版社 2001 年版。

64. 陆思礼：《邓小平之后的中国纠纷解决：再谈“毛泽东和调解”》，载强世功编《调解、法制与现代性：中国调解制度研究》，中国法制出版社 2001 年版。

65. 农村土地问题立法研究”课题组：《农村土地法律制度运行的现实考察——对我国 10 个省调查的总报告》，《法商研究》2010 年第 1 期。

66. 清华大学社会学系社会发展研究课题组：《中等收入陷阱还是转型陷阱?》，《开放时代》2012 年第 3 期。

67. 邱莉：《中纪委等联合通知剑指执行难死穴由来》，《法制日报》2006 年 6 月 23 日。

68. 申静、王汉生：《集体产权在中国乡村生活中的实践逻辑》，《社会学研究》2005 年第 1 期。

69. 沈原：《社会转型与工人阶级的再形成》，《社会学研究》2006 年第 2 期。

70. 史清华、卓建伟：《农村土地权属：农民的认同与法律的规定》，《管理世界》2009 年第 1 期。

71. 宋婧、杨善华：《经济体制变革与村庄公共权威的蜕变——以苏南某村为案例》，《社会学研究》2005 年第 6 期。

72. 朱苏力：《文化多元与法律多元：人类学研究对法学研究的启发》，载周星、王铭铭主编《社会文化人类学讲演集》（下），天津人民出版社 1997 年版。

73. 朱苏力：《二十世纪中国的现代化与法治》，《法学研究》1998 年第 1 期。

74. 孙立平：《“自由流动资源”与“自由活动空间”——改革以来中国社会结构变迁研究》，《探索》1993 年第 1 期。

75. 孙立平：《改革前后中国国家、民间统治精英及民众间互动关系的演变》，《中国社会科学季刊》1994 年第 1 卷。

76. 孙立平：《“过程—事件分析”与当代中国国家—农民形态的实践形态》，载《清华社会学评论》特辑，鹭江出版社 2000 年版。

77. 孙立平：《迈向实践的社会学》，《江海学刊》2002 年第 3 期。

78. 孙立平：《实践社会学与市场转型过程分析》，《中国社会科学》2002 年第 5 期。

79. 孙立平：《社会转型——发展社会学的新议题》，《社会学研究》2005 年第 1 期。

80. 孙立平、郭于华：《“软硬兼施”：正式权力非正式运作的过程分析》，载《清华社会学评论》特辑，鹭江出版社 2000 年版。

81. 孙立平等：《改革以来中国社会结构的变迁》，《中国社会科学》1994 年第 2 期。

82. 王汉生等：《工业化和社会分化：改革以来中国农村的社会结构变迁》，《农村经济与社会》1990 年第 4 期。

83. 王汉生、刘世定、孙立平等：《作为制度运作和制度变迁方式的变通》，《中国社会科学季刊》1997 年冬季号。

84. 王思斌：《经济体制改革对农村社会关系的影响》，《北京大学学报（哲学社会科学版）》1987 年第 3 期。

85. 王思斌：《村干部的边际地位与行为分析》，《社会学研究》1991 年第 4 期。

86. 王仲云、张涵：《中国的法律社会学研究》，《法学论坛》2005 年第 3 期。

87. 吴敬琏：《中国经济 60 年》，《财经》2009 年第 20 期。

88. 吴睿人：《认同的重量：〈想象的共同体〉导读》，载［美］安德森《想象的共同体——民族主义的起源与流布》，吴睿人译，上海人民出版社 2003 年版。

89. 夏勇：《法治是什么——渊源、规诫与价值》，《中国社会科学》1999 年第 4 期。

90. 许兆麟、刘健芝：《一线之差——封闭/开放的（历史）阅读》，载刘健芝、许兆麟选编《庶民研究》，中央编译出版社 2005 年版。

91. 杨柳：《模糊的法律产品——对两起基层法院调解案件的考察》，载强世功编《调解、法制与现代性：中国调解制度研究》，中国法制出版社 2001 年版。

92. 杨柳：《家族政治与农村基层政治精英的选拔、角色定位和精英更替》，《社会学研究》2000 年第 3 期。

93. 杨柳：《农村村干部直选研究引发的若干理论问题》，载罗沛霖、杨善华主编《当代中国农村的社会生活》，中国社会科学出版社 2003 年版。

94. 杨善华、侯红蕊：《血缘、姻缘、亲情与利益——现阶段中国农村社会中“差序格局”的理性化趋势》，《宁夏社会科学》1999 年第 6 期。

95. 杨善华、刘小京：《近期中国农村家族研究的若干理论问题》，《中国社会科学》2000 年第 5 期。

96. 杨善华、苏红：《从“代理型政权经营者”到“谋利型政权经营者”》，《社会学研究》2002 年第 1 期。

97. 杨善华、孙飞宇：《作为意义探究的深度访谈》，《社会学研究》2005 年第 5 期。

98. 姚映然：《受苦人——骥村妇女对土地改革的一种情感体验》，硕士论文，北京大学，2003 年。

99. ［德］耶林：《为权利而斗争》，载《民商法论丛》第 2 卷，法律出版社 1994 年版。

100. 伊莎白、麦港：《分歧与协议：分析社会规范变迁的一种研究路径》，载《清华社会学评论》特辑，鹭江出版社 2000 年版。

101. 应星：《身体与乡村日常生活中的权力运作——对中国集体化时

期一个村庄若干案例的过程分析》，载《中国乡村研究》第 2 辑，商务印书馆 2003 年版。

102. 应星：《“迎法入乡”与“接近正义”：对中国乡村“赤脚律师”的个案研究》，《政法论坛》2007 年第 25 卷第 1 期。

103. 应星、晋军：《集体上访中的“问题化”过程——西南一个水电站的移民的故事》，载《清华社会学评论》（特辑），鹭江出版社 2000 年版。

104. 于建嵘：《当前农民维权活动的一个解释框架》，《社会学研究》2004 年第 2 期。

105. 于建嵘：《当代中国农民的“以法抗争”——关于农民维权活动的一个解释框架》，《文史博览》（理论）2008 年第 12 期。

106. 于建嵘：《农民维权抗争集中土地纠纷土地成农村首要问题》，《瞭望东方周刊》2010 年 9 月 6 日。

107. 张静主编：《“雷格瑞事件”引出的知识论问题》，载《清华社会学评论》（特辑）第 2 期，鹭江出版社 2000 年版。

108. 张静：《国家政权建设与乡村自治单位——问题与回顾》，《开放时代》2001 年第 10 期。

109. 张静：《村社土地的集体支配问题》，《浙江学刊》2002 年第 2 期。

110. 张静：《土地使用规则的不确定：一个解释框架》，《中国社会科学》2003 年第 1 期。

111. 张静：《二元整合秩序：一个乡村财产纠纷案的分析》，《社会学研究》2005 年第 5 期。

112. 赵蕾：《最高院眼中的“治本之策”浮出》，《南方周末》2006 年 7 月 6 日。

113. 赵力涛：《家族与村庄政治——河北某村家族政治研究》，硕士论文，北京大学，1998 年。

114. 赵文词、理查德·马德森：《共产主义统治下的农村》，载［美］麦克法夸尔、费正清编《剑桥中华人民共和国史：中国革命内部的革命（1966—1982 年）》，中国社会科学出版社 1998 年版。

115. 赵文词：《五代美国社会学者对中国国家与社会关系的研究》，

载涂肇庆、林益民主编《改革开放与中国社会——西方社会学文献述评》，香港牛津大学出版社 1999 年版。

116. 赵文词：《公共领域、市民社会和道德共同体——当代中国研究的研究议程》，载黄宗智主编《中国研究的范式问题讨论》，社会科学文献出版社 2003 年版。

117. 赵晓力：《关系—事件、行动策略和法律的叙事》，载王铭铭、王斯福主编《乡土社会的公正、秩序与权威》，中国政法大学出版社 1997 年版。

118. 赵晓力：《通过法律的治理：农村基层法院研究》，博士论文，北京大学，1999 年。

119. 赵晓力：《基层司法的反司法理论？——评苏力“送法下乡”，《社会学研究》2005 年第 2 期。

120. 折晓叶：《村庄边界的多元化：经济边界开放与社会边界封闭的冲突与共生》，《中国社会科学》1996 年第 3 期。

121. 折晓叶、陈婴婴：《产权怎么界定——一份集体产权私化的社会文本》，《社会学研究》2005 年第 4 期。

122. 郑戈：《规范、秩序与传统》，载王铭铭、王斯福主编《乡土社会的公正、秩序与权威》，中国政法大学出版社 1997 年版。

123. 郑戈：《韦伯论西方法律的独特性》，载《韦伯：法律与价值》（思想与社会第一辑），上海人民出版社 2001 年版。

124. 郑也夫：《领地、亲族和共同体》，《清华社会学评论》特辑，鹭江出版社 2000 年版。

125. 周飞舟：《土地调整中的农村权力关系——对中国三个村庄的实地研究》，硕士论文，北京大学，1996 年。

126. 周飞舟：《从汲取型政权到“悬浮型”政权——税费改革对国家与农民关系之影响》，《社会学研究》2006 年第 3 期。

127. 周其仁：《研究真实世界的经济学》，载张曙光主编《中国制度变迁的案例研究》第 2 卷，上海人民出版社 1998 年版。

128. 周其仁、刘守英：《湄潭：一个传统农区的土地制度变迁》，载邹其仁编，《农村变革与中国发展（1978—1989）》下卷，香港牛津大学出版社 1994 年版。

129. 周雪光：《“关系产权”：产权制度的一个社会学解释》，《社会学研究》2005 年第 2 期。

130. 周怡：《共同体整合的制度环境：惯习与村规民约——H 村个案研究》，《社会学研究》2005 年第 6 期。

131 朱玉湘：《试论近代中国的土地占有关系及其特点》，《文史哲》1997 年第 2 期。

132. 朱中健、张西生：《中国供销合作社的创建与发展》，载中华全国供销合作总社编《中国供销合作社年鉴》（1998），中华全国供销合作总社 1998 年版。

三　英文著作及期刊

1. Bourdieu, Pierre, *Outline of a Theory of Practice*, Cambridge: Cambridge University Press, 1977.

2. Burawoy, M., “The Extended Case Method.” *Sociological Theory*, 1998.

3. Burawoy, M., “A Sociology for the Second Great Transformation?”, *Annual Review Sociology*, Vol. 26, 2000.

4. Nee, Victor and Su Sijin, “Institutions, Social Ties, and Commitment in China’ s Corporatist Transformation”, in edited by John McMillan and Barry Naughton, *Reforming Asian Socialism: The Growth of Market Institutions*, Ann Arbor: University of Michigan Press, 1996.

5. Oi, Jean C., *State and Peasant in Contemporary China: The Political Economy of Village Government*, Berkeley: Uinversity of California, 1989.

6. Oi, Jean C., “Fiscal Reform and the Economic Foundation of Local State Corporatism in China”, *World Politics*, Vol. 45, No. 1, 1992.

7. Oi, Jean C. and Walder, Andrew G. (eds), *Property Rights and Economic Reform in China*, Stanford, Calif.: Stanford University Press, 1999.

8. Peter Ho, *Institution in Transition: Land Ownership, Property Rights, and Social Conflict in China*, Oxford: Oxford Uinversity Press, 2005.

9. Popkin, Samuel, *The Rational Peasant: The Political Economy of Rural Society in Vietnam*, Berkeley: University of California Press, 2005.

10. Schumacher, E. F., *Small is Beautiful.* Harper Torchbooks Harper

& Row, Publishers, 1973.

11. Scott, James, Weapons of the Weak, *Everyday Forms of Peasants Resistance*, New Haven: Yale University Press, 1985.

12. Scott, James, *Domination and the Arts of Resistance: Hidden Transcripts*, Yale University Press, 1990.

13. Shue, Vivienne, *The Reach of the State: Sketches of the Chinese Body Politics*, Stanford: Stanford University Press, 1988.

14. Siu, Helen F., *Agents and Victims in South China: Accomplices in Rural Revolution*, New Haven: Yale University Press, 1989.

15. Skinner, G. William, "Chinese Peasant and the Closed Community: An Open and Shut Case", *Comparative Studies in Society and History*, Vol. 13, No. 3, 1971.

16. Tilly, Charles, *The Formation of National States in Western Europe*, Introduction, Princeton University Press, 1975.

17. Tilly, Charles, Coercion, *Capital, and European States: AD 1900 – 1990*, Cambridge University Press, 1990.

18. Walder, Andrew G., "Ambiguity and Choice in Political Movements: The Origins of Beijing Red Guard Factionalism", AJS Vol. 112, No. 3 (November 2006).

致　谢

我是个生性冥顽、资质鲁钝的人，学识的浅陋自不待言。本书的勉力完成，实大大有赖于师长亲友的教导、督促、鼓励和帮助。

本书的初稿是我在北京大学社会学系的博士论文。我要感谢我的导师杨善华教授多年来对我的指导和关心，杨老师的言传身教将使我终身受益。

感谢研究团队中的程为敏老师、刘小京老师、卢晖临老师，以及北大社会学系王思斌教授、谢立中教授、张静教授、刘世定教授、王汉生教授等诸位老师对我的帮助。与卢晖临老师、喻东师兄、师弟王楠与姚建文、朋友唐海华分别就本研究论题所展开的数次讨论令我受益匪浅。师妹陈文玲、杜洁和师弟蒋勤对本研究贡献尤多。

香港科技大学李中清教授和香港浸会大学阮丹青教授是我在香港科技大学做博士后研究时的合作导师，在港期间受到他们的耐心指点和热情帮助，令我获益良多。

我现在的工作单位为研究者提供了宽松的学术环境。陈光金老师对书稿提出了详尽、中肯的修改意见。王晓毅老师适时的鼓励、支持和催促是书稿修改得以尽早完成的基本保证。研究室和研究所的诸多老师、同事以不同的形式为我提供了帮助。

感谢香港岭南大学文化研究所的刘健芝老师和她所主持的“乡村建设研究小组”的成员们，其中包括了小仙、小潘和孙恒。感谢中国人民大学农村发展学院的温铁军教授。

感谢加利福尼亚大学的黄宗智教授和他所主持的为期一年的“社会、经济与法律的历史学研究”研修班的学友们。

感谢中国农业大学社会学系的何慧丽教授、朱启臻教授、张蓉教授、蒋爱群教授。感谢北京师范大学政治学系的孙津教授。

感谢我的本科和研究生时期的同学和朋友们。

感谢本书责任编辑凌金良在书稿出版过程中所提的有益建议和所做的大量工作。

感谢在田野调查过程中为我提供过帮助和便利的人们和当地的乡亲，没有他们，就不会有本研究的出现。

最后，我要感谢我的父母和家人。他们一向是我前行的动力。

张　浩

2014 年 1 月于北京